奝然与宋初的中日佛法交流

郝祥满 著

商务印书馆
2012年·北京

图书在版编目(CIP)数据

奝然与宋初的中日佛法交流/郝祥满著.—北京：商务印书馆，2012
(中日文化交流新视域丛书)
ISBN 978-7-100-08455-0

Ⅰ.①奝… Ⅱ.①郝… Ⅲ.①中日关系－文化交流－佛教史－宋代 Ⅳ.①B949.2 ②B949.313

中国版本图书馆CIP数据核字(2011)第134673号

所有权利保留。
未经许可，不得以任何方式使用。

奝然与宋初的中日佛法交流
郝祥满 著

商 务 印 书 馆 出 版
（北京王府井大街36号　邮政编码 100710）
商 务 印 书 馆 发 行
三河市尚艺印装有限公司印刷
ISBN 978-7-100-08455-0

2012年6月第1版　　　开本 880×1230 1/32
2012年6月北京第1次印刷　印张 13 1/8
定价：28.00元

总序

在通常的学科分类目录中,"中日文化交流史"一般归入"专门史"门类,但其本质应当属于交叉学科,不仅其外延覆盖中国史和日本史,其内涵还涉及思想、宗教、法制、民俗乃至文学、艺术、社会、经济等人文社科的方方面面。

尽管作为一门学科地位尚不甚稳定,然而"中日文化交流史"的相关研究,国内外均有深厚的积淀。总体上说,日本起步较早,成果也颇丰硕;中国急起直追,点面均有突破。

日本方面的代表性成果,首推辻善之助的《增订海外交通史话》与木宫泰彦的《日华文化交流史》,虽都成书于半个多世纪以前,但依然不失为经典,尤其木宫泰彦的著作经胡锡年汉译,成为众多中国学者案头必备之书;其次是森克己围绕"日宋贸易"的系列作品,即《日宋贸易之研究》、《续日宋贸易之研究》、《续续日宋贸易之研究》、《日宋文化交流之诸问题》,以网罗史料齐全见长;再则是田中健夫,成果集中于元明时代,如《对外关系与文化交流》、《中世对外关系史》等,继承森克己学脉而多有创新。除此之外,实藤惠秀的中国留日学生、大庭修的中日书籍交流、池田温的中日法制交流、小曽户洋与真田柳的中日医学交流等研究,均有开拓之功。近十余年来,更呈群贤辈出之势，如森公章、山内晋次、榎本涉、河野贵美子等，各有建树，令人刮目。

回观中国，在民国时期的抗战硝烟中，虽偶有吉光片羽的佳篇力作，如王辑五的《中国日本交通史》等，但基调一直比较低迷；新中国成立后，硝烟已散，敌意未消，此门更趋凋零。迨及20世纪70年代，中日实现邦交正常化，日本研究才渐成气候。

由于"中日文化交流史"的交叉学科特性，涉足该领域的学者也颇庞杂，除了日本学专家，专治国学各科专家也参与其中，依托各自学科领域的深厚功底，急起直追，以致短时间内后来居上，在局部点面屡出新意。

如在文学领域，严绍璗《中日古代文学关系史稿》与王晓平《近代中日文学交流史稿》，堪称珠联璧合，开创中日文学交流史新生面；在考古分野，王仲殊围绕"三角缘神兽镜"撰文著书，提出"东渡吴人制镜说"，震撼东瀛；于人物专题，韩昇《日本古代的大陆移民研究》、沈殿忠等《中日交流史中的华侨》，拉近了与日本学界的距离；哲学思想方面，王家骅《儒家思想与日本文化》、《日中儒学之比较》不拘旧说，创意间出；书籍交流方面，严绍璗《汉籍在日本的流布研究》、王勇等《中日"书籍之路"研究》等，文献学与历史学相结合，尤其架构"书籍之路"理论备受关注；古代史有汪向荣《古代的中国与日本》、王金林《奈良文化与唐文化》等，均有日文版问世；近代史有王晓秋《近代中日文化交流史》、严安生《日本留学精神史》等，颇得学界好评。此外，在港台地区，郑梁生的明代中日关系史研究、高明士的隋唐东亚教育圈研究、谭汝谦的中日书籍互译研究等，均独树一帜，不可忽视。

如上所述，"中日文化交流史"涉及中日两国历史文化，日本虽然起步较早，但论者多依据本国文献史料、立足于本国历史文化、拘囿于传统史学观念，所以涉及日本大抵考证精当，事关中国或多语焉不详。中国的情况则稍有不同，主要有两点：涉足此门的学者基本上精通日语，又能读懂艰涩的日本古代汉文史料，语言优势为其一；在吸收日本学界成果的基础上，发掘中国文献中的相关史料，对传统的学说或观点加以佐证或修正，继而提出新见解，史料优势乃其二。

正因为上述原因，中国学界虽起步较晚，但近数十年来进步神速，在某些点甚至面，呈现后来居上之势。前述许多学者的著作在日本出版发行，以及王仲殊获"福冈亚洲文化赏"、严绍璗获"山片蟠桃赏"、王晓平获"奈良万叶世界赏"、严安生获"大佛次郎赏"等日本重要学术奖项，说明该领域的中日学者，已经进入平等切磋的新阶段。

这里值得一提的是，1996年周一良、严绍璗、王勇联袂主编的《中日文化交流史大系》10卷本问世，该丛书由中日双方各20余位知名学者执笔，同时在日本发行日文版，该丛书荣膺"亚太出版商联合会"学术类图书金奖，堪称中日学者联手营造这块学术园地的结晶。

本丛书聚焦于"中日文化交流史"，既顺应上述国内外学术界的大趋势，也反映出各位作者归属的学术团队的小背景，在这里有必要作个交代，以助读者了解每部作品的来龙去脉。

在日本研究渐趋兴盛的20世纪70年代后期，本人在杭州大学创建了日本文化研究中心，开始在"专门史"学科点招收"中日文化交流史"方向硕士研究生；1998年该中心随"四校合并"而改称浙江大学日本文化研究所，遂在"中国古代史"学科点招收"中日文化交流史"方向博士生；2004年本人因故调离浙江大学，8名博士生最后挂靠在"中国古典文献学"博士点完成学业。

1989年创建日本文化研究中心之际，我把研究重点定位在"以书籍为纽带的中日文化交流史"，并以开放模式运作科研项目，广邀国内外同道合作攻关。这些成果大多汇入《中国典籍在日本的流传与影响》、《中日汉籍交流史论》、《中日文化交流史大系》（典籍卷）、《奈良平安时期的日中交流——以书籍之路为视点》、《书籍之路与文化交流》诸书，先后在国内外出版。

我在浙江大学培养的8名中日博士生，虽然各自的专攻年代不同、侧重的领域相异，但一个共同特点是注重文献史料。回忆陈年往事，每周举办"读书会"的情景历历在目。桌子上堆满各类字典及参考文献，然后一字一句注释中日文献的相关史料，这些虽然看似枯燥乏味，但因此打下比较坚实的文献学基础。看到日后这批学生从"中国古典文献学"专业毕业，当年的辛劳也不再觉得苦涩。

自从2000年招收第一位博士生，算来时光已经流逝了10个春秋，现在他（她）们大多晋升为副教授或教授，在国内外高校独当一面。虽天各一方，但学脉相承，学术上的交流愈趋频繁，擘画这套丛书可谓水到渠成。然以"新视域"括之，我想大概以下几条可作依据。

首先，本丛书纵向由隋唐及宋元再至明清，每个朝代均有专著，上下衔接，自成体系；横向则涵盖历史、宗教、文化、教育、贸易诸分野，展现文化交流之丰富多姿。

其次，作者均精通日语，对日本学者的成果细心咀嚼，经过吸收与扬弃，依托国学底蕴、立足中国史观，敢于提出新观点、新思路、新见识。因此，这些著作即使放到日本学界，相信也不会逊色。

再则，作者都接受过比较系统的文献学训练，对书中引用的大量中日古代汉文史料，不仅在断句、训字、释词诸方面用力颇勤，在文意的诠释、史料背景的推断上也有创见。

还有，整套丛书虽聚焦于"中日"，但作者视野多兼及东亚，在东亚文化互动的大背景下，审视追踪中日文化交流的历程。从传统的文化双向交流研究，进化到区域文化环流研究，符合国际学术界的发展趋势。

最后，各卷作者均有在日本长期留学或执教的经历，受到中日两国学术氛围的熏陶；而且，他们在攻读博士期间，辗转于"历史学"和"文献学"两个学科，以广阔的国际视野和双重的学科背景来研究这个跨学科的主题，相信会有独到的发见。

本套丛书初拟八卷，即隋唐两卷、宋代一卷、元代一卷、明代一卷、清代两卷，虽然总体上由隋唐而明清，似乎串接成一部中日文化交流通史，然元明时代略显单薄，加之各卷的主题也未能一以贯之，如隋唐部分偏重于书籍与人物，宋元明部分围绕佛教，清代则以教育和贸易为主。我们这个团队酝酿已久的一个计划，便是合作撰写断代的中日文化交流通史，届时或可弥补本丛书留下的缺憾。

这套丛书若能给读者传递"新视域"的些许愉悦，给"中日文化交流史"领域吹入几丝新鲜气息，则所愿也。

王 勇

2010 年 11 月 30 日

目录 Contents

绪论　奝然等来宋日僧的研究及其意义 ········ 1

第一章　奝然来宋求法的文化背景 ········ 28
　　第一节　宋朝的统一政策对周边民族的影响 ········ 28
　　第二节　日本平安时代流行的佛法 ········ 45
　　第三节　高调的平安语境对宋日佛法交流的影响 ········ 57

第二章　奝然在佛教东传史中的地位和影响 ········ 68
　　第一节　承先启后的奝然 ········ 68
　　第二节　奝然来宋求法及其周边关系 ········ 106
　　第三节　继往开来的奝然 ········ 136

第三章　来宋日僧"求法"与"巡礼"目的之辨 ········ 147
　　第一节　奝然来宋前后的话语分析 ········ 147
　　第二节　在中国现证体验与自日本往生净土 ········ 156
　　第三节　宋朝的高僧崇拜与奝然的寻根拜祖 ········ 164
　　第四节　"为是斗薮"而入宋的奝然及所求佛法之宝 ········ 175
　　第五节　奝然建立日本大五台山清凉寺的努力 ········ 219

第六节　求法资历之辨与教派优劣之争 ········ 235
第七节　日本学者错误观点的思想根源 ········ 259

第四章　来宋日僧与宋日政治关系 ········ 265
第一节　宋朝与日本的文书往来 ········ 265
第二节　宋日两朝廷对来宋日僧的管理 ········ 278
第三节　佛寺在平安祭政体制中的地位 ········ 294
第四节　来宋日僧背后的平安贵族 ········ 300
第五节　宋初中日文化交流与情感交流 ········ 312

余论　宋日文化交流史的评价及研究态度 ········ 323
附录一　《奝然入宋求法巡礼行并瑞像造立记》 ········ 326
附录二　奝然年表 ········ 331
主要征引文献 ········ 336
主要参考文献 ········ 350
后记 ········ 354
补记 ········ 357

绪论
奝然等来宋日僧的研究及其意义

第一节　作为来宋日僧代表的奝然

一、以奝然为个案的研究

中日两国文化交流的历史源远流长，而以佛法交流为中心的宋日文化交流史及其研究似乎显得相对沉寂。由于在宋代中日两国没有建立正式的外交关系，日本游离于中华帝国册封体制之外，中日两国文化、经济以及政治关系主要是通过由日本来宋的僧侣和由宋朝去日本的商贾来沟通的。它既不同于隋唐时期，也区别于元明时代，但它是整个中日文化交流史中的一个重要环节，对于它的研究应该同样重视。

本书首先要确定的是研究对象和研究方法。对于宋日文化交流历史的研究，可以从去日本的宋朝商人或来宋朝的日本僧人两个方面来考察。由于文献资料的限制，本书主要从来宋日僧入手，介绍以佛教为中心的宋日文化交流的历史面貌，探讨其历史意义和现实意义。

来宋朝的日本僧人，在日本学界被称为"入宋僧"，就是指日本来宋朝求法巡礼的僧人。本书站在宋朝的立场上，或者说从中国的角度上来看,他们是由远方而来,故称之为"来宋日僧",因为毕竟还存在"来宋印度僧"和"来宋朝鲜僧"等。日本学者用"入"是因为站在外人的角度而论宋朝的,作为中国人站在"内"的角度来看,自然应该称他们为"来"者了。因此,除了在后面相关引文中为尊重作者原文的需要之外,本书将打破常规,使用"来宋日僧"这一概念。而且在许多地方若跟着日本学者使用"入宋"、"入华"和"入中国",没有"来宋"、"来华"和"来中国"读起来文从字顺;而"入宋"这一概念因此也就具有新的意义,即用于强调日本僧俗的意愿,突出行为的主体。

本书的研究对象锁定在宋初来宋朝巡访的几位日僧。日本自894年停止遣唐使以后,虽然政治上闭关自守,但在文化经济上却能网开一面,直到北宋年间,其国依然有僧人不断来宋朝天台山、五台山等地求法、巡礼,甚至有人借进贡之名义来中国,其中著名的有奝然、寂照、绍良、成寻、戒觉等人。若从这些人物中选择一个作为个案研究,则奝然(938—1016)的来宋最有特殊意义,是最合适不过的。本书将把视野从东亚历史空间收缩并聚焦到奝然这一个人物身上,再从奝然这一个案展开研究。虽然本书研究的时间范围界定在宋初,因为考虑到历史发展的延续性,以及判定宋初的中日佛法交流在整个中日文化交流史中的地位的需要,全书将涉及隋唐至南宋初期的有关历史和人物。

历史研究如果只有宏观的展望而缺乏微观的透视,或者只有解剖而无整合,只有史料罗列而无理论分析,那是不能真正认识历史的本来面目的,尤其做某个人物的专题研究更是如此。被作为个案来分析的奝然是一名曾经来宋朝的僧人,他的活动范围和涉及的人物与佛教典籍、佛教艺术等有着密切的关系，研究中自然涉及佛学、宗教学理论的问题。本书立足于把它作为一种文化现象来研究，从佛教文化交流史的角度来研究，力所能及地探讨一些理论问题。

二、关于奝然研究的史料整理

历史研究离不开史料的搜集和整理，本书的研究从第一手文献资料和考古资料的整理和分析着手。奝然来宋朝求法的相关历史文献记载和考古资料保存下来的比较可观，包括愿文、日记、牒文、官符文件、酬答诗歌、佛像、图画等等。为了保证史料的完整性，一些文献资料将全文转载于正文或本书的附录中。

有关来宋日僧奝然历史资料的整理成果，首先要归功于日本学者高楠顺次郎。他编辑整理了《入唐诸家传考》等史料，其中《第六法济大师奝然考》等是本书的基本资料之一，以上收入《大日本佛教丛书》。

其次是桥本进吉、西冈虎之助等日本学者对奝然日记佚文的整理。除了这些文献资料外，还有部分历史记录和档案资料散见于日本《新订增补国史大系》、《大日本佛教全书》、《大正新修大藏经》有关篇章中。这些文献资料在日本学者后来的研究中得到整理。

有关奝然新史料的一次重大发现是在1953年，即日本昭和二十八年。7月29日，盛夏的骄阳照耀着日本京都西部爱岩山麓嵯峨野的五台山清凉寺，在当寺住持僧塚本善隆诵经之后，以榊本义春为长的数名法师谨慎地将平安时代（794—1192）后期的僧人奝然从宋朝携回日本的释迦牟尼栴檀瑞像从神坛上抬下，交给日本文化财保护委员会的丸尾彰三郎、京都府的赤松俊秀和中根金作，以及鹈饲光顺法师等进行清扫和调查，因为该雕像1901年就被明治政府指定为国宝。结果无意之中一枚宋朝铜钱的脱落使大家发现佛像胎内有大量纳入品，而且还有不少文字资料、图像资料。其中最为重要的文献史料有：

（一）972年奝然亲笔撰写的《敬启十方三世诸佛菩萨梵释诸天天神地祇现当二世结缘状》，日本学者通称之为《现当二世结缘状》或《义藏奝然结缘手印状》。

（二）985年奝然请宋朝僧人端鉴代笔的《奝然入宋求法巡礼行并瑞像造立记》，本书简称《瑞像造立记》等。

翌年，即1954年2月4日，日本政府立即组织京都国立博物馆馆员、文化财专门委员、大学有关专家等十余人取出释迦牟尼栴檀瑞像内有关文物，进行综合调查研究。参与调查的毛利久于1958年8月在《佛教艺术》第9编第35号上发表了《清凉寺释迦像变迁考》一文，公布调查的结果（即日本所谓的"中间报告"）。其他参与者如塚本善隆等大约在同一时期也就该佛像及胎内有关文书的内容发表了有关文章，掀起了对奝然和其他来宋日僧研究的新高潮。以这些文物的发现为标志，可以将日本的奝然研究分为前、后两个时期。后一时期的研究因新史料的获得得以对前期的有关研究加以修正，兹摘要列举如下：

（一）奝然的出身及出生日期被订正；（二）确认了释迦牟尼佛像的三传性质，在此之前传言它是一传或二传，在开封被调包；（三）造像博士确认为张延皎、张延袭兄弟，推翻了此前日本学者"雕佛博士张荣"的定论等。

国内对于奝然等来宋日僧史料的收集和整理很不够，一个重要的原因是有关资料保存下来的很少，多散见于《宋史·日本传》、《佛祖统纪》、《玉海》、《元史》、《杨文公谈苑》等书中。对相关零散史料的收集、系统整理和研究，近十年来以浙江工商大学王勇教授为代表的不少学者正在进行，成果也在陆续发表，本书可归于其中。

第二节　日本学者对宋日佛法交流的研究及结论

一、日本学者前期研究的三大结论

日本学者对奝然等来宋日僧的相关研究兴起于20世纪20年代以后，即在"大亚细亚主义"论高涨之时，为配合日本"东洋思想"（后来演变为"大东亚共荣圈"论）的研究和宣传，在常盘大定、境野黄洋等掀起的日本调查和研究中国佛教历史和遗迹的大环境、大气候之下，一些日本学者利用日本侵略和占领中国之便，经过实地调查，就此课题发表了不少研究文章，主要还是在整理史料的基础上提出了一些观点，我们将它概括为三大结论：

日本学者前期研究的第一大结论是，奝然等日僧来宋的目的是"巡礼"而非为"求法"。

日本学者西冈虎之助应该是最早研究奝然等来宋日僧的一人，他的《关于奝然的入宋》一文发表于大正十四年（1925）《历史地理》杂志四十五卷第二号上。在该文中他引用《奝然为母修善愿文》所载文字："我是日本国无才无行一羊（半）僧也。为求法不来，为修行即来也。"认为奝然来宋是"为修行而来，决非为求法"[1]。他的观点为此后大多数日本学者所接受。

木宫泰彦可谓是研究中日交流史的泰斗，他的《日中文化交流史》[2]一书至今在中日两国仍具有权威地位。该书初版（上下二册）于1926、1927年，在该书第三篇《五代·北宋篇》中他认为：

> 这个时代（五代、北宋）渡海的僧侣也很少，而且他们去中国的重要目的与其说是求法，不如说是继承前代之遗风巡礼天台山、五台山圣迹。[3]

> 北宋时代入宋僧的主要目的，如前所述，是巡礼佛迹而非求法，因此，即使在他们留宋期间，特地拜访高僧，学习佛法之事几乎没有。像奝然的随从弟子成算那样，从印度烂陀寺三藏法天学习悉昙梵书，从梵学翻经三藏大德赐紫令遵阿阇梨禀受两界瑜伽大法及诸尊别法之事，毋宁说是弥足珍贵罕有的。[4]

森克己是宋日关系史的专家，虽然以宋日经济关系的研究为主，但他关于宋日文化交流的一些观点也一直被奉为权威，与木宫泰彦略

---

[1] 〔日〕西冈虎之助:《奝然の入宋に就いて》，载日本《歷史地理》第四十五卷第二号，第53页。他的《关于入宋僧寂照的研究》（中文译名）载日本《史學雜誌》第34编第9、10号，《以源信为中心的宋日文化交流》（中文译名）载于《史學雜誌》第35编第12号、第36编第2号、第3号。

[2] 日文书名为《日華文化交流史》，国内有中译本书名为《日中文化交流史》（胡锡年译，商务印书馆1980年版），尽管该书为汉字书名，本书在正文中按照中国习惯重新翻译，引文则保持原貌。

[3] 〔日〕木宫泰彦:《日華文化交流史》，东京：冨山房1987年版，第252页。

[4] 同上书，第288页。

有不同,他将宋日佛教文化交流史一分为二,即:

> 日宋交通时代在宗教方面与大陆的联系,主要在人员往来,继入唐僧之后不断渡海的所谓入宋僧侣群。但是虽说是僧侣群,在此明显存在两大类型,即必须区分为前期入宋的巡礼沙门与后期入宋的求法沙门两类别。[1]

日本学者前期研究的第二大结论是关于奝然等日僧来宋与国家文化政策、政治外交之间关系的。这与日僧是为"求法"还是为"巡礼"而来宋朝这一讨论密切关联,核心问题是奝然等日僧来宋朝是代表日本朝廷的行为还是纯粹的私人行为?他们是为国家求佛法还是为个人修行?此问题再进一步引申就是,来宋日僧的行为倘若是代表日本政府与宋朝交往,奝然等的来宋是否反映出宋日之间存在着朝贡关系?是否有国书往来?这关系着宋朝是否册封过日本的问题,关系着日本民族自尊的问题,学界对于这一问题的讨论很激烈。

日本学者森克己作为宋日关系史研究的专家,关于北宋初期来宋日僧的身份,以及日本朝廷批准派遣僧人来宋的目的提出如下主张:

> 在宋日交通初期入宋僧的目的不包含任何政治的、物质的性质,仅仅为从末法思想出发巡礼大陆五台山、天台山等圣地。而且他们所向往的大陆圣地巡礼也是当时贵族阶级的憧憬,因此得到来自一般贵族的支持……就是说,入宋僧们是作为贵族社会宗

---

[1] 〔日〕森克己:《日宋文化交流の諸問題》,东京:刀江书院昭和二十五年(1950)版,第101页。

教赎罪的代表而入宋的。[1]

木宫泰彦在《日中文化交流史》一书中反复强调，奝然等日僧来宋朝的目的是个人的巡礼和修行，他的意思是，日僧已经不必为担心本国佛教发展的落后而来宋朝了，国家也不必为此需要而派遣留学僧来华求学，所以894年日本就停止了公派使节。不过，木宫泰彦未完全否认他们往来宋日之间的私人行为与国家政治的关系，他只是认为：

> 日本朝廷和宋朝之间明确进行国际交往，是在白河天皇时代（1072—1086年在位），当入宋僧成寻的弟子等回国时，宋神宗托他们给日本朝廷带来国书，并赠金泥《法华经》和锦二十匹。[2]

如此看来，木宫泰彦对于983年奝然来宋的政治意义是否认的，只是承认成寻弟子返回日本时带去宋神宗的御笔国书一事具有两国政治交往的意义。关于奝然来宋是否包含政治性，我们要看他是否肩负有日本朝廷的使命，是以使者的身份出现在宋朝庙堂之上，还是以普通和尚的身份奔走于山野丛林之间。宋朝廷在10世纪后期积极兴隆佛教，优待外国来华僧侣，这是因为统治者感觉到它有利于政府的思想控制，有利于国家民族政策、边疆政策和外交政策的施行。中国封建政府对于所谓的"四夷"，一般是根据"修文德以来之"的原则加以安抚，因此给予外国来华僧人紫衣和大师号的荣誉，给他们大量的赏赐和方便是怀柔手段之一，是为建立册封体制和华夷秩序服务的，此与

---

[1] 〔日〕森克己：《日宋文化交流の諸問題》，第35页。
[2] 〔日〕木宫泰彦著、胡锡年译：《日中文化交流史》，商务印书馆1980年版，第250页。

被接受者有无实际学问、其在该国内僧位高低等并无多大关系。比如说在1082年来宋的日本戒觉和尚，他也像奝然、成寻一样获得了紫衣和大师号，但戒觉的学问和志向无法与其前人相比。

　　日本学者前期研究的第三大结论是，日本的佛学研究到宋代已经凌驾于中国之上。他们反复夸耀日本已经青出于蓝而胜于蓝。结合第一个结论，日本学者反复强调"入宋僧"不同于"入唐僧"，其目的并不仅仅在于明确"求法"与"巡礼"的性质区别，他们强调奝然等来宋目的是"巡礼"而非"求法"就是要下这样的结论：10世纪的日本佛教界没有去宋拜师和求学的必要了，日本的佛教研究水平不仅已经和中国并驾齐驱，甚至超过中国，凌驾于中国之上了。他们的这一结论主要是基于以下若干史料而发的：

　　其一是奝然在来宋之前曾经宣言"为求法不来，为修行即来"中国。[1]

　　其二是自五代以来，中国开始派人到日本求购佛教天台宗散佚的典籍。

　　其三是日僧源信所撰《往生要集》据说在宋朝产生了很大的影响，征服了宋朝僧俗群众。

　　其四是日本朝廷敢于组织天台宗山家派（比叡山延历寺）和寺门派（三井寺）的高僧集体来对宋朝源清送达日本的佛学新作加以"破毁"。

　　其五是因为日本《本朝高僧传》一书有如下一条记载：

---

[1]〔日〕黑板胜美编辑：《本朝文粹》（《新订补国史大系》第29卷下册），东京：吉川弘文馆平成十一年（1999）新装版，第335页。

> 信公曾设二十七疑，寄问宋国智礼法师，海见其问目曰："是等肤义，何须遥问？"乃作上中下三答，谓徒曰："法智答释不出我三种矣。"及礼答释来，海已物故，果如海之中下义也。[1]

这里的信公即指源信，海即日本天台僧安海，智礼即宋朝天台宗山家派知礼法师。

其六是成寻在宋朝表演求雨修法成功之后，敢于傲视宋人，大谈日本人才济济。

当然，他们的依据和理由还不止这些，此外的论据我们将在有关章节的论述中一一指出。

奝然等日本僧人来宋朝是否说明宋初的中日文化（主要指佛法）输出输入关系与唐代发生了逆转？下面我们来看日本学者们的几个具体研究结论。木宫泰彦在《日中文化交流史》一书《五代·北宋篇》第一章的末尾，对于日本与五代时的中国之间的文化交流作了如下总结：

> 总之，五代时期日华间的文化交流（对于日本来说。——引者）并不太重要。这个时代渡海的僧侣也很少，而且他们去中国的重要目的与其说是求法，不如说是继承前代之遗风巡礼天台山、五台山圣迹。因此受彼（中国。——引者）文化的影响很小，倒是由此向彼输出文化。当然，无论从质上还是从量上看，几乎是微不足道的，仅仅是按照吴越王弘俶的要求赠送天台的教迹；乘

---

[1]〔日〕师蛮：《本朝高僧传》，《大日本佛教全书》，日本：佛书刊行会大正二年（1913）版，第167页。

宽建渡海之机带去菅原道真、纪长谷雄、桔广相、都良香等的诗集和小野道风的行草书，到中国流传广播；或者如宽辅和澄觉在彼地为兴隆佛教而尽力，以获赐紫衣和大师号。大概自平安时代初期萌芽后逐渐成长起来的日本文化（国风文化），到这个时候日益发达，似乎足以向中国夸耀了。[1]

此文之意即认为，五代以来的中日文化交流对于日本来说，已经是不必要而且也很少有的时代，倒是日本文化开始逆流中国，"向中国夸耀了"。日本文化在继续发展，中国依然停滞，进入宋代以后，日僧来华的目的与其说是输入中国文化，不如说是输出日本文化，为中国"兴隆佛教而尽力"，因此日僧们被宋朝"赐紫衣和大师号"。所以，在《五代·北宋篇》第二章的开头，关于北宋时期的中日文化发展的比较，木宫泰彦是这样认为的：

> 北宋时代，对于彼（中国。——引者）是试图复兴因唐末五代纷乱一度衰退的文化之期，而在我藤原时代则是日本文化繁荣之时。因此，我虽吸取了彼之文化，而我国文化对于彼也有补其阙如之功，彼此的文化地位大致是对等的。[2]

在这一点上，木宫泰彦相对还是比较谦虚的。辻善之助博士似乎

---

[1] 王勇、〔日〕久保木秀夫编：《奈良·平安期の日中文化交流》，东京：农文协2001年版，第252—253页。
[2] 〔日〕木宫泰彦：《日华文化交流史》，第254页。

更自信一些，他在其十卷本长篇巨著《日本佛教史》第一卷上世篇[1]中提出了以下惊人的观点。995年，宋朝高僧源清赠送五部新作及书信到日本，关于著作过程并送给日本的原委等，源清在信中作了详细的说明，日本朝廷因此组织其天台宗两门高僧作了答复并回信。辻善之助博士对此往返书信的内容加以研究之后，得出的结论是这样的：

> 从送来如此伪书来看，宋国的佛教在走向衰落，反之可见我国佛教的隆盛。在回信中虽有"文章六七，聊有注出，不敢加雌黄"之语，但对其文章我国有破文之事。另外，关于彼国书籍泯灭，由我国回赠以补充一事，有"投玉简而增日域之光耀，开石函而补天台之阙文"之说，即使在此文（指日本的回信。——引者）中，日本在佛学研究上已经远远凌驾于作为本家的支那之事也历历在目。[2]

不知博士是否通读了有关书信，理解了文意，就拿他引用的后一句话，他也似乎只看到了后半句"开石函而补天台之阙文"，而置前半句"投玉简而增日域之光耀"于不顾，甚至断言宋僧源清送伪书到日本，事实是源清在来信中很清楚地说明了这五部书是他和同门的新作。1972年中日已经恢复邦交正常化了，辻博士在此时出版的大作中还像30年前一样称中国为"支那"，不知有何根据？

最后是日本学者对于源信向宋四明知礼求教二十七问一事的辩解，这一事件事关中日佛学优劣的大是大非问题，对此事件意义的研究，

---

[1] 〔日〕辻善之助：《日本佛教史》第一卷，东京：岩波书店昭和四十九年（1974）版。
[2] 同上书，第559页。

日本方面一千年来一直都很投入。首先介绍日本学者道端良秀最有代表性的一种观点：

> 源信让自己的弟子寂照赴宋，而自己为何不去呢？究其原因，如前所述，当时北宋的文化只是唐代文化的延续，对于充分吸收了唐代文化的日本来说，他们似乎自负地认为日本文化比起北宋文化来要居上位。因而，北宋时代入宋僧的目的不像入唐僧那样，以求法、学习为主，目的在于参拜五台山、天台山、天童山等灵山和佛祖圣迹。正是这个原因，源信敢于避免远道入宋的辛苦，宁愿栖身睿山横川的优雅之地，专心致志地修行和学习。《往生要集》第三卷就是在这儿写成的。《往生要集》也是源信自己的得意之作……[1]

按照道端良秀的这种观点，奝然等日僧的来宋之举太欠思考，太不明智，而且得不偿失。至于源信为什么西下九州而不来宋朝等原因，我们在本书第三、第五章将详细分析。日本学者前后两期的研究理论是一脉相承的。

1972年中日恢复邦交之后，两国的学术交流越来越广泛起来。日本学界关于奝然和来宋日僧的研究虽然方兴未艾，但依然是老人强调过去的观点，或新人重复前人的老调，西冈虎之助、木宫泰彦和森克己等人早期的观点又被竹内理三、石母田正、木宫之彦、藤善真澄等所继承，例如木宫之彦在《入宋僧奝然的研究——以其随带品和携来

---

[1]〔日〕道端良秀著，徐明、何燕生译：《日中佛教友好二千年史》，商务印书馆1992年版，第69页。

物为中心》一书中说：

> 入宋僧渡航的目的发自末法的思想，在于巡礼中国五台山、天台山，不具有任何政治的、经济的性质。[1]

日本宋学代表人物，研究来宋日僧的大家塚本善隆，早在1942年就在《中国佛教史学》[2]第五卷第三、四号上发表了《成寻的入宋旅行记中所见中日佛教的消长——天台山之卷》一文，到1974年，该文被收入《塚本善隆著作集》第六卷再版，我们虽然不能以此说明他在老调重弹，但足以说明他30多年来一直在坚持这样的观点：

> 但是，与圆仁始终一心一意求学传法的态度相比，成寻主要是巡礼灵场。日本天台宗创立期的年轻求法者，和日本天台宗大成后老成的巡礼者之间有这样的差别乃理所当然。同时，中国佛教学界现在的情势是，无论是天台山还是开封，可以说，值得日本天台学徒学习的东西已经难以找到，相反，日本的天台教学已经立于向他们介绍的境地。[3]

这说明类似的观点在日本已经成为不容置疑的定论，因为塚本善

---

[1] 〔日〕木宫之彦：《入宋僧奝然の研究——主としてその随身品と将来品》，东京：鹿岛出版会昭和五十八年（1983）版，第9页。
[2] 1937年，日本创立"中国佛教史学会"，出版《中国佛教史学》（日文名《支那佛教史学》），前后七刊。
[3] 〔日〕塚本善隆：《塚本善隆著作集第六卷·日中仏教交涉史研究》，东京：大东出版社昭和四十九年（1974）版，第74页。

隆博士身为日本京都清凉寺的住持，又是奝然携归日本释迦牟尼佛像胎内纳入品综合调查的领导人物和核心人物，他调查和分析的结果，他所下的结论无疑对于后来的学者是最具有权威的。为系统介绍清凉寺释迦牟尼信仰以及奝然的功绩，由濑户内寂德、鹈饲光顺主编、于1978年出版的《清凉寺》一书就是依据塚本善隆的观点完成的，鹈饲光顺9岁就出家了，当时不仅是上宫学园高校长、佛学专家，而且是清凉寺塚本善隆之后的下一任住持。

二、日本学者近期相关研究的进展

这里主要是指20世纪80年代以来，部分中国学者关注来宋日僧问题之后的研究。木宫泰彦、塚本善隆博士等学者的观点对日本学界的影响一直持续到今天，虽然有大批学者如道端良秀、佐伯有清、石井正敏、槭桾本淳一、村井章介、山内晋次、原美和子等等，从不同的角度对奝然等来宋日僧进行了进一步的研究，或发专题文章、或旁敲侧击，却都没有什么新的发现，也没有提出更新的观点。比如在来宋日僧是"巡礼"还是"求法"的问题上，他们大多数将奝然等统称为"入宋巡礼僧"[1]，既然如此定性，就不可能企望他们有所突破。日本是一个崇拜权威的国家，在此种学术环境之下，学界后辈自然是不敢怀疑或批评前辈权威的。

曾担任日本"日中佛教友好协会"理事长和会长的道端良秀博士，在参考木宫泰彦《日中文化交流史》一书的基础上，于1984年出版了

---

[1] 王勇、〔日〕久保木秀夫编：《奈良・平安期の日中文化交流》，东京：农文协2001年版，第159页。

《日中佛教友好二千年史》（徐明等译，商务印书馆1992年版）一书，他在该书中认为：

> 可以说北宋文化只不过是唐朝文化的继承，没有什么生机勃勃的新文化。而日本佛教文化因为吸收了唐朝文化，其水平已凌驾于北宋之上。从当时比叡山净土教徒源信僧都所著《往生要集》赠送给北宋一事，首先可以看成是对北宋佛教学术水平的试探。北宋文化确是处在这种状况之下的。[1]

道端良秀认为"概观宋朝佛教，首先值得注目的是宋天子的保护佛教政策"[2]，并列举了宋朝皇帝派沙门天竺求法、雕版印刷《大藏经》、致力于译经等事业，不过他的"注目"而得出的结论是："因此，宋代佛教教团很快得到壮大。但是，这些只能说是佛教教团的隆盛，在教义上，只不过是唐代佛教的延续、继承和维持、阐述传统教义而已。"[3] 关于宋初中日文化交流与政治的关系，道端良秀博士就宋神宗通过成寻弟子送御笔文书到日本一事发表了如下结论：

> 这件事，想一想是很了不起的。君临天下的中国皇帝，亲笔写信送给被称为东夷小国的日本朝廷，可以说是史无前例的大事。前面屡次提过的在大唐国之后的北宋时代，日中两国文化的差距

---

[1] 〔日〕道端良秀著，徐明、何燕生译：《日中佛教友好二千年史》，商务印书馆1992年版，第66页。
[2] 同上书，第63页。
[3] 同上书，第64页。

已由对等而向相反方向发展，恐怕这对政治也发生了影响。[1]

如此，神宗皇帝给日本"国王"的这封信是出于中国文化衰落的自卑。但"日中两国文化的差距"由什么样的"对等"，而又向什么样的"相反方向"发展？以致"对政治也发生了影响"[2]，道端良秀似乎没有拿出更好的证据。

竺沙雅章1988年在日本《佛教史学研究》第31卷第1号上发表了《宋代东亚的佛教交流》一文，虽然对宋日佛学讨论、书籍交流、佛典的作伪等问题作了比较公正的历史分析，但未明确提出自己的观点，仅以分析见长。

石井正敏1993年发表了《入宋巡礼僧》（载荒野泰典、石井正敏等主编《亚细亚中的日本史Ⅴ：自我意识与相互理解》，东京大学出版会1993年版）一文，开篇他就引用《奝（然）上人入唐时为母修善愿文》所载时人对于奝然来宋目的的质问，以及奝然的经典回答："我是日本国无才无行一羊（半）僧也。为求法不来，为修行即来也。"[3] 进而讨论了这一问题：

> 奝然所谓的"修行"，是作为"求法"的相对概念来使用的。从抱着参拜作为文殊菩萨住地而广受信仰的五台山、释迦牟尼诞生的圣迹的希望来看，可以理解为巡礼圣地就是修行。即通过拜

---

[1] 〔日〕道端良秀著，徐明、何燕生译：《日中佛教友好二千年史》，第72页。
[2] 同上。
[3] 〔日〕黑板胜美编辑：《本朝文粹》（《新订补国史大系》第29卷下册），东京：吉川弘文馆平成十一年（1999）新装版，第334页。

访圣地来消灭自己的罪障为主要目的,与抱着在彼地寻师学法,以资镇护国家这一目的而入唐的遣唐使时代的留学僧有着明显的差别。因此,奝然以后的入宋僧,主要是以巡礼五台山为中心的圣地为目的而渡航的。[1]

该论的注解也显示,他是在强调木宫泰彦、木宫之彦父子的观点。关于来宋日僧行为的政治意义,他在该文中只是单向地强调宋朝的政治意向,似乎是宋朝一厢情愿而已,对于日本朝廷是否有政治参与、国家需要和政治意图避而不谈。下面不妨再列举一例,2001年,堪称日本现代中日文化交流史研究大家的村井章介教授在王勇、久保木秀夫主编的《奈良、平安时期的中日文化交流——从"书籍之路"来看》(在日本出版)一书中发表了《天台圣教的还流——以〈参天台五台山记〉为中心》一文,他说:

> 入宋巡礼僧的特征在于他们和皇帝会面说明了日本的国情,自奝然而至寂照、成寻、快宗、戒觉等的经历中都可以见到这样的事例。戒觉在向皇帝的上奏文中说:"远方异俗,来朝入觐,巡礼圣迹名山,例也。"所谓入觐就是,意气风发的日本巡礼僧发扬国威的意图,和宋朝统治者对于日本的强烈关心的遭遇,在此场合,他们必然言及日本书籍丰富之事。[2]

---

[1] 〔日〕中村元他監修・編集:《アジア仏教史・日本編Ⅱ平安仏教——貴族と仏教》,东京:佼成出版社1974年,第265—266页。
[2] 王勇、〔日〕久保木秀夫:《奈良・平安期の日中文化交流》,第159页。

这篇文章始终都在说明，自宋至明，中国都在从日本搜寻天台圣教的散佚典籍，依然在宣扬日本典籍和藏书的优越地位。

在三个问题之中，对奝然的来宋与日本朝廷的关系这一问题的研究突破相对较大，东京大学石上英一教授较早作了一些修正。"石上英一根据奝然出国、归国之际所蒙朝廷的宣旨，和朝见宋太宗时献上铜器照准朝贡礼仪等认为，奝然打开与宋国交之途径，对于日本政府来说是负有公的使命。这种以僧侣朝见的形式，而不纳入册封关系之中的从属的国交关系，确定了10世纪以后宋日关系的基调"。但他的观点并不代表主流，村井章介在以上同一篇文章中就认为"并非是日本政府积极派遣奝然为使节"，"从中世的观点来看，他的入宋与'方贡之使'有着根本的差别，是从因私而着眼的"[1]。

这个问题现在继续被讨论，上川通夫于1999年发表了《一切经与中世的佛教》（《年报中世史研究》24）一文，接着又于2002年发表了《奝然入宋的历史意义》（载《爱知县立大学文学部论集》第50号，日本文化学科编4）一文，他根据奝然自宋求回《一切经》（即宋版《大藏经》）回大宰府后，日本朝廷下达《太政官符》并拨款运送佛经和佛像、嘉因入宋等事件认为："入京过程的主体是和奝然携手共进的朝廷，加之连续派遣僧人出国入宋，意味着这是朝廷主导的事业，如此看待比较妥当。"[2]

日本学界长期以来赞同木宫泰彦的观点，仅承认成寻来宋及弟子

---

[1] 转引〔日〕村井章介：《中世における東アジア諸地域との交通》，载《日本の社会史第1卷：列島内外の交通と国家》，岩波书店1987年，第102页。石上的原文《日本古代10世紀の外交》载《東アジアにおける日本古代史講座7》，学生社1982年版。

[2] 转引自〔日〕手岛崇裕：《入宋僧の性格変遷と平安中後期朝廷——成尋の'密航'から》，载《8—17世紀の東アジア地域における人物情報の交流》，第350页。

携宋朝国书回日本具有两国政府之联系和政治、外交的意义,而从手岛崇裕在2004年发表的《入宋僧的性格变迁与平安中后期朝廷——从成寻的"偷渡"来看》一文看,我们可以得到截然相反的印象。在该文中,手岛崇裕在总结上川通夫、石上英一等有关研究成果的基础上表示:

> 关于前往北宋的渡海僧,此前一致公认他们具有相同的性质,例如都是以巡礼中国佛教圣地为目的的巡礼僧。当时,如果从受东亚的国际环境的影响而应对的日本朝廷的对外交涉权的关系上加以探讨,我们会发现入宋僧各自具有不同的性质。现在本文避免老调重弹,将其性质的变迁过程加以归纳。[1]

他研究归纳的结果是:"首先,奝然与先行的宽建、日延,甚至还可以上溯到入唐僧,他们具有共同的性质。即,对在政治外交上为延续独善其身的本国中心主义而在保持国际孤立的日本来说,他们具有作为文化使节而被加以管理的性质,是作为朝廷确认垄断对外交涉权的手段而存在。"奝然来宋受到朝廷的管理,而到成寻来宋之时,日本朝廷"放弃了入宋管理和付与公的性质"[2]。手岛崇裕对这一问题的研究比较系统,促进了日本学界对来宋日僧的正确认识,但是手岛崇裕只能做到这一点,未对其他两个问题的结论重新思考,他不能公开声明奝然等是"求法僧"或者"求法巡礼僧",他提出一个"渡海僧"的

---

[1] 〔日〕村井章介编:《8—17世纪の東アジア地域における人物情報の交流》,东京:东京大学教材出版平成十六年(2004)版,第362页。
[2] 同上。

新概念；而对于在宋代日本佛学是否真的凌驾于中国之上的问题，他们是不可能给予怀疑的。

第三节　进一步研究来宋日僧的意义

一、纠正日本学者有关研究的偏执

尽管日本学者已经取得以上研究成果，但我们在这里仍然不能不提出疑问：奝然等来宋的主要目的是巡礼，于取经求法不过顺带而为之吗？真的"不包含任何政治的、物质的性质"吗？木宫泰彦等所谓的日本文化对于宋文化"有补其阙如之功"，这一功劳到底有多大？

10世纪的日本人虽有夸耀之心但乏夸耀之资，实际上木宫泰彦今天在歌颂日本古典文化、国风文化成就的时候也是缺乏自信的。所以在《日中文化交流史》一书《五代·北宋篇》第二章的开头，在关于北宋时代的中日文化发展的比较之后，他不得不承认：

> 北宋时代，对于彼（中国）是试图复兴因唐末五代纷乱一度衰退的文化之期，而在我藤原时代则是日本文化繁荣之时。因此，我虽吸取了彼之文化，而我国文化对于彼也有补其阙如之功，彼此的文化地位大致是对等的。但到了南宋时代，彼已经完成颇有特色的宋文化，而我为了适应新兴武家的爱好，正在试图创造新文化，因此如同遣唐使时代大量移植唐文化一样，又不断为吸收

宋之新文化而努力。[1]

这是因为南宋初重源、荣西等的来宋求法意图和结果太明显了。更重要的是，我们应该看到宋日文化交流的时代主流，不能站在维护国家和民族荣誉的需要上看问题，否则只能一叶障目，不见森林。对于日本学者的以上主张我们是不赞成的。

在阅读了有关基本史料之后，我们认为日本学者所写的文章、发表的观点有失偏颇，有批判的必要，这是本书立论的动机和基础。首先我们感觉他们对于史料的解读有许多错误，他们史学研究的指导思想也比较狭隘，因而提出的结论也是不够正确的。其次，他们的研究角度也是我们不赞成的，大概是日本学者的研究过于偏重精细吧，他们缺乏宏观的把握；另外，他们的历史观受到政治舆论和个人感情、"民族情结的影响，或者受到宗派主义、信仰主义的干扰，因而暴露出夸大或虚无的观点"[2]，致使他们的论点过于主观。我们还要注意这样一个历史背景，木宫泰彦、道端良秀等来宋日僧和中日佛教交流史研究的大家们曾经在日本侵华战争期间被日本法西斯政府派遣到中国进行所谓的"调查研究"，我们相信他们是友好文化人士，对于他们在中国调查古迹的目的和意义不是本书的研究重点，但他们的研究思想无疑打上了时代的烙印，因为他们那时经常在举行祈祷敌国投降的法会。良心发觉的道端良秀在《日中佛教友好二千年史》一书也说他"是军队文职人员，穿着和军官一样

---

[1] 〔日〕木宫泰彦：《日华文化交流史》，第254页。
[2] 黄心川：《东方佛教论：黄心川佛教文集》，中国社会科学出版社2002年版，第317—318页。

的军装"，于是他感觉到中国寺院可能对他有嫌恶之感，所以他说："我现在还对当时没有能带着轮袈裟去，哪怕在佛前跪拜的那一会儿套在脖子上也好，而追悔不迭。"[1]

纵观中日佛教交流史，从9世纪的空海到12世纪的荣西，日本佛教阶段性的发展是在不断学习和吸收中国新思想并改革旧制度、理论、仪式的过程中实现的，求法而能弘法、留学而后可传教。前者空海为求法而来唐留学已是定论，后者荣西为求法来宋"巡礼"也无可争辩，其间奝然等的行为与前辈后人完全一致，又为何不是为"求法"而入宋呢？在那些有着强烈自尊的日僧们的嘲笑和打击之下，奝然虽然宣称去宋并非为求法或是传法，但在将老母置之在堂，冒风浪之险来宋之后，他的所作所为完全不是一般的巡礼。不深入思考而对日僧来宋的目的作出主观解释不免牵强附会。

基于来宋日僧的以上研究历史和现状，我们认为有进一步研究的必要，将被颠倒了的事实重新颠倒过来。这一使命是很难由日本学者来完成的。首先，日本学者勤于资料的搜集、精于词章的考据，但在理论的建树上似乎欠缺胆略；在现代学者中系统、理论、宏观的研究更是缺乏，对于来宋日僧求法或巡礼的定性，顶多作一些折中，不敢旗帜鲜明地挑战权威学术观点，尽管那是错误的观点，在维护权威的日本是难以提出反对的意见的；而且日本人的荣耀感也难以促使他们作这样的"叛逆"思考。

---

[1] 〔日〕道端良秀著，徐明、何燕生译：《日中佛教友好二千年史》，商务印书馆1992年版，第165页。

二、补充国内学者相关研究之不足

但是，中国学者目前对于这方面的研究也相对欠缺，实际上对于日本历史、宗教、文化、哲学等的系统研究也是在改革开放之后才兴起的。由于第一手材料的缺乏，或者对于日本学者耿耿于怀的来宋日僧的身份问题未予关注，因此中国学者并未参与日本学者以上问题的讨论，连国内系统研究日本佛教史的长篇专著，如杨曾文教授所著的《日本佛教史》(浙江人民出版社1995年版）一书也未见作为概念或专有名词的"入宋僧"的字样出现，奝然和成寻、戒觉等来宋日僧的名字也一时无从查找，寂照因源信才偶一见之。当然，杨曾文教授的《日本佛教史》依然代表着国内日本佛教研究的最高水平和最大成就。

中国学者在中日恢复邦交以后，另一部关于日本佛教的比较有影响的专著是刘建博士1997年出版的《佛教东渐》(社会科学文献出版社1997年版）。该书以中日佛教交流史为主线，在第四章第七节虽列题为"求法巡礼"，并重点介绍了奝然、寂照、成寻三位来宋日僧，但他还是认为：

> 北宋至南宋初期的入宋僧与由朝廷正式派遣的肩负国家的利国济生、问师求法重任的入唐学问僧不同，其入宋目的，正如奝然自述的渡海宏愿所称："奝然天禄以降，有心渡海（此处节录时省略。——引者）……若适有天命，得到唐朝，有人问我，曰是汝何人，舍本土朝巨唐，有何心有何愿乎。答曰，我是日本国无

才无行一半僧也。为求法不来,为修行即来也。"[1]

刘博士大段引用了奝然的自述证明自己的观点,我们这里无意重复,转引时对奝然的话有删节。刘建在引文中的标点和断句虽然我们不敢苟同,但在这里也保持原貌。2000年刘建博士在《世界宗教研究》第1期上发表了《求法请益与朝圣巡礼——九至十一世纪中日佛教交流史略考》一文,再次强调以上观点:"北宋至南宋初期的入宋僧与由朝廷正式派遣的肩负国家的利国济生、问师求法重任的入唐求法请益僧不同。其入宋目的,正如奝然自述的渡海宏愿所称……"[2]但从整体来看刘建的《佛教东渐》这部书,我认为仍然是国内中日佛教交流史研究的重要参考书。

在近期的一般专著中,我们可以看到王晓秋教授所著《中日文化交流史话》(商务印书馆1996年版)一书第九部分专列有"奝然献书——名留青史的入宋僧",主要是介绍木宫泰彦等人的研究成果,对来宋日僧的主要目的未予怀疑,亦云"宋朝时的入宋僧,却不仅是为取经求法,更重要的目的则是为了修行而来中国朝拜圣迹的"[3]。

其次有苌岚所著《7—14世纪中日文化交流的考古学研究》(中国社会科学出版社2001年版)一书值得一读。不过他虽系统介绍了日本清凉寺释迦牟尼佛像胎内藏品,涉及了奝然等来宋日僧,未见对其公私身份和来宋首要目的等的讨论。

---

[1] 刘建:《佛教东渐》,社会科学文献出版社1997年版,第95—96页。
[2] 刘建:《求法请益与朝圣巡礼——九至十一世纪中日佛教交流史略考》,《世界宗教研究》2000年第1期,第60页。
[3] 王晓秋:《中日文化交流史话》,商务印书馆1996年版,第79页。

论文方面，新加坡南洋理工大学的王贞平教授于2002年发表《〈宋史·日本传〉与〈王年代记〉研究》一文，虽然着重研究来宋日僧奝然，注意到奝然来宋后面对宋朝人宣扬日本神国的历史和万世一系的政治体制，注意到奝然对日本向中国求法历史的介绍，但王贞平教授似乎不关心他求法取经的主要目的。

就目前发表的论文和出版的专著看，国内学者中，王勇教授、王丽萍博士对于来宋日僧的研究无疑是涉猎范围最广泛、学术成果最丰富、理论水平最高的。王勇教授的观点，读者可以直接拜读王勇、大庭修主编《中日文化交流史大系·典籍卷》（浙江人民出版社1996年版）第三章，及王勇著《中日关系史考》（中央编译出版社1994年版）历史篇第四章第五节和典籍篇第八章第二节等。王丽萍博士在日本出版的专著《宋代的中日交流史研究》（日本东京：勉诚出版社2002年版），主要是研究成寻的《参天台五台山记》，重点是其中的公凭等文书，虽论及对于来宋日僧的印象，似乎也有认同森克己等人的感觉。

2004年夏应元发表的《关于〈参天台五台山记〉中所见成寻在宋期间的收入和待遇》一文，根据以成寻为代表的来宋日僧和入唐日僧在中国所受的不同待遇的比较研究，他指出："当时宋日之间没有国交关系，即使是民间关系方面，一般日本人的海外航行被禁止，只是日本入宋僧作为例外被许可入宋，除了宋朝商人之外，日本入宋僧成为宋日之间交流的重要桥梁。""在这种状态下，北宋王朝将这些极少数的入宋僧视为国家的贵宾、半官半民的'使节'，利用他们来维持国家之间难得的联系途径。"[1]

---

[1] 〔日〕村井章介编：《8—17世纪の東アジア地域における人物情報の交流》，第390页。

中国的香港、台湾地区以及海外学者（日本除外）在这方面的研究，可能有更多的突破，因作者学习和搜罗不够，不能具体介绍，只能保留残缺之处。

改革开放以后，中国留日学者（包括留日归国的学者）越来越多，虽然许多学者掌握了丰富的史料，却拘泥于日本的学风和研究方法，或出于对师友的礼貌，或出于方法的偏爱，某些方面一时难以突破。又有一些擅长理论研究的学者，由于外国语言文字的障碍等，缺乏材料的支持，尤其是元典性材料的掌握，一时也难以突破，在有关专著中涉及这些问题却也是人云亦云。但不管怎样，这一深入批判的责任、重新研究的任务最终还只能交给中国学人来完成。本书不惮固陋，大胆宣言观点，至少也要作一次尝试，为引玉而抛砖，倘若取得了微薄的成绩，也是因为吸收了中日两国前辈学者的成果，踏在巨人的肩膀上。

第一章
奝然来宋求法的文化背景

第一节 宋朝的统一政策对周边民族的影响

一、宋朝重建"华夷秩序"与对日本的期望

公元960年正月,辽、北汉联军南犯的谣言和"点检作天子"的流言闹得汴梁满城风雨,统领后周禁军的殿前都点检赵匡胤受命引兵出城,才到离京师二十里的陈桥驿,就被黄袍加身,北宋王朝仓促建立。这一次政变结束了中国中原地区自唐末五代以来频繁的政权更迭,逐步消除了汉族集居地区长期的社会动乱和藩镇割据的分裂局面。

宋朝的局部统一促进了中国境内交通联系的加强和经济文化的进一步发展,此时的宋朝虽然说不上是"积贫积弱",却也难以恢复汉唐帝国的辉煌。此时的东亚各民族正进入一个多极化的时代:契丹在东亚北部草原上建立了一个新的游牧大国;在东亚西北内地,西夏王国也在成长、也正一点点扩张之中;在东亚近海的岛国日本正在努力打造国风文化,其民族自信膨胀。东亚正形成一个多极争雄的世界。

处于地缘政治中心的宋王朝,随着汉民族区域内的统一,民族自

尊心和自豪感树立起来了。赵氏兄弟的抱负一点也不次于他们的心计，既然自觉继承了中华正统王朝，宋朝的理想当然是天下（世界）秩序的恢复，这自然是一个以大宋为中心的同心圆式结构，由此新册封体系的建立提上了王朝政治的日程。宋朝开国皇帝努力恢复册封朝贡体制的愿望，可从宋太祖于乾德元年（日本村上天皇应和三年，963）六月"丙申，诏历代帝王三年一飨，立汉光武、唐太宗庙"等事件中得到印证。[1]

宋朝的招抚和声势也确实让五代以来的一些割据政权和周边小国（如吴越钱氏）屈服了，或投降而被合并，或朝贡而纳入体系。但是，宋朝的这一策略和努力很快就受到北方契丹等多极化势力的挑战；尽管周边有许多国家和民族来朝贡了，日本尚没有派遣朝贡使节，因此北宋朝廷也考虑通过在东亚海洋上活跃的商人向沉默的日本发出通知。

实际上日本一直在暗中关注着东亚中心地区的政治发展，一旦大陆形成一个强大的统一国家，如何应对便成为岛人讨论的话题，此时是继续闭关还是积极参与？从结果看，日本"孤立主义"思想暂时占据主导地位。对于东亚的政治变革和斗争，日本依然采取超然的策略，禁止国民往来宋朝、契丹等国贸易，正如日本学者木宫之彦所说的：

> 当时我国（日本。——引者）对外方针是停留于被动而且消极的贸易上，对中国商船来航设置严格限制，甚至禁止邦人渡航海外，只是对有志巡礼中国圣地天台山、五台山的僧侣网开一面，作为例外，准许他们渡海入宋。[2]

---

[1]（元）脱脱等编：《宋史》，中华书局标点本1977年本，第14页。
[2]〔日〕木宫之彦：《入宋僧奝然の研究——主としてその随身品と将来品》，第20页。

宋朝的统一不仅促进了国内的经济贸易与文化交流，也使对外贸易和文化交流得到发展。979年宋武力剿灭北汉，和平接受吴越，使佛教徒可以更加自由地北上五台、南下天台，巡礼全国圣迹，这对于天台山、五台山信仰越来越强烈的日本僧界也是捷音。为了推行自己的政治，扩大国家在国际上的影响，宋朝廷积极利用文化政策，推动中外佛教文化交流，复兴中国佛教以便使之成为传播佛教的世界中心。

宋朝实际上也是希望通过复兴佛教、开展佛教交流促进华夷朝贡体制的建立，以粉饰内政的成就和社会的太平。乾德三年（日本村上天皇康保二年，965），游历五天竺18年的沧州僧人道圆归国，并偕于阗使者共赴京师陛见，此举大大激发了宋太祖开展文化外交的宗教热情。966年他立即模仿唐朝皇帝遣人西天取经的做法，选僧人行勤等157人赴天竺求法，每人赐钱三万。有人认为这是一次大规模的官费资助的留学活动，实际上皇帝醉翁之意不在酒。宋太祖"修文德以来之"的做法果然立竿见影，开宝年间（968—975）就有印度高僧法天等来宋，到宋太宗太平兴国年间（976—983）更有印度高僧天息灾（又名法贤）、施护等相继携带大批梵文经籍和佛舍利来华，从而也吸引了日僧来宋求法。

二、宋朝佛教复兴对东亚日本等国的影响

宋朝局部统一后施行的文化政策对于东亚社会的影响是难以忽视的。宋太祖、宋太宗在政治统一的同时努力建设文化帝国，宋太宗在政治和军事（北伐契丹）努力遭到挫折之后更是将注意力转移到文化上来，因为战争失败必然会影响朝贡制度的确立。

太平兴国四年（日本圆融天皇天元二年，979）秋七月，"癸未，帝督诸军及契丹大战于高梁河，败绩。甲申，班师"[1]。这一打击对于宋太宗来说是很沉重的，因为他在太平兴国四年春"正月丁亥，命太子中允张洎、著作佐郎句中正使高丽，告以北伐"[2]，何等的踌躇满志，实际上他就是想恢复汉唐的辉煌，此次外交之行动既是稳定高丽，也是敦促它来朝贡宋朝的。宋朝在战败之后更是遣使四出，广招海外国家前来朝贺。例如"雍熙（984—987）中，遣内侍八人赍敕书金帛，分四路招致海南诸蕃"[3]，邀其朝贡，此所谓柔远人以饰太平。

志得意满的宋太宗"取太原，伐契丹，继有交州、西夏之役"[4]，但是进取武功不成，于是君臣便退而反思之，虽然一时得意忘形，"远人不服，修文德以来之"毕竟是中国几千年来的政治传统、儒家的千古政治遗训，此时自然会有人提起。何为"文德"，自然是礼教等文化制度。礼仪文化是中国皇帝区别华夷、标明正统的重要标志，它的内容包括历法的颁订、礼仪的制定、典籍的编辑和颁赏等等。向周边民族和国家强调自己依然是文化的中心，文明的代表，此可谓文化立国。北宋的文化建设也是为了再次确立其在东亚社会文化中心的地位。太平兴国六年（日本圆融天皇天元四年，981）冬十月丙戌，"杂取历代医方，同加研校"[5]，到七年（日本圆融天皇天元五年，982）冬十月"癸卯，《乾元历》成"[6]。

---

[1]（元）脱脱等编：《宋史》，第63页。
[2] 同上书，第60页。
[3] 同上书，第4559页。
[4] 同上书，第101页。
[5]（宋）李焘撰：《续资治通鉴长编》第2册，中华书局1979年版标点本，第503页。
[6]（元）脱脱等编：《宋史》，第69页。

在宋朝的文化复兴事业中，首先必须关注的是它的宗教复兴政策和宗教事业。尤其是外来的佛教，它在中国的发展几经反复，僧侣们在中国的命运大起大落，寺院塔殿也是兴盛之后荒废，荒废之后再复兴，如同中国"分久必合、合久必分"的循环历史。唐朝末年以来，发达的中国佛教经历了一武一宗两度毁佛，不过信仰的统治作用仍然被人认识到，大宋统一之后，中国佛教发展遇到了新的机遇。979年，宋灭北汉，唐朝以来的五台山佛教圣地现在处于宋朝的控制之下。980年，宋太宗便立即敕内侍往代州五台山建造金铜文殊菩萨像。宋太宗曾经拿着新译经，对大臣赵普等说："佛氏之教，有裨政治，普利群生。"[1] 可见他要以兴佛教作为思想控制和统治之术。宋太宗曾作《崇释论》，说佛教与孔孟"迹异而道同"，好在宋朝"积弱"并不"积贫"，有足够的经济力量支持宗教事业，"太平兴国元年，诏普度天下童子，凡十七万人"[2]。于是，五台山、天台山、峨眉山山山大兴土木，清凉寺、国清寺寺寺僧尼云集。

　　二年，使改龙兴寺为太平兴国寺，立开先殿以奉太祖御容。西天沙门吉祥来，进贝叶梵经。[3]

　　三年三月，赐天下无名寺额，曰太平兴国、曰乾明。开宝寺沙门继从等，自西天还献梵经、佛舍利塔、菩提树叶、孔雀尾拂，并赐紫方袍。四月，诏谥庐山远法师曰圆悟、塔曰凝寂，永法师

---

[1] （宋）志磐：《佛祖统纪》，载《大正藏》第49卷，台北：佛陀教育基金会1990年版，第399页。
[2] 同上书，第396页。
[3] 同上书，第397页。

曰觉寂、塔曰实智。中天竺沙门钵纳摩来，献佛舍利塔、犛牛尾拂。西天王子曼殊室利求归本国，诏从之。[1]

宋朝廷财政上的大方表现不仅是广修佛寺、雕刻翻译大批经典，而且大量度僧并招徕外国僧人，一时印度僧来中国者络绎不绝，其中著名的有980年来宋的天息灾（？—1000）、法天（？—1001）、施护（？—1017）三人，他们都兼通华语。

在宋朝一系列宗教事业中，最引人注目的应该是译经场的建设和《大藏经》的雕版印刷。宋太宗仿照盛唐太宗皇帝李世民，大开译场，诏令在太平兴国寺大殿西侧设立译场，延请来宋的天竺三僧天息灾、法天、施护等主持译经。太平兴国七年（日本圆融天皇天元五年，982）六月，宋朝译经场建成，雍熙元年（日本圆融天皇永观二年，984）九月第一批经典译出，宋太宗十分欣赏，下诏刊版摹印，以广流布。雍熙三年（日本花山天皇宽和二年，986）十月，宋太宗还仿效唐太宗作《圣教序》的形式，亲制《新译三藏圣教序》以冠诸经之首，并刻石于御书院。

《大藏经》（或称《一切经》）的雕刻早在宋太祖开宝四年（971）就开始了。由于四川的造纸技术比较先进，宋太祖敕高品、张从信往四川益州雕《大藏经》板。自开宝四年开雕，到太宗太平兴国八年（日本圆融天皇永观元年，983）历时十二年竣工，该年六月，"成都先奉太祖敕造《大藏经》板成进上"[2]，全书共5048卷，卷子装潢共480函，计雕版13万块。以后又陆续增加东土撰述，及《贞元录》各

---

[1]（宋）志磐：《佛祖统纪》，载《大正藏》第49卷，第397页。
[2] 同上书，第398页。

经，最后达到653帙，6620卷，世称《开宝藏》，成为此后官私刻藏的重要标准，日本、高丽、契丹、西夏等国刻藏，也皆以此为底本。各国为了获得宋朝赏赐《大藏经》，多方来宋请求。

当时宋日之间私人贸易往来频繁，而且书籍成为商品之一，由于宋朝廷鼓励并奖励民间献书，这样一来促进了宋人（包括商人）对于典籍的搜寻，也促进了中日之间书籍信息的交流和书籍的交换。为了交换书籍存留的信息，宋朝商人可能不久就将宋朝钦定雕版《大藏经》的消息告诉了日本僧人。因为日本僧侣等文化人士自唐朝以来一直都很关注中国的图书信息，多方（通过唐宋商人购买等）求购中国典籍，日本在政治上可以避免和宋朝的联系，但是在文化上却割不断其吸收营养的脐带，契丹、西夏和高丽等国未尝不是如此。日本素有来中国取经的传统，983年奝然来宋之举与雕版佛经的消息传入日本之间有很大的联系。

宋朝的统一，社会政治经济的稳定，给文化的发展提供了各种条件，尤其是中国佛教，呈现出新的发展趋势。汉族地区的统一无疑让士人们找到自信，边疆外族的强大又让他们感觉到危机，于是，思想者越来越多起来，士大夫们开始反思中国传统（哲学思想和伦理道德等）。另一方面，生活稳定也让宋朝的普通民众有了更多的精神需要，于是，各种宗教、迷信思想占据这一市场。佛教自然不甘落后，它必须拥有大众，它的教学自然也世俗化起来，因教学语言的世俗化、通俗化，自然成为大众的宗教。佛教遂从烦琐理论走向生活实践，从僧院走向世俗社会。五代以后，中国佛教诸宗派大多走向衰落，而天台宗却得以一时中兴，净土宗和禅宗也因其简易便行而流传愈广，根本原因是因为它们的平民化而受到下层民众欢迎，致使影响相对扩大；而到了南宋以后，平民化的禅宗几乎成为中国佛教的代名词。

三、宋朝海外贸易交通与文化信息的传播

宋朝虽然在政治上局部统一，但它的军事实力和军事指挥远不及汉唐，不过灵活的贸易政策使宋朝尚不失为一个经济大国。宋朝国内贸易和海外贸易的发展弥补了它政治、军事方面的部分不足，促进了外交和文化事业的发展。也许是危机意识的作用，宋朝廷重视商品经济的发展，严格管理海外贸易的进行，既为切断契丹的贸易路线，也为支持北方的军事战争，为朝贡贸易的外交手段提供物质保障。《东西洋考》卷七《饷税考》云："宋时发舶，海上郡国有司临水送之。"[1]《宋史·食货志》下也记载：

> （开宝）四年（971），置市舶司于广州，后又于杭、明州置司。凡大食、古逻、阇婆、占城、勃泥、麻逸、三佛齐诸蕃并通货易。[2]
>
> 雍熙（984—987）中，遣内侍八人赍敕书金帛，分四路招致海南诸蕃。商人出海外蕃国贩易者，令并诣两浙司市舶司请给官券，违者没入其宝货。[3]

---

[1]（明）张燮撰、谢方点校：《东西洋考》，中华书局2000年版，第131页。
[2]（元）脱脱等编：《宋史》，第4558页。
[3] 同上书，第4559页。

这时允许民间贸易的范围越来越宽,处罚也在减轻。

太宗时,置榷署于京师,诏诸蕃香药宝货至广州、交址、两浙、泉州,非出官库者,无得私相贸易。其后乃诏:"自今惟珠贝、玳瑁、犀象、镔铁、帆皮、珊瑚、玛瑙、乳香禁榷外,他药官市之余,听市于民。"

太平兴国(976—983)初,私与蕃国人贸易者,计直满百钱以上论罪,十五贯以上黥面流海岛,过此送阙下。淳化五年(994)申其禁,至四贯以上徒一年,稍加至二十贯以上,黥面配本州为役兵。[1]

以上可见,宋朝对于海外贸易和商人的管理是非常重视的,鼓励"招致"外商来华贸易;其目的主要在于开源敛财,支持财政。其次,朝廷在考虑方便的时候利用商人担当外交文书的传递角色,尤其是对于那些未来朝贡的国家。例如,从来宋日僧成寻的日记《参天台五台山记》中我们发现,1073年成寻的五位弟子搭乘中国海商的船回国时,宋神宗托他们带去了"大宋皇帝志送日本御笔文书"[2]。

中外民间频繁的经济往来,促进了东亚各国各民族之间的信息交流,尤其是促进了各国之间宗教文化交流的发展。海外贸易的发展促进了海外各国对于中国的了解,从许多记载中可知,中国商人在他们所滞留的国家和地区被当地的执政者聘请为外交顾问。尽管正史缺乏

---

[1] (元)脱脱等编:《宋史》,第4559页。
[2] 〔日〕平林文雄:《〈参天台五臺山記〉校本并に研究》,东京:风间书房昭和五十三年(1978)版,第289页。

记载，但在宋朝与海外的交通和贸易中，中日之间的贸易交通应该比唐代更频繁，因为日本在地理位置上相对比较靠近，吴越商人与日本的贸易从未间断。平安中期以后的日本人对于中国佛教的新形势、新发展，随着宋朝商人不断到日本贸易，通过他们一定有所了解和认识，奝然在《大藏经》出版之时来宋朝很难说是偶然和巧合。不同于前代的是，在宋代，中日民间的经济文化交流超过朝廷政治上的交通往来，许多记载保留在野史、地方志和私人笔记之中，在这方面日本方面的相关资料比较多。

自五代以来，杭州、明州、泉州以及台州的宁海与临海、松江口的青龙镇等地的商业发展非常活跃。进入宋代，它们发展成为重要的港口和贸易城市，这与它们在此时所担负的货物集散、销售中心等贸易作用是分不开的。它们形成面对日本、高丽的贸易中心港口，为了加强管理，朝廷先后在杭州和明州设立了市舶司。

有宋一代的中日交流主要在贸易，主要由宋朝商人们来沟通，其中明州等地的商人担负着最重要的使命，尤其是在北宋时期，完全由宋朝商人来流通中日两国的货物，传递信息。日本一时尚无海外贸易商出现，虽有人来宋也是搭乘宋朝商船，《宋史·日本传》载：

> 天圣四年（1026）十二月，明州言日本国太宰府遣人贡方物，而不持本国表，诏却之。其后亦未通朝贡，南贾时有传其物货至中国者。[1]

---

[1]（元）脱脱等编：《宋史》，第14136页。

此次进贡很可能是中国商人或在日华侨冒充的，日本人来宋朝贸易主要是在进入南宋以后，一时两国贸易往来才逐渐频繁起来。

四、宋日贸易交通推动两国宗教文化交流

宋商在日本的活动主要体现于对日本政界、僧界的影响。中国北宋时期（960—1127）相当于日本平安（794—1192）中后期，此时的中日交通不同于前后时期，总体看来，朝廷政治上的交通稀少而民间经济上的往来频繁，经济上的贸易往来促进了宗教文化交流的发展。相对看来，宋日贸易的发展对于当时的贸易大国宋朝来说并不理想，日本平安朝廷的外交政策在此前后由其前期的积极外交转变到后期的消极外交，朝贡贸易无法复兴。10世纪大陆的政治文化等一系列的新变革、新知识、新气象、新信息，只能通过民间贸易的渠道传导到日本僧俗各阶层。

10世纪的日本，朝廷（皇族）在政治斗争中已经处于下风，在此情况下朝廷根本没有外交主动权，被排挤于政治和外交决策之外，外交大权旁落于藤原等贵族之手。朝廷反对贵族专权故反对贵族的外交，反对贵族的一切举措。此时日本渡来系地方豪族的势力也在衰落（如奝然所出自的秦氏是大陆渡来日本的移民），渡来系的后代在推动对外交流上是非常积极的，在唐代来华的日本留学生和留学僧大多有移民血统。

平安朝廷累累禁止私交，也就说明了当时公卿贵族主导的私交很严重，日本律令制逐渐崩坏，朝廷已经没有政治、经济和军事的约束力，只能借助"鬼道"之类的迷信和宗教，以及帝胄贵种的舆论道义

的力量来影响政治，限制贵族和外戚们的跋扈。日本朝廷主张在中国朝廷面前保持自尊和荣誉，就是要增加贵族在发展与大陆中国外交上的难度；强调人臣之交不出境，就是强调外交为天皇神圣的专权，这就决定此时的日本外交是消极的和被动的。

　　日本朝廷外交上的消极（宛如今天所谓的"政冷"）必然导致宋日贸易上的低迷，这正是积极推动海外贸易的宋朝廷和民间商人感到困扰的事情。既然政府间的渠道不畅通，宋朝商人们便开辟私人渠道，于是以宋朝商人和日本朝廷公卿、地方武士庄园主为中心的中日走私贸易发展起来，在朝廷公卿和地方庄园主的庇护下中日走私贸易甚至走向半公开化、半正式化。它挑战了天皇朝廷的专制外交，使私交逐渐猖狂。

　　宋商的贸易在日本朝廷严禁之中却得到了日本中央和地方豪强势力的支持和保护，因为宋朝商人掌握有秘密武器，那就是日本贵族和庄园主们的"唐物崇拜"。"唐物"自唐代中日国交建立以来一直是日本贵族奢侈生活的追求，在朝廷专卖制度之下，他们的消费需求很难满足，只能捡起皇家的剩余；建立了自己的走私渠道之后就不同了。根据公卿日记的记载可知，宋朝商人周良史和藤原道长、赖通、惟宪，宋商曾令文和道长，宋商周文裔和藤原实资等大臣都建立了私人联系。按照日本有关律令的规定，这些宋商是不能进入日本京城的，但从一些记载看来，他们自五代时期以来就和日本朝廷公卿贵族有着频繁的书信往来。例如日本一条天皇长元元年（宋仁宗天圣六年，1028），宋商周文裔经过高田牧司妙忠之手向日本太政官及右大臣藤原实资进奉了如下书信：

大宋国台州商客周文裔诚惶诚恐顿首谨言：

言上案内事。

右文裔，以去万寿三年七月，辞

圣朝，归本国，复以今秋九月参来，是即仰德化之无涯，翼忠节之有终也。抑从弱冠及今衰迈，伏闻殿下德声政誉，其来久矣，然而贵贱有殊，达名无路，虽存奉仕之愿，未显犬马之效，盖恐声威之贵，徒送多回之春秋也。已往之咎追悔何益？但于此度欲遂旧望，仍特为写寸诚，恭闻高听。伏愿恩造（遇？）明鉴过众（愚衷？），以所进之表章，乞达关白相府（赖通公季），次（以？）奏

天听。然后早申下敕使，检颁（领？）货物，是

国家念久参之勤，异俗感老来之幸也。不宣。文裔诚惶诚恐顿首谨言。

万寿五年十二月十五日商客周文裔佳且（拜具？）。

进上右相府 殿下。[1]

万寿五年即1028年（宋仁宗天圣六年），同年七月二十五日改元为长元，右相府即右大臣府第。书信同时还附有周文裔贡献财物的解文，内容如下：

进上：

翠纹花锦壹疋、小纹绿殊锦壹疋、大纹白绫叁疋、麝香贰脐、

---

[1] 〔日〕森克己：《新訂日宋貿易の研究》，东京：国书刊行会昭和五十年（1975）版，第171—172页。

丁香五十两、沉香佰两、熏陆香贰十两、何梨勒拾两、石金青叁十两、光明朱砂伍两、色色钱纸贰佰幅、丝鞋叁足。

右件土宜，诚虽陋甚少，为备微礼，所进上如件。

万寿五年十二月十五日宋人周文裔佳且（拜具？）。

敬上右相府殿下。[1]

以上可见，宋朝商人和日本公卿的关系建立在贿赂之上，是一种权钱交易。宋朝商人利用这些关系和交易既可以打破律令的禁区，又可以寻求安全保护。宋朝商人们收买和贿赂日本朝野势力集团，它的作用在于建立畅通的走私贸易渠道。贿赂方式是赠送各种珍奇，例如903年唐人景球等来日本，献羊一头，白鹅五只。919年五代商人鲍置向贵族贡献孔雀。

再如出身于河南省汝南郡的周良史，实乃宋日混血儿，父为宋人，母为日人，根据森克己的研究，1026年周良史来日本，曾经利用其混血身份，贿赂关白藤原赖通，要求获得日本的爵位，1028年再次来日本。据有关资料，日本长元七年（宋仁宗景祐元年，1034）他来日本时甚至可能打破日本的禁例上京觐见了东宫太子。因为在现存的"大宋国汝南郡客商周良史，字宪清平宾客，一见如旧识。良史体白颇似宪清，平宾客所称"这一记载前端有"东宫御手迹，长元七年正月十日"的注记。[2] 宫敦良亲王，即后成为天皇的第69代后朱雀天皇。

宋朝商人不仅机敏而且敢于冒险，他们甚至冒充日本使节向宋朝

---

[1] 〔日〕森克己：《新訂日宋貿易の研究》，东京：国书刊行会昭和五十年（1975）版，第172—173页。

[2] 〔日〕森克己：《続日宋貿易の研究》，东京：国书刊行会1975年，第269页。

廷朝贡以骗取赏赐和贸易特权。如周良史冒称"日本国大宰府进贡史",通过明州市舶司向宋仁宗朝贡,宋朝廷因他没有日本政府的表章而没有接受,甚至不许其进京。[1]

随着走私贸易的发展,宋朝商人和日本地方庄园主的关系越来越密切。宋商与日本地方豪族关系的建立也是因为律令政府没有唐物的购买力,却利用各种方式勒索,使商人们难以赢利。宋朝商人的贸易活动激化了日本各利益集团之间的矛盾,影响了日本的政治。

此时贸易的发展还由于唐朝以来中国文化对于日本等周边国家仍然保持着很大的魅力。商品和消费的冲击乃是一种文化冲击。"唐物"[2]在平安时代可以说是权力的一种标志,谁拥有它就标志着他的地位,它是贵族财富的象征。

随着唐物的流通,中国民间佛教信仰通过海商的传递影响了日本。唐朝末年以来,中国海商已经成为佛教的忠实信徒,他们信仰佛教是因为佛能够给他们冒险的勇气。宋人杨潜撰《云间志》卷下收录有陈林的一篇《隆平寺经藏记》,其中有如下记载:

> 青龙镇,瞰松江,上据沪渎之口,岛夷闽粤交广之途。所自出风樯浪舶,朝夕上下,富商巨贾豪宗右姓之所会,其事佛尤甚。方其行者,蹈风涛万里之虞,怵生死一时之命;居者岁时祈禳,吉凶荐卫,非佛无以自恃也。故其重楹复殿,观雉相望,鼓钟梵呗,声不绝顷。[3]

---

[1] 〔日〕森克己:《続日宋貿易の研究》,东京:国书刊行会1975年,第255页。
[2] 指中国商品,这是10世纪以后日本人的习惯说法。
[3] (宋)杨潜:《云间志》,《宛委别藏》丛书,台湾:台湾商务印书馆发行,第239—240页。

由于信仰的原因，商人自然与僧人交往密切起来。对于商人来说，僧可以是佛的代言人，有时甚至是活佛。而对于僧人来说，商人是最好的大施主，是传教的重要对象；而且当时天台宗和净土宗都在寻求发展，需要收集典籍，更有必要借助商人们的便利条件。宋商与宋僧（实际上是自五代以来）的交往促进了商人们对于佛经的了解，所以当吴越王搜寻佛经的时候，商人立即告知日本有保存。实际上当时到海外求购典籍的，既有由吴越王主持的公求，也有由寺院主持的私求。杭州僧人齐隐几番去日本可能就是为了求购书籍，此即私求。

宋朝商人作为下层民众，信奉的主要是净土家。从日本《续本朝往生传》的记载可知，海商朱仁聪对于《华严经》有较深刻的研究，在渡海过程中携带佛像或佛经也是顺理成章的事。988年初，日僧源信、宽印来访的时候，朱仁聪曾拿出船上所携的画像对他们说："是婆删婆演底守夜神也。为资渡海之恐，我等所归也。"实际上是考问两位日本高僧，源信寻思片刻，想起了"《华严经》善财童子赞叹之偈，自笔书其侧曰：'见汝清净身，相好超世间。'"因为《华严经》是朝廷规定僧人必须背诵之经，源信知道宽印也一定知道此偈，因此"次招宽印曰：'可书续此末。'宽印书曰：'如文殊师利，亦如宝山王。'书毕搁笔，同声诵之，仁聪感之，出倚子令僧都居之。"对于此事，日本人曾感叹："宽印若忘此文者，是非本朝之耻乎？"[1] 由此可见宋朝海商的净土信仰以及与中日净土信仰僧人的积极交往，他们的关系也自然因此非常密切，这是宋朝海商何以与宋僧齐隐、日僧源信等交往的重要原因。

---

[1] 〔日〕江匡房撰：《续本朝往生传》，《群书类丛》第4辑，东京：经济杂志社明治二十六年（1893）翻刻版，第393页。

宋代海上航行的保护神还有很多，如"台州临海县上亭保，有小刹曰真如院。东庑置轮藏，其神一躯，素著灵验。海商去来，祈祷供施无虚日"[1]。中国海商的这种佛教信仰密切了他们和日本僧人之间的关系，这为他们在日本拓展贸易提供了许多支持。这种关系对于宋朝商人与日本僧人都是有利的，例如寂照等来宋日僧，在中国依然能和日本关白藤原道长等公卿贵族之间保持着频繁的书信往来，这些书信都是通过宋朝去日商人转送的。由于日本贵族有着比较强烈的自尊心，宋商与其结交有一定的局限性，而因为信仰的原因，僧侣们更易于接受宋朝商人进入日本。僧侣在与宋朝商人交往的过程中，没有贵族那么强烈的自尊心，易于沟通。因此，佛教和佛教徒被中国商人们利用。

日本的僧侣大多是贵族出身，与贵族有着秘密的联系，同时有着到宋朝求法巡礼的愿望，在日本没有遣宋使、没有建造航海船只的情况下，他们必须求得宋朝商人的帮助，在宋朝商人和日本贵族之间起中介作用。另一方面，宋商在日本贸易过程中会遇到这样或那样的麻烦，需要取得政治支持才可以保证利润的获得，他们通过日僧可以与日本贵族基层建立和维持特殊关系，从而打开与上层的关系。宋商在日本每遇到问题或纠纷一般都是依赖熟悉的僧人居间调停。其接纳方式是献纳结缘，如宋商朱仁聪向石清水八幡宫进献贡品这一事实。

日本对于宋朝商人采取的是既抵制又接受的非常复杂的态度，其接受，在日本天皇和朝廷看来，中国海商的来航正好象征了自己的德化不仅施及国内而且远及国外；其抵制，大概是由于政府财政的紧张，不能展现出大国的风度以安置商人，像对待朝贡使节一样。

---

[1] （宋）《夷坚志庚》卷五《真如院藏神》，转引《中国风俗通史》（宋代卷），第238页。

第二节 日本平安时代流行的佛法

一、平安佛教的社会基础

日本历史进入平安时代（794—1192），似乎预示着政治与宗教的分离，因为桓武天皇（781—805年在位）的迁都之举也似乎有着这样的目的，即摆脱奈良都城大寺院的控制，但是现实却让皇室堕落入新的佛法罗网之中。继桓武之后的平城天皇（806—808）、嵯峨天皇（809—822）、淳和天皇（823—832）、仁明天皇（833—849）无一不是虔诚的佛教徒，纷纷接受空海等高僧所创立新宗的戒律。皇室越来越迷信或者说依赖宗教的力量。到9世纪后期，天皇之中出家为僧的越来越多。似乎一种神秘的力量控制着局势，这应该归于密教的力量作用。

随着"入唐八家"的相继归来，密教法术咒语不断传入日本，本惯于"事鬼道"的日本朝廷屡屡"召请诸高僧修加持祈祷，保佑消灾增益，并且奖励各地的讲师、读师专修密教；因此，当时的朝野都信仰此教的灵验，从宽平（889—898）、昌泰（898—901）年间到长和（1012—1017）、宽仁（1017—1021）年间，密教兴盛到了顶点"，"致使平安佛教成为密教的时代"[1]。

平安时代是日本历史上相对统一和平的时代，律令制度已经完善，社会政治相对稳定，但物质文明的进步与精神文明的发展并不总是成正比，道德价值观的变化不能让所有的人称心如意，社会的相对稳定

---

[1]〔日〕村上专精著、杨曾文译：《日本佛教史纲》，商务印书馆1981年版，第77页。

不等于人心的普遍安定。物极必反,进入10世纪以后,律令制度由于宫廷政变和地方势力坐大而开始走向崩溃,此时已经越来越让人感到这是一个充满烦恼的世界,是一个易于让人感到无常的时代。祸不单行,各种疾病也一时流行,莫名其妙的火灾频发,961年京畿一带疫病流行之时,一如地狱新设,仿佛末日到来,似乎生不如死。朝廷统治乏术,救助无能,偏偏空海、最澄两派教徒在附近宣扬祈祷万能、鼓吹消灾禳福的法术,皇室和贵族最终不得不仰仗佛法的所谓无边力量,这就是日本密教快速发展并流行不衰的原因。当时皇族成员中大量遁入空门,或由于突然而又不断的宫廷政变,或出自佛法教诲的觉悟。当时被废去的太子们、下台的贵族们总是被安置到寺院山林,寺院似乎是政治的避难所,也似乎是天国的监狱,或者说是解脱、超脱的净土。

无常的变故也不总是让皇族独自遭遇,尤其是流行的疫病真正让人们普遍感到了末世的来临,现实的生活让人们感到地狱的真实存在。因此,日本平安时代又是一个充满烦恼并普遍需要解脱的时代。平民有平民的烦恼,贵族有贵族的烦恼,皇室有皇室的烦恼,僧人有僧人的烦恼;有来自现世的烦恼,也有来自他界的烦恼;有贫乏的烦恼,也有荣华的烦恼。

贫乏的烦恼是可以理解和接受的,那就是民众们物质的困乏;难以理解的是荣华的烦恼,那就是贵族们的精神空虚。平安时代是贵族们的世界,他们拥有极大的权力,控制着朝廷和天皇,支配着土地和民众,然而他们却因此不安。平安贵族们的烦恼从何而来?有先天与生俱来的,来自人的本性和自我无限的欲望,权力的争夺和政治的拼搏让他们疲惫,他们不能有丝毫的休息,不能片刻解除警惕。他们还有后天经验认识到的烦恼,来自贵族们对现世的满足和对身后世界的追求,他们满足于现世的浪漫歌舞和锦衣美食、美妙音乐和温情恋爱,却又不满足于仅仅是现世的享受,因为他们已经知道任何人必须面对的现实——生老病死等"四苦八苦",知道自然代谢的规律,"好花不常开",家族社会权势的代谢也在所不免。他们希望存在有另一个可以去的世界,那个清净世界应该像现世一样的满足;他们恐惧于传说中的又一个世界——地狱,出于永久幸福快乐的追求,造成他们对于现世的厌恶情绪,自然也促成他们对于净土往生的追求。按照一般佛教知识,这个时候即将进入"灭法"时代,是非常难得"往生"的时代,犹如基督教的末日审判。在万物有灵的日本,人们对于魂归何处的关怀不亚于现世欲求,面对海啸山崩的环境,大众对于死的体验更是深刻。

在日本,贵族的烦恼和烦恼解除的方式具有社会性和普遍性,日本是一个崇拜权威的等级社会,下层民众对于贵族的崇拜大于恐惧,贵族的生活方式往往是民众模仿的对象。这也许是进入10世纪以后日本净土教兴起并普遍流传的重要原因。唐朝末年,大陆的净土思想就不断影响日本。出于对于现世的厌恶,"往生净土"、"佛祖来迎"的思想实际上是追求精神安乐死的社会意识。

二、现实世界的烦恼与往生净土的追求

宗教产生于人们的终极关怀,宗教的作用在于给人们一种精神解脱,让对于现实不满的人们或缅怀过去,或追求未来,而忘记并忽视现在或现世。平安时期的日本人对于死后世界的认识发生了变化,其

标志就是进入平安时代以后，葬送仪式开始佛教化，连天皇也倾向于采取佛教的葬送方式，"随着皇室的葬送仪礼的变化，贵族们也紧随模仿"[1]。10世纪末，源信在《往生要集》中极力宣扬佛教的临终念佛，影响深远。

一般民众信仰佛教是因为，尽管现世贫困，佛给他们一个来世幸福的希望，给予贵族们的则是更大的希望。对于当时日本一系列的社会问题，不仅是日本贵族们，就是一般民众也希望圣人们给予合理的解释，而给予他们合理解释的除了神之外便是佛了，日本的神相对佛更加自私和可怕，佛更为无私和慈悲。

10世纪的日本天皇几乎都遁入空门，贵族们也不例外，这既是出于政治原因也是出于宗教信仰。为寻求烦恼的解释与解脱，贵族们便拜倒在佛法之下，将财产与佛祖共享，寻求僧侣的帮助和指引，企求得到佛祖和菩萨的解救。他们的一切献纳、结缘、誓愿都与对地狱的恐惧、往生的追求是相关联的。平安时代流行立佛、建寺，许多贵族把自己象征财富和权力的别墅献纳于佛，例如藤原氏一门，在平安时期就建成了许多寺院，良房建了贞观寺，基经建了极乐寺，以及为光的法住寺、兼家的法兴院、道长的法成寺、赖通的平等院，还有清凉寺等。越来越多的贵族大臣出政而"入道"[2]，不再是仅仅派家族的代表成员入寺为僧了。

10世纪是日本摄关政治从产生走向安定的时代，藤原氏摄关家到藤原道长之时，荣华富贵至极，自称"月满无缺"。但平安贵族的荣华是不安定的，不安定的原因不在于担心天皇家的复辟，而是来自在享

---

[1] 〔日〕家永三郎监修：《日本佛教史1》（当代篇），法藏昭和三十二年（1967）版，第239页。
[2] 当时大臣出家被称为入道。

受荣华之时对于六道轮回、沦落地狱的恐惧，来自在追求自身显贵之时对于子孙报应的恐惧。这一系列矛盾和烦恼必须得到解脱，这一系列烦恼的认识既然得自宗教的信仰——佛教，就必须从佛教中寻求解脱，所谓"解铃还需系铃人"。

藤原氏贵族的如此行为也是一种社会潮流。与贵族关系密切同时也可以说是贵族中一员的文人贵族和僧侣贵族，他们是平安时代的知识阶层，他们应时代而生。他们为了满足公卿贵族的心理需要，借助中国大陆的典籍和思想，制造并宣扬净土世界和往生解脱（如源信），描绘出了"圣众来迎"的不同待遇[1]，庆滋保胤并在著述中列举出了往生的具体事例。这还不够，以后又出现了图解地狱的绘画，如《地狱绘草纸》、《饿鬼绘草纸》、《疾病绘草纸》等说教绘卷。当时来自中国的许多《往生集》在日本流传，如唐朝弘法寺迦才的《净土论》、文谂与少康（？—805）共编的《净土瑞应删传》等。

贵族们极乐净土的往生愿望，促进了僧侣们对净土世界的解释和描绘，甚至渲染，所以以源信、庆滋保胤为中心的一部分僧界和俗家贵族文人对净土世界作出了一系列的解释，其代表作就是源信的《往生要集》和庆滋保胤的《日本往生极乐记》。社会现实的需要促进了日本净土信仰的发展和理论水平的提高。不过，他们对于自己的解释并不是充分自信的，很希望得到大陆宋朝同道权威的认同，因为他们的灵感也来自大陆舶来书籍的激发。

另一方面，日本社会往生追求无疑也促进了僧侣们到大陆佛教圣地巡礼的愿望和追求。他们的巡礼大多数情况下是代替日本贵族而来

---

[1] 即"上品上生"、"上品中生"、"上品下生"、"中品上生"、"中品中生"、"中品下生"、"下品上生"、"下品中生"、"下品下生"九个等级。

的，得到贵族的经济支持和政治庇护。985年奝然纳入释迦瑞像胎内的"奝然系念人交名帐"中就列举了圆融天皇、皇后、皇太子、藤原赖忠、兼家、为光各大臣，祈愿佛祖为他们"守护现当利益"[1]。这也就说明了这一现象的普遍存在。极乐往生成为日本平安时代不论僧俗贵贱普遍关心的重大之事。

中国在唐朝末年五台山与文殊信仰就兴盛起来了，宋朝在收复五台山之后，重视五台山佛法的发展，重修寺院，再造金身。在此影响下，巡礼五台山与文殊信仰在日本再次升温，并一直延续到南宋初期。日本高僧觉镬（1095—1143）曾作《清凉记》感叹：

> 弟子生值末法，不观圣容，虽闻佛法，尚处边国，寸心所恨，噬脐无益。夫西天八相之处，震旦五台之山，但闻其名，未到其地，每披经落泪千行，是以偷付商舶欲入宋国。[2]

这表明983年奝然来宋朝巡礼五台山与日本社会普遍流行的文殊信仰有关，文殊信仰在唐朝就已经传入日本。在圆仁、圆珍的时代，参拜五台山便成为日僧的宏愿。

由于真言宗密教和天台宗密教的发展，迷信和左道法术开始在日本流行，这实际上是平安日本佛教的倒退，宗教信仰走向祈祷行事，仪式重于理论，越来越接近巫术和神道。人们信仰宗教的目的越来越明确地定位为祈祷现实利益，为实现现世各种利益和欲望

---

[1] 〔日〕《释迦信仰と清凉寺》，京都：京都国立博物馆1982年展，第93页。
[2] 〔日〕森克己：《日宋文化交流の諸問題》，东京：刀江书院昭和二十五年（1950）版，第106页。

（例如祈祷菩萨不劳而获地取得寿命、富裕、权力等），而不再是为了信仰和觉悟。

  日本平安中期同时也是各种政治、社会问题集中的时代。内有平将门之乱，外有朝鲜刀伊族的入侵，"兴百姓苦，亡百姓苦"。比如，10世纪中期以来，寺院和宫廷火灾不断。公子王孙岂能无家可归？于是，反复兴建土木工程又将负担全部转嫁于民众。这还不够，恰恰平安时代又是各种灾病交相流行的时代，天灾加人祸，使民众贫困潦倒，宛如世界末日。这对于民众精神的影响很深刻，贫苦民众需要物质和精神的救助。于国于家，"加持祈祷"之类的修法显得如此重要。物质上的需求一时无法达到，精神上倒可以画饼充饥。日本是一个重视精神力量的国家，大概与此时的宗教发展有关吧，一时各种"讲"、"迎讲"兴起：如山野民众的观音讲、宫廷贵族的法华八讲。不过，民众和天皇对于各种"祭"与"讲"的关心，也促进了施讲者理论的提高。

  平安时代的日本是一个充满恐怖气氛的世界，当时社会上继续流行上个世纪以来的"怨灵"思想，怨灵和鬼魂的诅咒让活着的人们不安，自然灾害的频繁发生增强了民众对于末法的恐怖心理。这似乎恰恰印证了僧侣们关于末法世界的宣传，这种"宗教（末法。——引者）的畏怖观念"与"净土的救济观念"又为新宗教的产生提出了要求。[1] 日本净土信仰的兴起与此密切关联，净土信仰的流传促进了各种结社、结会活动的发展。结社是净土信仰的一个重要标志。

  实际上，此一时代的"末法思想"和相关理论与平安中期以来出现的各种社会问题密切相关，日本人的忧患意识等正好成为平安各权

---

[1]〔日〕森克己：《日宋文化交流の諸問題》，第106页。

力集团（朝廷、贵族、僧团）用以批判和攻击对手的武器，彼此将导致末法世界的责任推脱于对方的"作业"，同时各自以拯救者自居。

　　平安时代出家的僧人按理当是超然的一族，但是僧人并不能超脱红尘，末世的僧人难有清静之心。贵族们希望往生净土，虔诚的教徒更渴望往生，觉悟成佛，而传说中即将到来并正在到来的末法时代让他们感觉到绝望的恐惧。真是"一切皆苦"、"众生皆苦"。既然仍然生活在现世，平安僧人们就离不开现实的困扰，即使是坚信四大皆空并坚持六时坐禅的清教徒，也不断感受着平安时代潮流的冲击，社会变化影响着所谓世外的僧界。这些影响来自政治、经济、文化以及宗教本身等各个方面。

　　首先是政治给日本僧界带来的烦恼。日本是一个贵族社会，飞鸟、奈良以来的日本政治是家族政治，政权代表着不同家族的利益，影响着不同家族的利益，佛教一开始传入日本就和家族政治紧密结合在一起，它的发展自然离不开不同家族之间的政治斗争和权力平衡。平安迁都导致宗教中心的转移，影响了不同家族和地方贵族的利益，使整个宗教界的发展失去旧日的平衡和稳定，僧界无疑要求建立新的平衡。

　　其次是来自家族内部的烦恼。佛教在日本的传播是从上而下展开的，由"渡来人"而及全体岛民，由贵族（苏我氏）而及平民。所以，到10世纪，许多日本僧人的出身与渡来人有着密切的关系（如司马——鞍作氏、秦氏等）。僧侣作为文化人、文化贵族，保持他们所来自家族的繁荣和社会地位，保持着与皇室、公家等权贵之间的密切联系。10世纪的日本，在平安迁都以后，随着政治中心的转移，政治地理发生了变化，旧的寺院势力和宗教贵族失去了地利优势，开始衰落，尤其是那些破落贵族和失落贵族。文化优势失去了，京都西部的秦氏迫切要求中兴氏族，他们需要留学大陆镀金以抬高身价，获得较高的僧阶和僧位，从而为家族获得更大的利益。正如宋史研究的大家森克己所说的："在日宋交通初期入宋的巡礼沙门，多为贵族阶级出身。"[1]但他们多为没落贵族，这种政治与宗教的联姻实际上是新旧贵族的相互利用。

平安末期日本僧人的烦恼也来自逐渐形成的"贵族社会"和"贵族宗教"，这使已经形成的佛教各宗派之间的斗争更加激烈，寺院的发展和扩展是他们的理想和抱负，其成功的代表是天台宗延历寺的良源大僧正，他善于利用权臣贵族的政治和经济支持。

最后，平安僧人的烦恼恐怕又来自继承和发扬佛法的自觉，来自先圣先贤给他们做的楷模与鞭策，也来自自我解脱自我反省的要求，希望以求法来改革宗教现状。但是，平安末期日僧要求渡海求法的抱负与现实政治存在着冲突，寺院之间、宗派之间、家族之间的一系列斗争，影响了他们求法事业的开展和进行。其最大冲突在于僧界圣地朝拜与朝廷锁国外交的不可调和，其烦恼在于教徒教学上的谦卑与官吏外交上的自尊狂妄的反差。

大多数僧侣要求追寻先贤入唐求法巡礼的足迹，求得自己的现证体验，取得修行的正果，进一步拯救众生，但是个人的理想与社会保守自满的风气、政府的阻力产生矛盾，这一烦恼在于政治和宗教之间的纠葛。日本外交上追求摆脱唐宋的大"华夷秩序"，建立独立的小"华夷"秩序，而在文化上依然摆脱不了对大陆的憧憬和依赖。此外，即使是日僧中立志入宋求法的佼佼者也摆脱不了利诱，无法抵制流行

---

[1]〔日〕森克己：《日宋文化交流の諸問題》，第45页。

时代病的侵蚀，难以坦然对待来自自身精神上和社会上的烦恼，尽管他们的追求和抱负是自利而利他的，有利于日本社会历史的发展。

三、政治矛盾、佛法改革与宗派斗争

平安时代的社会问题无疑对佛教理论和政治制度等提出了一系列的要求，但是平安政治环境并不利于这些问题的解决。10世纪以后的日本佛教与其说是"国教"不如说是"家教"。因为，天皇家与藤原摄关家为控制思想在宗教领域展开了斗争，天皇或一时支持真言宗，摄关或彼时扶持天台宗延历寺。僧人在这一政治斗争中立场如何，取决于皇家和公家谁能给予自己最大的经济利益、政治利益。

律令制和班田制的破坏使朝廷皇室失去了对于寺院的控制力量。国寺受到了公卿私寺的挑战，私寺即"氏寺"，包括天皇子孙建立的"门迹"寺，是日本早就存在的现象。日本的寺院应当说是起源于氏寺。氏寺（或者说家寺）的发展对于国分寺等国家寺院和国教的影响非常巨大，它改变了日本佛教的性质，使国家佛教向贵族佛教转变，皇室极力维护国家佛教的统治地位，贵族则建立自己的寺院为身后、家族和子孙而祈祷。

佛教不同的宗派往往分别属于天皇、贵族公家，或以皇家为靠山，或以公家为后盾。宗教斗争与政治斗争是交织在一起的。藤原家的家寺奈良兴福寺的别当垄断着大僧正或僧正的位置，僧人自然要努力与藤原家结纳。

藤原贵族的"摄关"机构代表着国家和政府，至少在外交上代表日本政府，例如在对外文化交流（宗教交流）方面。天皇只是平安民众心中的神,但是天皇也想成佛,想成佛实际上就是想借此升格,以便恢复祭政二权。平安时代中后期的天皇朝廷,已经没有承担外交的经济能力,班田制已经被破坏,财政权被地方贵族们、豪族们瓜分。地方豪族与中央贵族虽有经济能力又不便轻举妄动,但他们保持着强烈的分权要求。

　　皇室和贵族以及他们的子弟纷纷出家,似乎他们都在争夺佛教领域的领导地位。对于当时的日本社会来说似乎宗教的精神影响远远大于政治的权力约束。另一方面,大和时代以来残酷的宫廷斗争使众多的皇族有意从政界退出,从奈良时代开始,"许多亲王的身影也从政治的前台消失而去,他们的名字越来越多地展现于学问艺能这一领域。其中有香道界的本康亲王(仁明皇子)、乐道的敦实亲王(宇多皇子)……"当然,到后来,最好的学问也许就是佛教佛学了。他们"在政治领域的除名也就说明,政治已经完全落入权臣贵族家的手中了"[1]。皇室和贵族的斗争在对外关系上表现为争夺和垄断大陆的先进文化与文物,这就造成了关于派遣入宋使节、回复宋朝国书等问题的反复讨论。

　　作为势力集团之一的寺院在皇室和公家的政治斗争中渔翁得利。因为平安时代是一个精神相对空虚的时代,皇族和贵族在精神上有求于僧侣,而僧侣们在经济上依赖贵族,这就促使了平安中后期教团的世俗化和门阀化。当寺院拥有巨大权力和利益的时候,在它内部的利益争夺自然发生并激烈起来,它一般表现为教理的争论,实质上隐含着利益的争夺。

---

[1] 〔日〕赤木志津子:《平安贵族の生活と文化》,东京:バルトス社平成五年(1993)复刻版,第32页。

日本佛教的发展与教派分立、教理论争是分不开的，百家争鸣才能百花齐放，真理越辩越明，逻辑越辩越严密。日僧来宋之举便与其国内的宗教论争有关，如天台智证门徒与慈觉门徒的论战，保守派与寻求新理论进行宗教改革派的思想冲突，无不与入宋求法的要求和行动有关。"平安朝前期的贵族宗教，天台、真言两宗，其教义越来越陷入烦琐哲学的形式主义，对于一般民众来说，难以理解"。[1] 因此，时代需要有适合于广大民众的通俗易行的宗教，需要宗教改革，需要诞生新的宗派（如禅宗、净土宗）。争论双方需要新的理论说服对手，需要新的权威压倒对方，大陆中国一向被奉为宗教和思想的权威、智慧的源泉，求法在此时代似乎更加需要、更加迫切、更加自觉。

不过教理的论争往往与利益的争夺、权力的争夺纠缠在一起。在日本平安时代表现为新佛教与旧佛教，显教与密教、小乘（奈良六宗）与大乘、贵族的自救与国家的镇护等一系列的斗争。到平安时代后期，宗教斗争愈演愈烈，既有大庭广众之下文明的宫廷教理论争，也有黑暗中的阴谋权力斗争和阴险法术攻击。其极端表现是日本僧人集团之间的野蛮武斗，既有异门讨伐也有同室操戈，维护僧团利益的斗争10世纪以后表现得非常突出。

同门宗派之间的竞争，最突出的就是天台宗智证大师圆珍门徒与慈觉大师圆仁门徒之间的斗争，即所谓"寺门"与"山门"之间的分离和斗争，最后发展到相互烧毁寺院、人身攻击。由于寺院武装、僧人武士因此出现并壮大，自然进一步影响甚至控制了日本的政治。日本僧人凭借武装的后盾和佛法的力量来"护法"，和朝廷皇室、贵族集

---

[1] 〔日〕森克己：《日宋文化交流の諸問題》，第104页。

团争夺利益。日本佛法堕化为"魔道"了。[1]

　　这里，我们应该关注的是佛教理论的斗争，这一斗争错综复杂，有东密与台密之争、天台宗与真言宗的论争。从寺院派系上看，有空海门徒与最澄子弟之间的门派斗争，有东大寺与延历寺寺院之争（与政治经济的联系），有南都六宗与平安新宗的争斗。在斗争中，各派彼此在理论上既相互排斥也相互吸收。由于密教的流行，延历寺天台宗也宣扬"台密合一"；而南都东大寺不再固守三论宗、法相宗等旧宗，被迫诸宗兼修、显密兼修，扩大本寺的影响力和包容力，因为它不同于兴福寺，兴福寺有当红贵族藤原氏的政治和经济庇护。

　　斗争的长期延续极大地影响了日本佛教的发展。争辩有利于教理的发展，思辨的缜密化，但是僧侣中形成了借宫廷争辩博取功名的风气。有人一论成名，如出身北岭的慈惠僧正与源信僧都，借出国留学成名似乎已经过时。当时也有许多高僧因辩论中一时失利而名声大损，如出身南都的法藏和奝然，这就无疑激化了宗派之间的矛盾。

第三节　高调的平安语境对宋日佛法交流的影响

一、佛法论争与入宋求法的要求

　　平安时代后期，社会问题、政治斗争和教派竞争等纠缠在一起，佛法论争从宗派发展到寺派或学派，甚至个别僧侣之间，致使日本发

---

[1]〔日〕村上专精著、杨曾文译：《日本佛教史纲》，商务印书馆1981年版，第6页。

展成为一个非常强调派系出身的国家。

产生于"祭"的日本政治与宗教的联系历来非常紧密，尤其是在平安后期，随着新佛教（平安佛教——密教）的提倡和发展，佛教成为政治斗争的重要道具。随着教派的进一步分立，国家佛教的贵族佛教化，如此一来，日本僧人们虽"出家"却也摆脱不了红尘烦恼，从而出现了教团的世俗化、门阀化。平安日本僧人们陷入了对于皇室、贵族护持僧这一角色的角逐，这是通过和权贵交接，实现个人抱负乃至寺院利益的最好方式。

日本民族是非常重视现实利益的，当初最澄和空海远离都市，隐居山林而开创天台、真言二宗，但随着平安佛教的贵族化，"两宗祖师不许追求世俗荣达之戒律早已抵挡不住诱惑，僧界急速陷入堕落之途"[1]。南都僧人自不必说，整个平安僧人们即使出家也忘不了追求功名利禄，学问和修行资历相形之下不太受重视，僧人们不得不寻求其他渠道，如结缘权贵。为争夺功名利禄，僧人们甚至不惜大开杀戒，僧兵的形成及其活动就是其证明。

僧人成就功名的方法之一就是如玄奘等一般取经传道，或如最澄和空海一样开山创派，自立门户，成为一代宗师。开山创派不仅需要经济支持还需要权威思想的支持，这一切都可以在中国大陆得到，最澄和空海就是榜样。然而，此时的日本僧人利用这一条经验博取这一功名并不容易，首先是其朝廷在外交上的消极，"久停乃贡之使而不遣"，所以不得不另寻道路，"入唐问待商贾之客而得渡"[2]。了解日

---

[1] 〔日〕塚本善隆：《塚本善隆著作集第七卷·净土宗史、美术篇》，东京：大东出版社昭和五十年（1974）版，第17页。

[2] 〔日〕黑板胜美编辑：《本朝文粹》（《新订补国史大系》第29卷下册），第334页。

僧来宋时国内的社会背景不能不了解平安朝廷的外交政策，了解日本朝野与中华帝国之间的交流关系和性质。

894年，日本最后一次遣唐使虽任命而未派遣，菅原（道真）大使临发请停，留学僧的派遣也停止了，日本外交上进入闭关"锁国"状态。但是，自五代至宋，日本高僧来华者仍然不绝于缕。或得到朝廷的默许（如宽建），求法并炫耀而来；或不顾朝廷的阻止（如寂照、成寻），断排除万难来到中国，访名山、拜大师。

平安时代各社会集团之间的斗争因此也很复杂，不仅在朝廷、贵族之间，就是在教团之间也很激烈，奝然等来宋的难以成行也是因为来自同行异派的阻力，困于教派之间的斗争。渡宋若成功无疑会提高来宋日僧的身价和社会地位，引起其他僧侣或僧团的嫉妒，因而那些临渊羡鱼者会因吃不到葡萄而反对、打击和讥讽。

所以，许多日本僧人一直想来中国，却一时难以成行，一时难以下决心，如奝然竟然烦恼了10年，准备了10年。其实想西游中国的日本人很多，但多为自卑之人，一些人因感觉自己不是公认的人才，不敢宣称求法，担心来中国现丑而丢自己甚至日本的面子，所以只在日本国内传法巡礼，如空也上人、源信僧都、定秀上人等。自信的奝然也不得不谦虚谨慎。

奝然来宋与日本不同宗教集团之间的斗争有着密切的关系。实际上，奝然来宋之举本身就是宗教斗争的行动，是南都佛教（奝然所属）与新都教团之间的斗争，是东大寺和比叡山延历寺之间的较量。面对社会新的改革要求，各宗派争作主导者；另一方面各宗派在宗教宣传中需要新的理论证据，到宋朝求法已经提上日程。

平安时期各宗派之间的教理论争促进了宗教理论的发展。佛教诸宗派的兴盛与优劣又和各政治集团的竞争与成败联系在一起，以致形成了特殊的师檀关系，如天台座主尊意与关白藤原忠平之间，尊意的弟子良源与忠平的儿子藤原师辅之间。他们彼此相互利用，师辅甚至让自己的一个儿子做良源的弟子，这就是后来继承良源任天台宗座主的寻禅，这一结合使比叡山经济实力大增。宗教和政治的这一关系促使佛教信仰具有浓厚的政治目的、利益要求。平安后期的日本佛教不断走向衰落，主要体现在僧侣阶级道德上的堕落，导致僧人堕落的原因是由于各种利益的争夺。平安中后期的日本宗教由"镇护国家宗教"向"个人宗教"发展，贵族们的祈祷和结缘也并不都是为国家，似乎更多的是为自己的幸福和家族的兴旺发达。

同样，一些日僧入宋既是为了集体——寺院和宗派，同时也有为个人的目的。在堕落的僧侣之中也出现了许多要求独善的人，他们视日本为"秽土"，寻求西方"净土"，追求个人的往生，这是一些日僧来宋不归的原因之一。

由于僧侣、寺院的贵族化，僧侣的入寺包含有特别的目的，例如寻禅出家在延历寺是出于他的家族和氏族的利益要求和精神寄托。僧侣的抱负与他出身的氏族有密切的关系，当时日本各大寺院后面都有着不同的家族背景，如南都兴福寺的后台是藤原家族。贵族们舍身寺院有着各种各样的目的和要求，或为家族祈祷幸福，或借佛教的加持实现其强烈的政治追求，或有人生的烦恼必须寻求僧侣的帮助、阿弥陀的支持与接引。其实，迷信的平安僧侣们最大的烦恼就是所谓佛灭两千年以后"末法时代"的到来，当时一般认为是在1052年。总之，日僧来华追求一己之私是不可避免存在的。

现状需要改革，于是有奝然一类的佛徒自居大彻大悟，以拯救为己任，既要自我拯救，"随愿往生十方净土，疾证无上正等菩提"，又要"建立一处伽蓝，兴隆释迦之遗法"[1]，拯救世界。终于到12世纪末，平安佛教的没落随着平安时代的结束而结束，"兴禅护国"的新教禅宗随着新的政权的建立而兴起。

二、中国帝王的岛夷观与日本贵族的自尊

自公元894年日本停止最后一次遣唐使的派遣以后，中日关系进入一个新的时期。整个10世纪乃至11世纪，中日关系的特点是"政冷经热"，政冷是非常明显的，不仅是冷，甚至是"冰冻"了，经热是相对于唐朝末年的中日民间贸易而言，两国尽管此时没有政府关系，民间贸易却比彼时更加兴盛了。

"政冷"的原因在哪里呢？若从中国方面来找，那就是隋唐以来中国一直以东夷、岛夷或倭人的差别意识来对待日本，日本国在感情上难以接受，养成事大传统的他们又不得不与强大的隋唐帝国周旋，所以，当"大唐凋敝"的时候，他们便停止派遣朝贡使节，因为政治、军事和外交的威胁解除了。

在新的时代，如果中国方面平等相待日本，日本人无疑是愿意与中国大陆建立正式关系的，因为唐朝的物质文明和精神文明已经深深地影响了他们，他们已经一时无法摆脱对于中国大陆文化的崇拜。当时中国尽管处在五代十国的分裂时期，一些政权还是以岛夷相待日本。如《旧五代史·世袭传·钱镠》中载吴越王：

---

[1]〔日〕《释迦信仰と清凉寺》，京都：京都国立博物馆1982年展，封面照片。

同光中，为天下兵马都元帅、尚父、守尚书令，封吴越国王，赐玉册、金印。初，庄宗至洛阳，镠厚陈贡奉，求为国王……自称吴越国王，命所居曰宫殿，府署曰朝廷，其参佐称臣，僭大朝百僚之号，但不改年号而已。伪行制册，加封爵于新罗、渤海，海中夷落亦皆遣使行封册焉。[1]

此处的"海中夷落"当包括日本等国，"同光中"即923—926年，钱镠遣使到日本行册封当在此后不久，《新五代史》卷六十七也载他，对"海中诸国，皆封拜其君长"[2]，可惜日本不见有关记载。当然，按照日本史家的习惯，这样不光彩的事是要回避的。不过钱镠的儿子钱元瓘（935）、孙子钱弘俶（947）托商人蒋衮、蒋承勋等致书日本之事，日本史书《日本纪略》、《本朝世纪》、《本朝文粹》等都有记载，尽管原书信不见，相信钱弘俶不及乃祖张狂，他的书信要谦虚很多，日本朝廷由左大臣藤原忠平等出面回书吴越王。估计钱元瓘等也难以平等对待日本，所以，日本方面的书信都是婉言拒绝建交，不便得罪。众多"吴越王写给日本的书信一封也没有留传下来"[3]，原因怕也在这里。倘若是抬举日本国的，根据以往的习惯，日本史家是要大书特书的，但吴越王送给日本"土宜"不过是羁縻之物。到宋朝统一之后，我们看宋太宗在接见奝然的时候，和大臣谈论日本也是称其为"岛夷"，他们的这种态度无疑使日本对与中国建立和发展政治关系持冷淡态度。

---

[1]（宋）薛居正：《旧五代史》，中华书局标点本1976年版，第1768页。
[2]（宋）欧阳修：《新五代史》，中华书局标点本1974年版，第840页。
[3]〔日〕木宫泰彦著、胡锡年译：《日中文化交流史》，商务印书馆1980年版，第229页。

盖因盛唐书香犹绕扶桑，钟磬回声响于东夷，平安中期以来的日本，国风文化虽日益成长，但其台基却是唐文化或唐风文化，因此，平安时代的日本人（尤其是没落贵族和特权僧侣）心态非常奇怪，一方面极力自我欣赏，一方面又极端崇拜和憧憬大陆文化。其表现是限制日本人来华以免有损国体尊严和丢失日本的体面，另一方面又不失时机地派遣僧侣（如宽建等）入"唐"宣扬日本文化与文物。所以，此时日僧的来华多有炫耀的表现，此足见平安时代是一个追求虚荣的时代。

平安时代还是一个贵族阶级流行聚会清谈的时代，这类的清谈形成了贵族社会自大的风气，形成浮夸的语境。他们在酒会中歌舞升平，怡然陶醉。这种陶醉致使他们失去了冒险的勇气，失去了追求的动力，影响到他们的外交政策——停止遣唐使派遣。

10世纪的东亚国际环境有利于日本外交上的平安，没有了周边大国的威胁，日本可以断绝国际交往而锁国，这种"光荣孤立"的闭塞更加促进了日本皇族、贵族的自尊和自大，宫廷与贵族自尊的膨胀促使了日本小"华夷思想"的形成。

宋朝建立，东亚局势发生了新的变化，与日本的"小中华体系"是否有冲突，日本是否要继续闭关孤立？日本朝廷对于是否与宋建立政治联系一直处在迷茫之中。宋朝无疑要恢复汉唐以来的华夷秩序，以册封体制来定国际关系，但这又是此时的日本难以接受的。但是，宋朝的经济文化却又如此发达，日本朝野依然热衷于购买中国商品。平安时代需要大量输入唐物，就是这些"唐物"装饰了日本的"荣华物语"——富丽堂皇的荣耀。唐物是贵族们显示财富和地位的重要物品，是表明品格趣味和文化修养的招牌。

10世纪的日本朝野对于是否延续唐代旧例派遣"遣宋使"一事一直存在分歧,其情形一如当代,也可以划分为左翼和右翼两派。反对派遣使节入华并接受内地政府文书(或称"国书")的且称之为"右翼",左翼主要是以摄关家为中心的藤原氏部分贵族,右翼则为嫉妒藤原氏特权的其他大姓贵族如橘氏、源氏等,右翼的反对也是借攻击藤原氏的外交以限制摄关家的政治权力和经济利益。

日本"右翼"的政治攻击话语形成了民族主义意识的高调语境。失落的朝廷及部分贵族(右翼色彩)反对贵族外交的武器之一就是逐渐形成的日本"华夷思想",约束贵族在外交上的自由,他们所以甚至称中国也为蛮夷。实际上"华夷思想"、爱国心、民族自尊心已经成为日本国内政治斗争的武器。

由于政府的宣扬,大和民族的自尊体现在朝廷、贵族不同的阶层,内容包括政治上的自尊、宗教的自尊和文化的自尊,自尊的极端表现是视外来者为"番人"、"番夷"。在对外交往过程中,来宋日僧也有自己的荣誉感与自卑感,这与日本贵族的自信和自卑是一样的,也是相互影响的,从他们的日记中可以看出,他们一直很注意争取宋朝人的尊重。

虽然中日在宋代没有唐代那样的外交关系,但贸易发展远远超过了唐代。日本贵族与大陆的"私交"从某种意义上说也是一种"公交",至少中国方面是这么接受下来的。平安贵族在有宋一代基本上默认中国民间商人与日本的贸易,这是因为"唐物崇拜"的作用,对一国物质、器物的崇拜和迷恋与对该国文化艺术的崇拜是必然联系的。如明治维新以后,日本人迷恋欧美的物质文明,同时极力吸收欧美的文化艺术。986年奝然自宋朝带回佛像和佛经后,日本朝廷以隆重的仪式来迎接,这就说明他们对于舶来物是如何的崇拜。

三、求法需求与文化自尊的冲突

由于密教的流行,空海和最澄等大师被不断神化,入唐求法之举在平安时代后期已经成为神圣的事业,求法已经是一般僧人高不可攀的事业,这是当时一般日本僧人的认识。求法在空海的继承者和最澄的继承者看来,是大师们的专利,空海和最澄等"入唐八家"不是后代任何新人可以超越和模仿的。

由于"国风文化"之下逐渐形成的民族自尊和维护自尊的自觉,出国入宋、留学巡礼已经被日本朝野反复审视,所以当本书主人翁奝然扬言将入宋取经、回国树立新教的抱负时,就有人指出:"凡入唐求法之人,自宗者弘法大师,天台者传教大师,皆是权化之人、希代之器也。此外之伦,才名超众、修学命世。"对他决心西游如此批评的主要是来自与他对立的教团。维护国家的脸面已经成为当时的一项攻击武器,在此武器攻击之下,奝然不敢坦言来宋朝求法,但说西游巡礼,甚至不得不发誓、许诺说:"若适有天命,得到唐朝,有人问我:'是汝何人?舍本土朝巨唐,有何心有何愿乎?'答曰:'我是日本国无才无行一半僧也。为求法不来,为修行即来也。'"这一表白恰恰正揭示了当时日本社会的自尊意识,使奝然不敢冒天下之大不韪。支持奝然的庆滋保胤因此在被请求代笔的《为奝然上人入唐时为母修善愿文》中为奝然开脱说:"其词如是者,于本朝有何耻乎?"[1]

奝然入宋与复兴衰落的秦氏家族有关系。选定爱岩山,移入中国五台山及清凉寺,有与天台宗抗争的意图。当时日本国分寺相继破灭,

---

[1] 〔日〕黑板胜美编辑:《本朝文粹》,(《新订补国史大系》第29卷下册),第334页。

准官寺的私寺"定额寺"、"御愿寺"相继建立，而且大多是由有力贵族施入庄园建成的，如延历寺妙香院。

来宋日僧有追求荣誉的一面，他们一般都以得到中国皇帝的赏赐为自己、乃至日本国家的荣誉，如成寻就是如此[1]。这也说明他们是认定宋朝先进的，而不是认为无经可取，无法可求，只值一巡游而已。日本进入10世纪以后，是国风文化大发展的时期，其在文学上的成就尤其突出。国风文化的表现之一是复古化，因此敬神思想抬头，原始的神道信仰复兴，尽管它不得不在佛教的庇护之下。

而另一方面，宋朝商人频繁的贸易往来让日本人继续感受到宋朝物质和精神文明的魅力。这可见于日本平安时期的式部大辅兼学士大江维时在《日观集》序中的如下感叹：

> 夫贵远贱近，是俗人之常情；闭聪掩明，非贤德之雅操。望青山而对白浪，何异风流？闻丝竹以赏烟霞，既同声色。我朝遥寻汉家之谣咏，不事日域之文章；草蒿滋生，尘埃空积，是可重心咨叹者也。[2]

可见当时社会对于唐朝生活方式的追求已经让一些自尊的日本贵族非常担心，日本贵族在那时爱用汉语写日记，用假名的不过是女流之辈，即使如此还被汉学家们嘲笑为"女流文字"。贵族尽管自尊心很强，但总忍不住什么都拿来和中国比拟。例如关白从一位内大臣藤原师直长得像唐朝人（此时应该说是宋人），于是大江匡房卿偷偷跟人

---

[1] 参考《成尋の入宋とその生涯》，第230页。
[2] 〔日〕森克己：《日宋文化交流の諸問題》，第48页。

说:"望公威容殆不类本朝人,恨不令见殊俗之人。"[1] 好不容易才有一个魁梧、漂亮的日本人,可惜不能去和中国人比一比,令平安贵族为之叹息。大概以为凭此就可以改变中国人的小日本观吧,可见他们还有人种矮小的自卑。

尽管中日文化交流有许多阻力,尽管已经有许多贵族以向大陆帝国求学问法为耻,但利益的驱使和信仰的指引使另一些权贵不自觉地要求与大陆宋朝建立某种联系(如藤原道长);而对于虔诚的佛教徒来说,求法取经回归日本依然是僧人的最大成功。中华依然是佛教学术的中心,没有得到中心同行的认可总是美中不足的。且不论源信送给宋僧知礼的二十七问是否出于真心,他毕竟在模仿他的先人和老师。日本学者说10世纪以后的日僧入宋不过是追寻前人的足迹而神游,这恰恰说明记忆中的大唐中国还是首选之地,唐朝文化的崇拜风气在日本僧人之间还在流行。只是由于日本朝廷的政治封闭,才使来宋日僧减少,封闭了日本佛教徒的视听,不能真正感受到和理解到宋朝佛教的发展。

---

[1]〔日〕森克己:《日宋文化交流の諸問題》,第50页。

第二章
奝然在佛教东传史中的地位和影响

第一节 承先启后的奝然

一、奝然的《王年代纪》与日本来唐求法史

奝然的来宋在日本引进中国佛教的历史中有着重要的历史地位，他是一个承先启后的人物。奝然来宋的动因来自各个方面，既有为个人修行而修学、因巡礼而往生的内在需要，也有历史赋予他的重任，即延续日本输入佛法的历史，继续东大寺与大陆中国寺院僧团的交流等外部动因。从个人的因素来分析，复兴东大寺的责任感和使命感也是他发自内心的觉悟，没有这一觉悟奝然是不会接受这一挑战的，并不是任何人都可以承担历史使命的。

奝然求法的责任感主要是来自先人的影响、先师的鞭策，来自他对于历史的学习，来自他继承和发扬先人伟业的志向。在来宋之前，奝然作为东大寺的一修学僧，对于东大寺与中国朝廷和各寺院之间的交流，以及对于中日佛教交流史、日本求法史进行了深入的研究，此情此事反映在他贡献于宋朝的《王年代纪》中。《王年代纪》也有写

作《年代记》，其内容在修《宋史·日本传》时被征引，王贞平在《〈宋史·日本传〉与〈王年代纪〉的研究》一文认为："《宋史》中《王年代纪》的引文，实际是《宋史》编纂者据上述两部著作的有关记载加以编辑、改写而成。"[1]

奝然的《王年代纪》以及他朝对时应答宋太宗的内容，可以说是为了宣扬日本万世一系的历史，从某种意义上也可以说，该书是中日佛教交流史年表，他是在向宋朝君臣介绍中日佛教交流的历史。我们根据《宋史·日本传》的记载仔细分析一下它所引《王年代纪》的内容，就会发现奝然来宋朝并携带此书的真实意图。他在《王年代纪》中尽管列举了日本的64代天皇，但大多只有"年代"而无"记"事，有记事的不过14代，其中12代所记之事全部为日本自中国获得佛法的记载，具体如下：

(1) 彦潋第四子号神武天皇，自筑紫宫入居大和州橿原宫，即位元年甲寅，当周僖王时也。

(2) 次应神天皇，甲辰岁，始于百济得中国文字，今号八蕃菩萨[2]，有大臣号纪武内，年三百七岁。

(3) 次天国排开广庭天皇，亦名钦明天皇，即位十三年，壬申岁始传佛法于百济国，当此土梁承圣元年。

(4) 次用明天皇，有子曰圣[3]德太子，年三岁，闻十人语，

---

[1] 陆晓光主编：《人文东方：旅外中国学者研究论集》，上海文艺出版社2002年版，第141页。
[2] "八蕃菩萨"当作"八幡菩萨"。
[3] 繁体"圣"版本或作"胜"。

同时解之，七岁悟佛法于菩提寺，讲圣鬘经，天雨曼陀罗华。当此土隋开皇中，遣使泛海至中国，求《法华经》。

（5）次孝德天皇，白雉四年，律师道照求法至中国，从三藏僧玄奘受经、律、论，当此土唐永徽四年也。

（6）次天丰财重日足姬天皇，令僧智通等入唐求大乘法相教，当显庆三年。

（7）次文武天皇，大宝三年，当长安元年，遣粟田真人入唐求书籍，律师道慈求经。

（8）次圣武天皇，宝龟二年[1]，遣僧正玄昉入朝，当开元四年。

（9）次孝明天皇，圣武天皇之女也，天平胜宝四年，当天宝中，遣使及僧入唐求内外经教及传戒。

（10）次白璧天皇，二十四年，遣二僧灵仙、行贺入唐，礼五台山学佛法。

（11）次桓武天皇，遣腾元葛野[2]与空海大师及延历寺僧澄入唐，诣天台山传智者止观义，当元和元年也。

（12）次仁明天皇，当开成、会昌中，遣僧入唐，礼五台。

（13）次光孝天皇，遣僧宗睿入唐传教，当光启元年也。

（14）次仁和天皇，当此土梁龙德中，遣僧宽建等入朝。[3]

另外，宋朝高僧志磐所撰《佛祖统纪》中的有关记载与此大体相当：

---

[1] "宝"乃"灵"之误？在此前后的天皇未见有"宝灵"年号，灵龟二年即716年。
[2] 姓氏"腾元"乃"藤原"之误，腾元葛野即藤原葛野。
[3] （元）脱脱等编：《宋史》，第14132页—14134页。

雍熙元年[1]三月，日本国沙门奝（丁玄切。——原注）然来朝。然言：其国传袭六十四世八十五主。至应神天皇，始传中国文字。至钦明天皇壬申岁，始传佛教于百济，当梁承圣初年。至用明天皇立有太子名圣德，年七岁便悟佛法，于菩提寺讲《圣鬘经》，感天雨华。始遣使入中国求《法华经》，当隋开皇中也。至孝德立，白雉四年遣僧道照入中国从奘法师传法，当唐永徽四年也。次足姬立，令僧智通入中国求大乘法，当显庆三年也。次文武立，宝龟二年令僧正玄昉入中国求法，当开元四年也。次孝明立，天平胜宝四年遣使入中国求内外教典，当天宝中也。次元武立，遣僧空海大师入中国传智者教，当元和年中也（贞元元和间，有日本最澄，受荆溪一宗疏记以归，当以此为传教之始可也。而奝然乃言空海传教，而不及最澄何耶？《唐书》亦言空海肄业中国二十年，然吾宗未见空海传教之迹，今据《释门正统》云：空海入中国学教于不空弟子惠果。始知奝然言学智者教者误也。——原注）。次文德立，令僧常晓入中国求释迦密教，当大中年也。上闻其王一姓传继、臣下皆世官，谓宰臣曰："岛夷君臣乃能世祚永久若是。"奝然求谒五台及回京师，乞赐印本《大藏经》诏有司给予之。[2]

《宋史》、《佛祖统纪》中所见有关记载，当均征引自奝然贡献的《王年代纪》和他回答太宗皇帝询问的记录，因为所有记事皆与日本来唐朝求法史有关。《佛祖统纪》是从佛教史的角度来撰写的，另当别

---

[1] 此处是指奝然到达宋都城汴梁的时间，984年。
[2] （宋）志磐：《佛祖统纪》，第399页。

论,而《宋史·日本传》的编撰者也取材同样的内容,这只能说明奝然只提供了这类材料。奝然重点介绍日本遣使来中国求法的历史是暗示他此行来宋朝的目的(求法),表明他与往年来中国求法使节和留学僧是一样的身份,可见奝然希望在日本佛教史中找到自己的位置。下面我们看看以上历史事件对于奝然的影响。

日本自钦明天皇即位的十三年,即公元552年从朝鲜半岛的百济国传入佛法以后,很长时期一直是通过半岛间接地吸收中国佛教文化。而自从圣德太子于隋开皇(581—600)中遣使泛海至中国求《法华经》以来,日本政府不断派遣大量留学僧随同使节来中国,直接从中国求法、学习,引进佛教。为了强调日本佛法的正统性,日本和尚来中国总爱说圣德太子(574—622)是中国南岳惠思和尚(515—577)的后身,尤其是日本天台宗的僧人,但出身东大寺的奝然并没有这样强调,因为这样只能强调天台宗在日本诸宗中的正统地位。奝然这里是在借介绍日本帝王年代、世系来介绍日本到中国求法的历史,《王年代纪》的意图在于突出和宣扬日本"万世一系"的国体,这是日本朝廷赋予奝然的政治使命,所以对于中日佛教交流的历史不得不割爱,介绍得就比较简略;又因为带有比较强的个人情感,自然就有许多狭隘的地方,比如他所列举的有关历史人物有很大的片面性,大都与他有着这样或那样的关联,所以《王年代纪》一定程度上可以说是日本南都寺院与中国的佛教交流史。

在日本飞鸟时代(593—710),其政治中心是在难波(即今天的大阪府中心地区),早期的寺院主要也集中在它周围,来唐留学日僧回国后自然也驻锡于旧京难波一带的寺院。

先看留学僧道照(或昭),奝然说他是为"求法至中国,从三藏僧玄奘受经、律、论"[1]的。律师道照（629—700）本为日本南部旧寺元兴寺（原为苏我氏建立的法兴寺）僧人，唐永徽四年（日本孝德天皇白雉四年，653），日本朝廷派遣小山长丹为大使来唐，道照以留学生的身份随同，到长安后拜玄奘为师，据说很受老师器重。创立法相宗的玄奘（602—664）善于因材施教，见道照学法相宗难见成就，便传授其禅宗，所以道照毕业后"直回南都"，在"元兴寺东南隅，别构禅院"，将从中国"传来经籍藏于禅院"。到日本和铜二年（唐中宗景龙三年，709），"元明天皇迁都平城，昭之徒奏建禅院于新都，是谓平城右京禅院也，经书亦藏于慈"[2]。尽管道照理解能力有限，但他很勤奋，而且此时日本的佛教重在机械的记诵，回国后的他足以让日本公认："本朝入唐传法相者，凡有四人，道昭第一番也。"[3] 其实，道照也是为日本传入中国禅宗的"第一番"，奝然来宋朝前后的行为可以说也是模仿道照师徒，奝然想弘扬的佛法中也有禅宗。

唐高宗显庆三年（日本齐明天皇四年，658）来唐"求大乘法相教"的智通，到唐朝后也是师从玄奘三藏，其留学过程大略如下：

> 时奘公在洛阳玉华宫，翻译经论，（智通）殷勤随事切磋《唯识》，业成，通念回居和州，开观音寺，专说法相。此方义学，以通亲受奘师，竞询教法，名播四方。白凤元年（673）三月敕为僧正，是相宗入唐得法之第二番也。[4]

---

[1]（元）脱脱等编：《宋史》，第 14132 页。
[2] 当为"慈"之误。
[3]〔日〕师蛮：《本朝高僧传》，《大日本佛教全书》，第 65—66 页。
[4] 同上书，第 67 页。

道照、智通都是日本南六宗之一法相宗的奠基人，而随后来唐的留学僧道慈则可为日本三论宗之祖师。道慈之前于日本传三论的，有高丽人慧灌和吴国人智藏，慧灌来日本之前也曾来中国从会稽（今浙江绍兴）嘉祥寺吉藏（549—623）受教，三论宗由嘉祥大师吉藏正式创立。智藏既跟慧灌学法，也曾来唐求法。道慈是高僧智藏的高徒，村上专精认为，"三论宗是日本有佛教宗派的开端"，"慧灌、智藏，加上道慈合称为三论宗的'三传'"[1]。

　　关于道慈（？—744）来唐的年代，一说大宝元年（唐则天武后长安元年，701），一说二年。奝然在《年代记》中认为是在日本"文武天皇大宝三年（703），当长安元年（701）"[2]，当时日本朝廷"遣粟田真人入唐求书籍，律师道慈求经"[3]。道慈来唐后除了从吉藏的法孙元康受学空宗的奥义，还历访各宗名僧。据说他同时传入日本法相、三论、律、成实、华严、真言六宗。以三论为本，兼弘法相、真言等宗的道慈是奝然的直系先师，因为道慈首先是空海的直系祖师，《入唐记》记载说："弘法大师言：我祖道慈，三论宗，在唐十六年。"[4] 其实道慈也是空海的密教祖师，道慈留学期间曾从善无畏学习密教。道慈回日本后，日本朝廷仿照唐朝西明寺在平城京为他建造大安寺。

---

[1] 〔日〕村上专精著、杨曾文译：《日本佛教史纲》，第16页。
[2] 以上记载年份出现差距，可能是因为分别以大使的任命、出发或到达唐朝的不同时间为基准的。民部尚书大贰栗田朝臣真人被任命为遣唐执节使是在元年，正式出发是在二年，《续日本纪》卷二大宝二年六月条载："乙丑，遣唐使等去年从筑紫而入海，风浪暴险不得渡海，至是乃发。"奝然所指当为遣唐使入京长安的时间，或为宋朝史官根据中国记载更改的结果。
[3] （元）脱脱等编：《宋史》，第14132—14133页。
[4] 〔日〕心觉撰：《入唐记》，铃木学术财团编《大日本佛教全书》第68卷，东京：讲谈社昭和四十七年（1972）版，第165页上。

随着朝廷的迁都，进入奈良时代（710—794）的日本佛教一度衰落。自灵龟二年（唐开元四年，716）朝廷发布"合寺令"以后，情况才有所好转，一些旧寺也被迁移到新都，作为"总国分寺"的东大寺以及地方众多的国分寺也在此后不久建立起来。就在同一年（即唐开元四年，716），日本朝廷派遣唐使多治比县守来唐，龙门寺出身学唯识论的玄昉随从来唐求法。他在唐留学二十年，从玄奘弟子智周学法相宗，为日本法相宗第四传。735年玄昉与吉备真备等同回日本，回国后出入宫中道场，参与朝廷政治，是一个有争论的人物。他的死也留有许多疑问，尽管如此，奝然在中国反复提及他。相反，对于孝明天皇天平胜宝四年（唐天宝十一年，752）"遣使及僧入唐求内外经教及传戒"，即派荣睿等请鉴真（688—763）东渡传入律宗一事，这样一件中日佛教交流中的大事，奝然却没有提及当事人的姓名。

8世纪是日本佛教三论宗和法相宗的时代，或者说是都市佛教的时代。进入9世纪，随着再次迁都平安，政治和宗教的重新组合，标志着日本佛教"三论宗和法相宗时代"的结束。由于未随政府机关一同迁移，被"抛弃"在南都的六宗和各大寺院开始走向衰落。另一方面，由于鉴真和道睿、法进等新来日本的唐僧兼修的佛学功底，以及对于律学、天台宗教义、禅学的讲授，为日本佛教新的发展提供了有利条件。由于中国山岳佛教的影响，随着最澄、空海两留学僧的求法归来，日本天台、真言二宗在丛林中兴起了。

进入平安时代（794—1192），昔日的"总寺"东大寺由于和空海建立了友好关系，加之其有着深厚的历史根基，在日本佛教界还维持着一定的影响，依然在努力回应新势力的挑战。在此情势之下，南都僧奝然对于北岭新宗基本上是既羡慕又敌视的，来宋朝时关于唐元和元年（日本平城天皇大同元年，806）"空海大师入中国传智者教"的介绍可能借空海的名气密切自己与中国天台山天台宗的关系。这和日本天台宗后学也把最澄列入"入唐真言宗八家"，说最澄请入真言密教同出一辙，此可见于《大日本佛教全书》第六十八卷"真言传第三"的编排意图。

出于同样的感情，对于唐文宗开成三年（日本仁明天皇承和五年，838），随大使藤原常嗣（或作"继"）来唐的留学僧圆仁、常晓等人，奝然在宋的时候或者只说"开成、会昌中，遣僧入唐，礼五台"[1]，不具体说出姓名，或者只提起南都真言宗的常晓。奝然不提及圆仁等，大概因为圆仁为延历寺僧。《王年代纪》的记载明确反映出了奝然的思想和意图，突出日本南都佛教在日本的地位，上献宋朝的此《纪》应该是由奝然选择并加以删改的典籍。日本研究奝然的专家之一木宫之彦也表示：至于奝然"根据什么样的书记载的"，"无法求其详"。[2] 奝然的来宋无疑是受了历史的影响，受到了这些先师、楷模的鞭策，在这些高僧之中，尤其是弘法大师空海、真如亲王、灵仙这三位，对他的影响很大，因为奝然在其他场合也提到他们，而且是在呈献于宋朝的正式公文——牒文中郑重提出他们的名字。对于以上人物的研究我们就很容易发现历史对奝然的影响和他对历史的继承。

二、五台山信仰在日本世代相传

作为日本山岳佛教运动标志的是中国五台山、天台山在日本的复

---

[1] （元）脱脱等编：《宋史》，第14133页。
[2] 〔日〕木宫之彦：《入宋僧奝然の研究——主としてその随身品と将来品》，第60页。

制。自中唐以来，五台山文殊信仰在中国就开始流行，而且五台亦弘扬天台之教以及密教，于是这一名山自然随文殊信仰一同影响了当时在唐朝的日本留学生，以及后来的来宋日僧。从"抛国家而住五台山"的灵仙到"任身于清凉之云"的奝然[1]，以及在奝然之后成寻、荣西等，五台山一直都是日本僧众梦想朝拜的圣地。

日本人对于五台山的了解和崇拜，首先应该是由于唐僧道睿（或作璿）和南天竺僧菩提仙拿的介绍和宣传。正如前面引文所示，日本在唐朝天宝中"遣使及僧入唐求内外经教及传戒"，在其僧普照、荣睿等的请求下，唐僧道睿和南天竺僧菩提仙拿等一同入日，他们在见到日本天皇时说了这样一个故事：

  （菩提）遥闻支那五台山文殊师利灵应，发本朝，驾小舟入唐，即登五台，山中逢一老翁，问曰："法师何之？"提曰："山顶拜文殊"。翁曰："文殊不在也，见托生日本国。"语已翁不见。提乃赴本朝（即日本）。[2]

这实际上是日本佛教徒在套用圣德太子为中国南岳慧思和尚托生、转世这一故事，或者，菩提仙拿和鉴真和尚一样也一定听说过这样的故事，因此暗示说日本天皇就是文殊的化身或托生。佛国天竺僧人尚且如此心仪五台山，这对于日本人更具有说服力，于是为了寻血脉之

---

[1]〔日〕高楠顺次郎编：《入唐诸家传考》，东京：讲谈社昭和四十七年（1972）版，第179页。
[2]〔日〕虎关师炼撰、黑板胜美编辑：《元亨释书》，《新订增补国史大系》（新装版）第31卷，东京：吉川弘文馆2004年版，第224页。

根，为了引进文殊信仰，日本随即便派遣灵仙、行贺（729—803）等入唐，即奝然所说"白璧天皇二十四年，遣二僧灵仙、行贺入唐，礼五台山学佛法"一事[1]，其入唐目的就是为日本引进文殊信仰。

到了9世纪，不仅是中国，就是在日本，信徒们已经厌倦了烦琐的宗教理论，遂寻找成佛和得救的方便法门或神秘之术，这样密教、文殊信仰和观音信仰因而被普遍关注起来。关于文殊菩萨信仰，《般泥洹经》云：

> 若但闻名者，除一十二劫生死之罪；若礼拜者，恒生佛家；若称名字，一日至七日，文殊必来；若有宿障，梦中得见形像者，百千劫中，不堕恶道。大矣哉斯益也！[2]

这是何其方便的法门，这也就是五台山信仰在日本开始流行的精神动力。奝然就是这些寄心于五台山、天台山等灵山的遣唐日本留学僧、来宋日僧中的一员。"抛国家而住五台山"的灵仙和尚是影响奝然的一个重要人物。奝然不仅在他贡献于宋朝的《王年代纪》中注明日本朝廷于白璧天皇二十四年"遣二僧灵仙、行贺入唐，礼五台山学佛法"[3]一事，而且他为了方便参拜天台、五台二山，特意请求日本延历寺出具介绍信——《日本延历寺牒大唐天台山国清寺》（全文参见本章第88页），在牒文中特意提到灵仙，并说他自己"纵虽庸流，欲遂

---

[1] （元）脱脱等编：《宋史》，第14133页。
[2] （唐）慧祥撰：《古清凉传》，《大正藏》第51卷，台北：佛陀教育基金会1990年版，第1093页。
[3] （元）脱脱等编：《宋史》，第14133页。

古尘"[1]。牒文当然反映了奝然的意图,这里,奝然与灵仙显然是一种命运的认同和共同志向的比拟,足见灵仙是影响他的一位重要人物。

灵仙,根据《灵仙三藏行历考》的记载又作灵船,本是"南京兴福寺僧,学法相宗",是以法相宗留学僧的身份来唐求法的。灵仙和灵船日语读音一致,至于是否为同一人,尚存疑问。关于他来唐朝的时间有许多说法,一说"延历二十二年为遣唐留学生入唐",即803年来唐朝,一说其"入唐恐系延历二十三年(804),与传教、空海同时"[2]。而与他时代相隔不远的奝然在《王年代纪》中所说的应当更为准确,但其时间和当事人之间出现了矛盾。"白璧天皇"即日本光仁天皇,此天皇在位11年,在位期间曾两次派遣使节入唐,一次是在宝龟六年(唐代宗大历十年,775)任命佐伯今毛人为遣唐大使,于777年正式出发;另一次是在779年出发,此次为送唐使节,即送唐使孙兴进归国。如此,灵仙即在空海之前来唐朝。但光仁天皇在位时间不长,继承他的下一代桓武天皇在位刚好有24年,若文中此"二十四年"是指延历二十四年(唐顺宗永贞元年,805),则灵仙与空海几乎同时来唐。

灵仙是来唐求法日本僧人中最杰出的人物,历史记载了他来唐朝后的杰出表现:

一、《大乘本生心地观经》卷第一奥书(石山寺藏写本):
元和五年七月三日,内出梵夹。其月廿七日奉诏于长安醴泉寺,至六年三月八日翻译进上。

---

[1] 〔日〕敬雄等编:《天台霞标》,日本:名著普及会平成四年(1992)版,第770页。
[2] 〔日〕铃木学术财团编:《游方传丛书第一》,《大日本佛教全书》,东京:佛书刊行会大正四年(1915)版,第152页。

> 罽宾国三藏赐紫沙门般若宣梵文，
> 醴泉寺日本国沙门灵仙笔授并译语……[1]

元和五年（日本嵯峨天皇弘仁元年，810），灵仙能够在般若三藏的领导下负责《大乘本生心地观经》的笔受并译语的重任，足见灵仙的水平，据说他是日本唯一精通经、律、论三藏的法师。取得如此语言能力（精通梵文和汉文两种外语）不是五年或六年的时间所能做到的，因此他在777年来唐朝的可能性很大。

译经之后十余年，灵仙的活动未见于记载，仅知元和十五年（日弘仁十一年，816）以后数年，灵仙一直在五台山停点普通院西亭。圆仁的《入唐求法巡礼记》卷二对此有记载：

> 停点普通院西亭壁上题云：
> 日本国内供奉翻译大德灵仙，元和十五年九月十五日到此兰若，云云。
> 院中僧等见日本国僧来奇异，示以壁上题，故记著之。[2]

题字自称"大德"，足见其口气之大！自负才德超人。尽管灵仙已经取得如此成就，足以傲人，本可以而且应该像其他日本留学僧一样取经传法回归祖国，但他却上了五台山且一去不返，这必然是受五台山信仰的影响，打算向日本传入五台信仰。

---

[1] 〔日〕铃木学术财团编：《游方传丛书第一》，《大日本佛教全书》，东京：佛书刊行会大正四年（1915）版，第152页下。
[2] 同上书，第153页下。

灵仙是为国家而求法的，825年他曾托渤海国僧向日本朝廷上献表物。日本朝廷对这一杰出的求法高僧在中国的活动非常欣赏和关注，并对他寄托着很大的希望，淳和天皇赐灵仙百金，托渤海国僧人贞素传达就是证据。灵仙也因此再托贞素向日朝廷上献一万粒舍利、新经二部，奉答知遇之恩。828年，贞素再访灵仙的时候，他已经仙逝。日本还借外交渠道为灵仙提供经济援助，《续日本后纪》卷十一记载："天皇注送在唐住五台山僧灵仙黄金百两，寄附承祖（渤海国使者）"[1]，即托他国使者转送。《大日本佛教全书》对此也有记载：

  长庆五年（天长二年。——原注），灵仙受嵯峨天皇所赐金百两，灵仙献一万粒舍利、新经二部谢国恩。

  大和二年（828）四月七日，淳和天皇再赐百金，灵仙已逝。[2]

唐穆宗长庆五年，即825年，"大和"为太和唐文宗年号"太和"之误。灵仙即使在死后也仍然在向日本传法，空海的弟子圆行据说839年于长安青龙寺遇到灵仙，实际上是他的弟子，"灵仙大（德）弟子付授"梵夹一具、佛舍利"二千七百余粒"[3]，让他带回日本。

灵仙虽未回归日本，但追寻他的足迹来中国求法的日僧却没有间断。不仅是南都和真言宗，北岭延历寺天台宗上五台山求法并寻访他的日僧也不少。灵仙之后，五台山信仰在日本越来越盛行了，日本僧

---

[1]〔日〕黑板胜美编辑：《续日本后纪》，《新订补国史大系》，东京：吉川弘文馆昭和四十九年（1974）普及版，第129页。
[2]〔日〕铃木学术财团编：《游方传丛书第一》，第154页。
[3]〔日〕高楠顺次郎编：《入唐五家传》，铃木学术财团编《大日本佛教全书》第68卷，东京：讲谈社昭和四十七年（1972）版，第168页。

人几百年来,或亲登五台诸顶求现证,或托他人寄物归依清凉寺。

在借寄物而寄心于五台山的日本僧人中,五代时期有道贤。道贤号曰藏,京都人,密教高僧,没有记载说他来过中国。1939年山西曾经发现一铜制藏经桶,上有文字曰"倭国椿谷椿山寺奉纳三部经一卷,为父母菩提敬白,延长三(乙酉)年八月十三日道贤法师"[1]。此可以推断是他托五代时渡海来中国日僧奉献于五台山的,此日僧梁容若先生推断为五代时来华的澄觉、宽建一行。到奝然的时代也有这样的高僧,例如觉鑁,在自己不能去宋朝的情况下,亲自书写《梵字尊胜陀罗尼经》,并敲下自己的牙齿纳入经卷的轴中,托来日本的中国商人施入五台山,以期消灭罪障,往生极乐世界。

奝然在《王年代纪》中说:"仁明天皇,当开成、会昌中,遣僧入唐,礼五台。"[2]日本仁明天皇于承和三年(唐开成元年,836)正式任命遣唐使,而正式出发是在838年。唐会昌元年,即841年,847年改元"大中",如果说其间被日本朝廷派往五台山的,那就是惠萼(或作慧锷),他几上五台山。他"重登五台,适于台岭"之时,"感观世音像,遂以大中十二年,抱像道四明归本邦,舶过补陀之海滨,附著石上不得进。舟人思载物重,屡上诸物,舶著如元(原?),及像出舶能泛"。结果日本不仅没有求得观世音到日本去,而且连慧萼本人也没有回来日本,"萼度像止此地,不忍弃去,哀慕而留,结庐海峤以奉像,渐成宝坊,号补陀落山寺,今为禅刹之名蓝,以萼为开山祖云"[3]。如此说来,浙江人倒应该感谢这个日本和尚,为本地求得大

---

[1] 转引梁容若:《中日文化交流史论》,商务印书馆1985年版,第173页。
[2] (元)脱脱等编:《宋史》,第14133页。
[3] 〔日〕虎关师炼撰、黑板胜美编辑:《元亨释书》,第234页。

法佛宝。到宋初，观音信仰盛行。967年，宋太祖赵匡胤特差太监王贵到浙东普陀进香。

此外，在此期间来中国并上五台山的还有延历寺僧圆仁。838年，圆仁随日本第十八次（或称第十九次）遣唐使藤原常嗣来唐朝的目的并不是上五台山，他本来是想上天台山求台教，因他的身份是"还学僧"，其申请未获唐朝批准，结果柳暗花明，得以上五台山。当时五台山也是天台宗的一个中心，志远大师在此弘传台教，于是圆仁得以功德圆满，他最大的收获恐怕是为日本传去五台山念佛法门。自从慈觉大师传入五台山念佛法门，大力推行常行三昧以后，中国净土教在日本逐渐兴盛起来。[1]

奝然在《王年代纪》中还提到日本政府派遣的另一次五台山求法之使，那就是在光孝天皇时，"遣僧宗睿入唐传教，当光启元年也"[2]。光启元年即公元885年，宗睿的事迹见于日本《入唐五家传》：

> 贞观四年，高岳亲王入于西唐，宗睿请从渡海。初遇汴州阿阇梨玄庆受灌顶，习金刚界法。登攀五台山，巡礼圣迹，即于西台维摩谈石之上见五色云，于东台那罗延窟之侧见圣灯及吉祥鸟，闻圣钟。寻至天台山，次于大花严寺供养千僧，即是本朝御愿也。[3]

在奝然的眼里，宗睿是最成功的，同时巡礼了五台山、天台山和

---

[1] 参考〔日〕村上专精：《日本佛教史纲》，第113页。
[2] （元）脱脱等编：《宋史》，第14133页。
[3] 〔日〕高楠顺次郎编：《入唐五家传》，第159页下。

长安青龙寺,此三大圣地9世纪以来已经成为日本僧人心灵的故乡。宽建等人来华前曾申请上五台山,来华后尽管时逢五代战乱,"澄觉等长兴(后唐明宗年号,930—933)年中入京,诣五台山,及遍礼诸方圣迹,到凤翔、长安、洛阳城等",澄觉在获赐紫衣和"资化大师"号之后,"有归朝之心、远去两浙"[1],但不知为何没有回到日本。

在奝然的眼里,惠萼的五台山之行功败垂成;圆珍一到唐朝就说要巡礼五台山,在唐滞留几年也未成行;不归的宽建、澄觉等人无疑也是失败的。现在轮到奝然了,奝然入宋之时有天将降大任于己之感,既然观世音菩萨不示现日本,就请文殊菩萨吧,他不仅要请来五台山秘法,而且想把中国的五台山清凉寺搬到日本去。的确奝然不仅为日本请来文殊菩萨,而且为日本请来释迦牟尼佛,在日本建立了新的五台山清凉寺(参见本书第三章)。当时山岳佛教在日本已经得到很大发展,实际上也是模仿中国的山岳信仰。

延历寺在给奝然的牒文中提及灵仙,延历寺僧对灵仙的关心很大程度上也是因为五台山的关系,他毕竟是日本人上五台山留学的前辈。日本朝廷是希望灵仙回国传法的,抛国家而不归实在是无常之命运。南都寺院东大寺及兴福寺在奈良时代(710—794)处于鼎盛时期,此时的中日交流就是南都各大寺与中国的交流,许多留学僧回国都获得高位,如兴福寺僧行贺,回日本后成为该寺第三任别当。从有限的记载看,灵仙的才智已在空海、最澄之上,如果他回国的话,影响想必不在空海和最澄之下。同是南都寺院出身的奝然,对于这一南都杰出的前辈高僧,自然是要设身处地地去思考的,认同感也是非常强烈的,

---

[1] 〔日〕西冈虎之助:《奝然の入宋について》,第558—559页。

他的名字出现在奝然的牒文中，自然有奝然的意见，奝然的决心主要来自这些先师的鞭策。

三、奝然的天台寻根意识

日本山岳信仰的代表是京都东边比叡山延历寺天台宗的兴起。日本天台宗在9世纪的崛起，使日本佛教从第一期三论宗和法相宗兴盛的时代进入其发展史上的第二期，即天台宗和真言宗的时代。中国天台宗传入日本的首功人物当属唐僧鉴真。奝然在《王年代纪》说，"孝明天皇，圣武天皇之女也，天平胜宝四年，当天宝中，遣使及僧入唐求内外经教及传戒"[1]，但他未指明传戒律的是鉴真。此次所遣之使乃藤原清河，其所指来唐朝僧人却是上一次，即733年随第10次遣唐使多治比广成来唐朝的普照、荣睿等人，他们来唐朝的目的就是延聘中国高僧到日本"传戒"。在他们的请求下，日本天平七年（唐玄宗开元二十三年，735）道璿（即道睿、或作道璿、道叡）随遣唐使中臣名代先期到达日本，住大安寺西唐院。

而鉴真经过六次东渡，于753年才到达日本，驻锡于东大寺。鉴真在东渡日本"传戒"的同时，传去了中国天台宗全部主要典籍，包括"天台三大部"《摩诃止观》、《法华玄义》、《法华文句》，及《四教义》12卷、《次第禅门》11卷等。[2]

由于鉴真在传戒的同时弘扬天台教，鉴真的弟子中如思托、法进等又多是天台僧人，而且这一行人在准备东渡期间于744年曾到天

---

[1]（元）脱脱等编：《宋史》，第14133页。
[2]〔日〕真人元开著、汪向荣校注：《唐大和尚东征传》，中华书局2000年版，第87页。

台山国清寺停留。此后鉴真的弟子法进曾向日僧讲天台三大部四遍，深受欢迎，激发了日本僧人对于天台宗的研究热情，其中就有最澄（767—822）。根据日本《元亨释书》等的记载，最澄"其先东汉献帝之孙，国亡窜民间"，于日本"应神之历，遥慕王化而至，上（天皇）怜其王孙，赐滋贺地为采邑。父百枝富内外学"。最澄岁"十二投行表法师出家"[1]。奝然和最澄的出身及经历可以说是完全相同的，从奝然到最澄，200年间，出家为僧仍然是"渡来"日本的汉人后裔发展的重要方式。

最澄本从南都僧人学法相唯识宗，"旁博探经论，得《华严经》、《起信论》等疏。凤智所撼，以不见台教为恨"，当他"于南京写得《玄义》、《文句》、《止观》、《四教义》、《维摩经疏》等"经典并阅读以后，他的思想发生了很大的转变。这里的"《文句》、《止观》"等即鉴真带来日本的《法华文句》、《摩诃止观》等经典。尽管之后最澄在新都平安城东部的比叡山建造一乘止观院，能够独立宣讲"天台宗三大部"，传播天台宗，"然介怀于无师承也，是以跂踰海之志"[2]。803年他申请到唐朝求取台宗真谛，被日本朝廷批准。804年，最澄以"天台法华宗还学僧"的身份到达唐朝以后，携带疑问直上天台山国清寺，拜座主道邃为师，"受一心三观之旨"。最澄不以此为满足，又从佛陇寺行满座主，尽得"荆溪以上诸籍密迹"；随后又从越州龙兴寺的顺晓和尚"受三部灌顶密教，及得陀罗尼、经书、印契、图样、灌顶器物"等；再从唐兴县沙门翛然"得达摩一派牛顶山法"[3]。以上

---

[1] 〔日〕虎关师炼撰、黑板胜美编辑：《元亨释书》，第33页。
[2] 同上书，第33—34页。
[3] 同上书，第34页。

可见，最澄是非中国人不师，不以为师的。其实在当时的日本，僧人只有以中国为师，才可成为日本的开山祖师，其实这种想法后学的奝然也是有的。

最澄最后于805年携智者教等共239部460卷回日本，[1] 可以说最澄是日本天台宗的正式传人，日本天台宗的开山祖师。行满在传授他天台诸籍的时候也说"汝持此法文为东海传灯之始祖"，这句话是最澄为天台宗始祖的最大证据，是天台门徒广泛宣扬的。983年奝然来宋后谈及日本求法历史的时候，也说过"元武立，遣僧空海大师入中国传智者教，当元和年中也"[2] 的话，志磐等便指出他说错了。

自最澄创立日本天台宗以后，中国天台山自然成为日本天台宗的本山和祖庭，成为日本天台宗教徒心灵归依之所，日本僧人参礼天台山的传统因此形成。在唐朝，日本僧人上天台不是一件容易的事。最澄的弟子圆仁好不容易来唐朝后欲上天台山而不得，只好暗渡五台山，于志远大师门下学习天台教法，回日本后名声大振。到10世纪，天台宗几乎成为日本的天下第一宗，奝然所处的东大寺东南院在它的冲击之下已经不得不主张诸宗兼修了，此番被日本朝廷批准入宋，自然不能错过这次求学的机会。而东大寺与中国天台山国清寺、五台山清凉寺的交往都不深，为求得方便，必须请日本的天台宗延历寺出具牒文，所以天元五年（982）八月十六日，奝然登上了比叡山。延历寺的三纲都维那等人虽知奝然"志在斗数"，在与本门争胜，但还是出具了如下牒文，不过在牒文中强调说该奝然"本学三论"：

---

[1]〔日〕最澄：《传教大师将来目录》，载《大正新修大藏经》第55卷，台北：佛陀教育基金会1990年版，第1059页下。
[2]（宋）志磐：《佛祖统纪》，第399中—下页。

日本国延历寺 牒大唐天台山国清寺[1]

东大寺传灯大法师位奝然

牒。得奝然陈状称：十余年间有心渡海，盖历观名山、巡礼圣迹也。嗟乎！日斯迈月，斯征壮齿不居，恳志难遂。适逢商客将归舻，奝然乡土非不怀，尚寄心于台岭之月；波浪非不畏，偏任身于清凉之云。往者，真如出潢派而赴中天竺，灵仙抛国家而住五台山，纵虽庸流，欲遂古尘，伏望垂允容、给小契，以为行路之远信者。夫以二方异域、云水虽向，一味同法、师资是亲，件奝然本学三论、志在斗薮，愿令万里之飞蓬，付一山之便风。以牒。

天元五年（982）八月十六日　都维那传灯法师位[2]

作为都市佛教代表的南都东大寺主要和同在都市的长安各寺院联系密切，三论之根、真言宗之祖也在长安各寺，而奝然竟然宣言"寄心于台岭之月"，表示要"偏任身于清凉之云"，可见日本山岳佛教的影响在10世纪已经超过都市佛教，也说明中国天台山、五台山等寺院在日本人心目中的地位和影响有逐渐超过长安各寺之势，此时不到天台和五台被看作是日本留学僧的遗憾。而且，日本一条天皇永延二年（宋太宗端拱元年，988）二月，奝然在请求朝廷再次派自己的弟子入宋求法的申请书中也特别强调说，日本"往代入唐之人，或诣五

---

[1]《大日本佛教全书》（第六十八卷）《入唐诸家传考》所载牒文为昊宝根据庆滋保胤的文集录出，名为"叡山绍介状（奝然）"。日本《扶桑略记》（日本《新订增补国史大系》12）所载该牒文开头为"日本国天台山延曆寺牒大唐天台山国清寺"。

[2]〔日〕高楠顺次郎编：《入唐诸家传考》，铃木学术财团编《大日本佛教全书》第68卷（史传部七），东京：讲谈社昭和四十七年（1972）版，第179页。

台而不到天台，或□（到？）天台而不参五台"[1]，前者暗指圆仁，作为天台宗大师竟然没能朝拜祖庭圣迹；后者暗指最澄和圆珍，尤其是圆珍在给唐朝各地方政府的申请书（牒文）都说："牒，圆珍为巡礼天台山、五台山并长安城青龙寺、兴善寺等，寻求圣教，来到当县……"[2] 结果还是没有上五台山。在奝然师徒看来，这都不能算是功德圆满的，他们要超过前人，通巡天台五台二山，遍礼圣迹，而且自宋朝回日本后他们以巡礼过二山为骄傲。相比之下，比叡山的弟子被称为"五大院和尚"的安然和玄照都曾于贞观十九年（同年改元元庆元年，877）出发入唐，已经来到了大宰府，尽管日本政府已经"赐官符及御府黄金"，并预约了唐人的商船，结果"欲乘心动，自府归山"[3]，半途而废。

由于9世纪以来天台宗在中国九宗中的地位和影响，同时也因为日本天台宗教学在日本八宗中的地位日益突出的原因，号称要诸宗兼修的东大寺不能再忽略天台教学。

四、空海与奝然师资相传

佛教自中国传入日本后与以日本皇室为代表的祖宗崇拜相结合，形成"祭政一致"的国家体制，京城东大寺的建立是其标志，它是作为统辖国分寺的总寺而存在的。在中日佛教交流史中长安青龙寺与奈

---

[1] 〔日〕高楠顺次郎编：《入唐诸家传考》，铃木学术财团编《大日本佛教全书》第68卷（史传部七），东京：讲谈社昭和四十七年（1972）版，第180页。
[2] 〔日〕小野胜年：《入唐求法行歷の研究——智證大師円珍篇》第91、96、106页等均可见。
[3] 〔日〕承澄抄写：《名匠略传》，《群书类丛》第4辑，东京：经济杂志社明治二十六年（1893）版，第466页。

良东大寺及平安京东寺关系密切，东大寺有着求法传统，而且一直在努力保持这一传统。自从空海在青龙寺幸遇名师，受法满载而归之后，大唐青龙寺在日本人心目中就是一块宝地。青龙寺建于582年，原名灵感寺，711年得青龙寺之名，它是中国唐代密宗的根本道场，也是日本真言宗的发源地，可以说"它在日本比在中国更为有名"，"空海以后的日本僧人都把它看作是中国的那烂陀寺"[1]。

7世纪以来，印度佛教走向衰落，出现佛梵结合，一时婆罗门教的小道法术被佛教吸收，此即佛教的密教。自开元年间印度僧善无畏、金刚智、不空等来唐，密教开始在中国流传开来。唐僧惠果乃中国密教高僧，前面"开元三大士"的弟子，两部大法的集大成者。

最早将密教传入日本的应该是道慈（善无畏弟子）。道慈传善议，善议传勤操，勤操再传空海。空海随勤操学密教，有许多问题无法解决，不得不作入唐留学求法的打算。日本延历二十三年（唐德宗贞元二十年，804）七月，留学僧空海与还学僧最澄以及留学生橘逸势等奉敕随遣唐大使藤原葛野麻吕一行渡海赴唐。最澄所乘判官菅原清公的第二船漂流到唐明州鄞县（今浙江宁波），因就便上了天台山，拜于座主道邃门下；空海因与大使同船之便和留学僧的身份，于当年十二月到达长安，后寻师惠果。奝然在其贡献于宋朝的文书中说"桓武天皇，遣腾元葛野与空海大师及延历寺僧澄入唐，诣天台山传智者止观义，当元和元年也"乃记忆错误，唐元和元年（日本平城天皇大同元年，806）空海早已回日本了，空海虽然可能上过天台山，而"传智者止观义"的是最澄而非空海。[2]

---

[1] 周一良著、钱文忠译：《唐代密宗》，上海远东出版社1996年版，第120页。
[2] （元）脱脱等编：《宋史》，第14133页。

空海到长安后,一度被安排在西明寺,他到处寻访名师,得遇惠果(746—805)。惠果乃唐朝玄奘之后难遇之高僧,"大兴善寺大广智三藏之付法弟子也。德惟时尊,道则帝师;三朝尊之受灌顶,四众仰之学密藏"[1]。据说惠果和尚一见到空海就含笑欢喜,说:"我先知汝来,相待久矣。今日相见,太好太好!"大概由于语言沟通上没有什么麻烦,一个东夷倭人竟然对于中国文化有如此的钻研水平,自然让唐朝大和尚感到亲切,自然令惠果刮目相看,所以他对于空海特别器重,将真言、密教两界大法传授给空海,犹如泻瓶,并说"我命既尽,待汝既尚,已果来,我道东矣"[2]。据说惠果和尚对于其他中国弟子很少同传二法的,空海回国的时候,他把自己的藏书大量赠与空海,包括新译经142部247卷、梵文真言赞42部44卷、论疏章等32部170卷,因为在惠果和尚的心目中佛法无国界,他一心弘扬佛法,便不论国界,无有私藏。

自空海从中国传入两部大法以后,日本密教大兴,日本人赖以其镇护国家,遂密教成为日本国教中的国教,同时也成为日本僧人借以问政的法门。日本天台宗也不得不兼修密教,于是出现了东密和台密的竞争。空海以后迷信密宝的日本僧人不论出身真言宗还是天台宗,都寻根于青龙之泥,为进一步引进中国密教,圆行、圆仁、圆珍、慧远、圆载、宗睿等相继来此土求法寻宝。840年圆珍一到中国海岸,就曾向福州都督府申请"巡礼天台山、五台山并长安城青龙寺、兴善寺等,询求圣教"[3]。圆仁尽管开始未被批准入长安,但他不忍空手

---

[1] 〔日〕金刚峰寺纂校录:《弘法大师年谱》,《真言宗全书》,东京:真言宗全书刊行会昭和八年(1933)版,第43页。
[2] 〔日〕金刚峰寺纂校录:《弘法大师年谱》,《真言宗全书》,第44页下。
[3] 〔日〕小野胜年:《入唐求法行歴の研究——智證大師円珍篇》,京都:法藏館昭和五十七年(1982)版,第86页。

回国，暗自留下才遂了心愿。

  作为空海真言密教的弟子及再传弟子更不在话下，每有来唐求法者，必巡礼长安青龙寺，礼拜惠果之墓，致"孙徒之礼"，同时也是强调东寺与青龙寺的血脉关系，强调东大寺在日本佛教尤其是密教中的正统地位。空海在时曾反复告诫弟子："夫师资相传，嫡嫡继来者。""太祖大日、金刚萨埵、龙猛、龙智、金刚智、不空、惠果大阿阇梨，至吾身相传八代也。"[1] 又因为日本天台宗教徒依据"内证佛法相承血脉谱"，也认为其祖师最澄和义真也从唐僧顺晓那里继承了金刚和胎藏两部大法，从而兴起台密。[2] 而在真言宗学者看来，最澄可以算是空海的密教弟子，其证据则是他们的往来书信。838 年，空海的弟子圆行来唐朝之时，"实惠、真雅等八个大德附种种国信方物，赠青龙寺惠果和尚影前，遥申孙弟之礼"[3]。奝然此番来宋朝，可以说不仅是申徒孙之礼，更要求新译佛法。我们来看奝然所携的日本国东寺（或东大寺）致大唐青龙寺的这篇牒文：

  日本国教王护国寺[4] 牒大唐青龙寺
    东大寺传灯大法师位奝然

---

[1]〔日〕金刚峰寺纂校录：《弘法大师年谱》，第 47 页。
[2]〔日〕天台学会编：《传教大师研究》，东京：早稻田大学出版部昭和五十五年（1980）复刊版，第 465 页。
[3]〔日〕高楠顺次郎：《入唐五家传》，第 164 页。
[4] 该牒文在《入唐诸家传考第六》中题为"东寺绍介状（奝然）"注明出处为"《杲宝杂杂见闻集二》，东寺金刚藏藏"，如此则为东寺金刚藏的档案，以下的"自日本国牒唐朝状事"为事条。"日本国教王护国寺"乃东寺的全称，从落款日期来看，也可能是东寺所出之牒。而日本《朝野群载》所记这篇牒文的题名为"日本国东大寺牒大唐青龙寺：传灯大法师位奝然"，与《入唐诸家传考第六》所载不同，另"密教"为"圣教"，从时间上来推算，当为"密教"。因此此时东寺已经成为东大寺的下属寺院，基本上可以互称。

牒。往年祖师有空海大僧正，入唐受法惠果大和尚，密教东流以降，殆垂二百载矣。我朝入觐久绝，书信难通，苍海已隔。虽为一天之参商，白（百？）法是同，宁非八代之弟子，今件奝然遥赴大方，慕礼圣迹。潢汗（汙？）之润，顾鳖波而已朝；爝火之光，望乌景而不息。期于必遂，理不可夺！气也！察状将慰万里泣岐之心，令得五台指南之便。谨牒。

　　　　天元五年（982）八月十五日。[1]

　　毕竟如牒文中所说，自祖师空海大僧正到唐朝拜惠果大和尚为师受法（804）以来，密教东流已近二百年。894年日本朝廷中止派遣遣唐使之后，"入觐久绝"，以致东寺与青龙寺之间一直"书信难通"。尽管日本"苍海已隔"，但青龙寺依然是日本人精神之故乡、信仰之根源，未减丝毫色彩，东大寺为了保持并发扬两寺的关系，排除万难派遣奝然入宋寻根问祖。奝然也自认肩负着东大寺的光荣使命，表示"期于必遂"[2]。志向何其坚定。

　　平安迁都使日本东大寺远离政治中心，一直心系青龙寺等中国古都宝刹的东大寺僧人不知道10世纪的青龙寺已经同样如明日黄花。它虽是唐代佛教文化的中心，但辉煌已经随着那个支持它的唐帝国衰落、灭亡而暗淡，在宋朝它已经远离朝堂而在边远之地、战乱多事之乡。我们不知道奝然携此牒来宋以后是否达到青龙寺？既然他已经如此信誓旦旦，在宋太宗雍熙三年（日本花山天皇宽和元年，984）六月已经到达离长安不远的龙门朝拜，应该会去长安青龙寺巡礼、凭吊，那毕

---

[1]〔日〕高楠顺次郎编：《入唐诸家传考》，第179页。
[2] 同上。

竟是其祖师空海曾经风光之所，先辈灵仙、圆仁、常晓等曾经驻锡之寺。但我们从奝然留下的可以见到的文字中找不到他去青龙寺巡礼过的确切证明，也许他根本就没去。不过从成寻《参天台五台山记》日延久四年（宋神宗熙宁五年，1072）六月二日条中所抄的"奉文"看，成寻也是想去的，他说："大日本国延历寺阿阇梨大云寺主传灯大法师位臣厶（某），欲乞天恩巡礼五台并大兴善寺、青龙寺等圣迹"，并且还表示要将带来的真言经仪轨"持参青龙寺经藏纠其讹谬"[1]。根据成寻日记的记载可知，为安抚外国向化僧人，宋朝对于来宋日僧巡礼圣地尽量给予方便，沿途提供有驿马，所以从雍熙三年（984）六月十八日到二十四日，奝然是有充足的时间自洛阳去长安青龙寺凭吊的。

唐武宗会昌灭佛（845）期间，青龙寺在劫难逃，被改建成皇家花园；武宗死后于846年一度被恢复，废后重兴并改名护国寺。据《大日本史料》等载，到855年又复原青龙寺旧名，并一直用到871年。[2]经过五代战乱，尤其是国家政治重心的转移，青龙寺在宋初已经走向衰落了，尽管宋初复兴佛教，但它已经处于新王朝的边境地区，很难得到统治者更多的关照。而到成寻来的时候，它已经破败，宫阙成土、衣冠成丘，尽管在成寻等日僧的记忆中仍然保持着昨日的辉煌，但根据有关记载，1086年以后它已经毁灭无存了。[3]

这里且不论青龙寺的兴衰，奝然对自己的来宋是不敢轻视的，自认是追寻大师的足迹。他在来宋过程中反复提到与本寺关系密切的日

---

[1]〔日〕平林文雄：《〈参天台五臺山記〉校本并に研究》，第38页。
[2] 周一良著、钱文忠译：《唐代密宗》，第120页。
[3] 参考《佛光大词典》，及白化文等校注《行历抄校注》（花山文艺出版社2004年版），第41—42页。

本弘法大师空海，例如在贡献于宋朝的《王年代纪》中说日本"桓武天皇，遣腾元葛野与空海大师及延历寺僧澄入唐，诣天台山传智者止观义"[1]。在日本国东寺致大唐青龙寺的牒文中说"往年祖师有空海大僧正，入唐受法惠果大和尚"；更重要的是他在牒文中特别强调自己与青龙寺的渊源，说日本与中国"虽为一天之参商，白（百）法是同"，奝然是青龙寺"八代之弟子"，今"慕礼圣迹"而来。[2] 东寺在此牒中提及空海是为便利奝然求法的需要，复兴东大寺和东寺的需要。在寺院的发展和教派的竞争中，无论是东寺、东大寺还是真言宗都是和延历寺对立的，而延历寺的最澄和东大寺空海恰恰在教理和政治上也是对立的。对东大寺来说，空海无疑是东大寺在日本佛教教派斗争中的一面旗帜，空海不仅可以代表东大寺还可以代表真言宗。空海与东大寺的关系非常密切，真言宗的最初道场是设在东大寺，并且，空海还曾是东大寺的第十四任别当[3]，同时他又是"东寺长者"第一任，[4] 东寺是模仿青龙寺而建成的。空海同时又是高野山的开创者，因此又被称为高野大师。

奝然自然以"入唐受法"的空海弟子自居，表明自己是追寻先祖之足迹，将求法于大唐青龙寺，东寺在牒文中说奝然是空海的"八代之弟子"也是有据可查的。日本《真言宗全书·血脉类集记》，以及密教相传血脉关系的有关资料显示，日僧奝然的确是中国唐朝青龙寺的"八代之弟子"，大唐青龙寺与日本留学僧空海以及来宋日僧奝然的师

---

[1] （元）脱脱等编：《宋史》，第14133页。
[2] 〔日〕高楠顺次郎编：《入唐诸家传考》，第179页。
[3] 参见〔日〕《东大寺别当次第》，载《群书类丛》（补任部）第四辑（卷第五十六）。
[4] 〔日〕续群书类丛完成会编：《东寺长者补任》，《续续群书类丛》第2辑（史传部），东京：平文社昭和四十四年（1969）版，第470页。

承关系如下:

　　惠果—空海—真雅—源仁—圣宝(圣空?)—观贤(小,第五代,圣宝弟子)—淳祐—元杲(小,第七,淳祐弟子)[1]—仁海与奝然等。

另外,奝然的同门仁海所撰《灌顶御愿记》中对真言密宗这一师承关系有更详细的记载,其中《太政官符"应为国家于东寺定真言宗传法灌顶职位并结缘灌顶事"》记录如下:

　　惠果传弘法大师空海,年六十二入定。
　　弘法大师传僧正真雅,年七十八。
　　真雅传大僧都源仁,年七十三。
　　源仁传僧正益信,年七十一。
　　益信奉传授宽平法皇,御年八十。
　　法皇传僧正宽空,年八十。
　　僧正宽空受法灌顶资:
　　大僧正宽朝,八十五,建立遍照寺;
　　僧正宽静,住西寺;
　　大僧都定照,八十二,住兴福寺;
　　大僧都元杲,八十二,住上醍醐山延命院观音院等。[2]

---

[1] 〔日〕真言宗全书编:《血脉类集记》,真言宗全书刊行会昭和九年(1934)版,第17页。
[2] 〔日〕铃木学术财团编:《游方传丛书第四》,第491页。

宽朝、宽静、定照、元杲同为宽空弟子，而奝然曾先后拜宽静和元杲为师，正好为惠果第八代弟子。奝然是空海的再传弟子是没有什么值得怀疑的，连骂他的人也说空海是他的"自宗者"（见《为母修善愿文》）。同寺出身的奝然后来被选任为东大寺第五十一任别当。

中国青龙寺与日本东寺的师承联系、传法血脉，是真言宗和东寺、东大寺历代弟子特别重视和强调的，追寻大师之迹，模仿先师之行，是东寺、东大寺和真言宗历代弟子的共同愿望。此不仅见于奝然和师弟义藏的结缘文书之中，更现于奝然和他的老师元杲的唱和诗歌《奝然元杲唱和诗集》里。983年奝然在即将来宋前夕，曾参与由他的老师元杲所主持的祈雨仪式，奝然借机怂恿国家祈祷仪式的主持人——自己的老师元杲说："法桥宜继大师路，无热蛇龙尚有灵。"[1] 鼓动他一同入宋求法，追寻高野大师空海的足迹。奝然的目的是借此扩大声势，引起日本僧俗普遍关注其入宋求法一事。元杲虽然答应和奝然一道入宋，但后来又反悔了。空海以修求雨法闻名，元杲是此法的继承者，在奝然看来，空海虽然求得百法归来，尚有遗憾，那就是没有请来禅宗。空海这一遗憾的表示见于史书记载之中：

> 世言：橘皇后问密法于弘法，法盛称之，后曰："更有法之迈之者乎？"法曰："大唐有佛心宗，是达摩之所传来也，炽行彼地。空海又虽少闻之，未暇究之尔。"因兹，后使蕚扣问灵池。[2]

---

[1] 〔日〕高楠顺次郎编：《入唐诸家传考》，第177页。
[2] 〔日〕铃木学术财团编：《游方传丛书第四》，第536页。

既然空海大师有此遗憾，后代弟子当然要继承空海之路，"身临唐境"，同大师请来《请雨法》时一样，求来中国的一切法、一切经。

五、日本密宗求法僧的不幸与奝然的抱负

空海大师之后，真言宗密教（简称"真密"）在日本流行起来，于是日本入唐寻求密教新法之风日盛。为了与真言宗密教竞争，天台宗在最澄之后，不仅英才辈出，而且入唐求密教成功之人不断，终于形成日本天台宗密教（简称"台密"），可以与真密对抗了。

相比之下，真言宗的衰落，并非空海弟子中缺乏英才，主要是由于弟子们转入不同的政治派系因而内耗。真言密教弟子中申请并被批准入唐求法之人也不少，只是际遇大不相同，或东风不与方便遭遇风浪而败，或未被唐朝接纳中途半端，或英才早逝不见与佛法同归。

空海的弟子之一常晓，于唐文宗太和八年（日仁明天皇承和元年，834）继空海之后随遣唐使来唐，八月下旬到淮南城后被安置于广陵馆。因为他是以还学僧的身份来的，未被唐朝批准进入长安。常晓因此不得不在地方上寻找密教大师。当时在首都之外很少有密教大师，他终于有幸找到栖灵寺文粲和尚和华林寺元照座主，文粲乃不空三藏弟子，向他传授了大元帅秘法等仪轨和真言。835年，常晓求密宝大元帅法及大元帅像曼荼罗回日本。奝然到宋后介绍说："次文德立，令僧常晓入中国求释迦密教，当大中年也。"[1] 时间上有些出入。

836年，空海弟子真济与真雅分别以请益生和留学生的身份奉诏

---

[1]（宋）志磐：《佛祖统纪》，第399页。

入唐,[1] 遇风暴而船毁,流落琉球岛,半途而废。于是空海十大弟子之一,已经年界花甲的真如亲王(799？—865？)继续奏请入唐,并于日贞观四年(唐懿宗咸通三年,862)乘唐朝商人张支信的船出发,随行人员有延历寺僧宗睿等人。真如是什么样的一个人呢？《元亨释书》说他"为沙门居东大寺"[2],可见真如是南都出身,东大寺一派。关于真如亲王的生涯,《东大寺要录卷第十》中《真如亲王事》一文作了如下介绍:

> 平城第三皇子,名曰真如,东大寺。亲王机识明敏,学涉内外,听受领悟,□(罕？)见其人。禀受三论宗义于律师道诠,稍通大义。又真言密教究竟秘门(或"奥"？),具一弟子之成就者,众僧正一(壹)演为其上首也。久久(之？)诏特授传灯修行贤大师位。又性有巧思,凡所制作皆出人意(表？)。尝东大寺大毗庐舍那佛像头断堕地,朝廷召集工匠经营熔铸,敕令亲王检校,取其处分,功夫早毕,亲王有力焉。[3]

真如来唐朝的理由简单明了,因为真如亲王是公开声言要入唐求法的人,他"曾言:'密乘奥秘,此方未尽,当入大唐质所疑教'"。[4]

---

[1] 〔日〕佚名:《南都叡山戒勝劣事》,《大日本佛教全书》第 105 册《戒律传来记(外十一部)》东京:名著普及会平成二年(1990)版,第 167 页。
[2] 〔日〕虎关师炼撰、黑板胜美编辑:《元亨释书》,第 235 页。
[3] 〔日〕佚名:《东大寺要录》,《续续群书类丛》第 11 辑宗教部,京都:明治四十年(1907)版,第 189 页。
[4] 〔日〕《东大寺丛书第二》,《大日本佛教全书》,大日本佛教全书刊行会昭和十一年(1936)版,第 269 页。

日贞观三年（唐懿宗咸通二年，861）上表奏事，四年三月被许泛海入唐。关于真如入唐的原因，日本《三代实录》叙述如下：

> 亲王心自（目？）为：真言宗义，师资相传，犹有不通。凡在此间，难可质疑。况复观电露之遂空，顾形像骸之早弃。苦求入唐了悟幽旨，乃至庶几寻访天竺。[1]

为了真言宗教义疑问的解决而来唐，这明显是为了求法，不是为了个人的觉悟，也是像天台僧们那样代表教团，为了真言宗和东大寺的发展。真如亲王住在东大寺的同时，在平城旧都也创建了真言宗的超升寺，参照《头陀亲王入唐略记》（出身亲王母方一族随行来唐的伊势兴房的记录）中所记载的他来唐时随行僧侣们的面孔，可知亲王的入唐是代表东大寺及真言宗的。在他所处的时代，日本尚不以有疑惑而拜中国人为师为耻。据说真如到唐朝以后，问题并没有得到解决，关于他再入天竺求法的原因值得商榷。

高岳（或作丘）亲王即真如亲王来唐朝的另一动因恐怕是出于悲愤之情，因为在日平城天皇大同四年（唐宪宗元和四年，809）四月十三日他曾被立为太子，乃嵯峨天皇（平城天皇之弟）的皇太子，不久却因薬子之变（平城上皇与嵯峨天皇的对立而产生的政变，上皇的宠姬藤原薬子与其兄仲成乃变乱的首谋者），于嵯峨天皇弘仁元年（唐宪宗元和五年，810）九月十三日被废皇太子出家。出家后名真如，住东大寺。他在来唐朝之前许愿要"跋涉诸国之山林，渴仰斗薮之胜

---

[1] 〔日〕黑板胜美编辑：《三代実録》（后编），普及版《新订补国史大系》第6卷，东京：吉川弘文馆平成三年（1991）版，第504页。

迹"[1]，既是要追随业师空海的足迹，也是寻求命运的解脱。从现在所存记录的事迹看，他是一个孤独的求法者，他也因命运多舛而经历传奇。日本《三代实录》的薨传（元庆五年十月十三日条）对真如求法精神和求法生涯作了以下简洁的评价：

> 无品高丘亲王，志深真谛，早出尘区，求法之情，不远异境。去贞观四年辞当邦，问道西唐。乘查（槎？）一去，飞锡无归。今得在唐僧中瓘申状称：亲王先过震旦，欲度流沙。风闻：到罗越国，逆旅迁化者。虽薨背之日不记，而审问之来可知焉。亲王者平城太上天皇之第三子也。[2]

8世纪印度密教大量传入中国，很快被日僧看重，相继来唐朝求法。真如亲王作为从空海传法印可的门人之一，应该是最被东大寺期望的。作为学僧、作为师表、作为寺院领导等，他各方面都是非常优秀的，受到夸赞。如亲王在修复因地震震落的东大寺大佛头之际，任修理大佛司检校，负责修复事业的运营等，颇展现出优秀的才能和魄力。在平安八宗的竞争中，亲王曾被本宗所期望，正如现在奝然也同样被东大寺所期望一样。

亲王和随从他来唐朝的宗睿相比，可以说是一个失败的取经者，尽管奝然在宋朝的经历几乎是参照宗睿的，但奝然所携带的由延历寺出具的牒文特别提出真如亲王，却不及宗睿。真如出身东大寺，从律

---

[1]〔日〕黑板胜美编辑：《三代实录》（后编），普及版《新订补国史大系》第6卷，东京：吉川弘文馆平成三年（1991）版，第504页。

[2] 同上。

师道诠禀受三论宗义,与奝然同寺同门、同宗同派,感同身受,志同道合。圆融天元五年(宋太宗太平兴国七年,982)八月,奝然请求延历寺出具牒文前后恰恰宣言要入天竺巡礼,比叡山延历寺座主良源[1]等人自然把他俩联系在一起。不过比叡山僧人在牒文中列举了两个不归的前辈灵仙和真如亲王,多少有些嘲笑或诅咒之意。奝然与亲王性格上有大略相似的地方,那就是都敢于冒险、"志气宏迈"。相比之下,真如亲王不仅有冒险精神,而且有谦虚品德,奝然有冒险而乏谦虚。真如亲王求法而舍名利,而奝然多有为名利而求法是嫌。延历寺在给予本寺竞争寺院东大寺真言宗的僧人奝然出具入宋的牒文中自然会反映出自己的想法,牒文仅提及真言宗的学生真如而不涉及其开宗大师空海。因为亲王虽是东大寺出身,却和延历寺有很深的渊源关系,真如亲王曾向求法归国后不久的圆仁请教,真如亲王在向圆仁请教之时,据说就抱有来唐朝求法的愿望[2]。另外,真如在唐朝的时候,得到了与东大寺惠运同时来唐的圆仁的照顾,通过惠运、圆仁而得到了关于唐朝的情报。另外延历寺在牒文中也不提本宗因求法著名的大宗师最澄,因为奝然非本宗直系弟子。

中国并不看重略显邪门的密教,在中国化的禅宗日益发展的同时,印度密教在中国并没有得到发展,于是远入天竺求法的想法在日本僧人中也逐渐兴起。此天竺求法之梦自唐末到宋初一直为日僧魂牵梦萦,9世纪的真如亲王为此而献身,到10世纪奝然旧梦重来,他在携往大宋的日本延历寺牒唐天台山的牒文中说"往者,真如出潢派而赴中天

---

[1] 比叡山延历寺座主良源的继任为寻禅(985—989年在位)。
[2] 参考〔日〕佐伯有清:《高丘親王入唐記——廢太子と虎害伝説の真相》,吉川弘文館2002年版,第128—131页。

竺",说自己"纵虽庸流,欲遂古尘"[1]。奝然是在表明自己要像真如、转智一样赴中天竺求法巡礼。

净土宗信仰当时已经开始流行,引入大陆的净土法门也是奝然等的主要目的。

在真如亲王之后,五代时期又有日僧宽建、宽辅、日延、转智等来华求法。这些都在奝然的关注之中,并且记录在他到宋朝后的求法巡礼日记里。奝然显然在来宋前就研究过宽建、宽辅等,并以他们为学习和模仿的对象。宽建、宽辅渡海来华是在926年,日本朝廷特地配给宽建从僧三人、童子四人、近事二人,足见日本朝廷非常关注和重视这一次入华派遣。《扶桑略记第廿四》延长四年(后唐明宗天成元年,926)五月条中有载:

> 廿一日,召兴福寺宽建法师。于修明门外奏请,就唐商人船入唐求法,及巡礼五台山。许之,又给黄金小百两,以宛(同"充")旅资。法师又请此间文士文笔,菅大臣(道真)、纪中纳言(长谷雄)、橘赠中纳言(广相)、都良香等诗九卷,菅氏纪氏各三卷、橘氏二卷、都氏一卷。但件四家集,仰追可给,道风行草书各一卷,付宽建,令流布唐家。可相从入唐僧并杂人等,从僧三口、童子四人、近事二人。勅遣元方于左大臣(忠平)宿所。宽建法师入唐之由,宜遣书大贰扶幹朝臣许。可仰其旨。六月七日,依有院仰,勅奉黄金五十两,此为给入唐求法沙门宽建也者(以

---

[1] 〔日〕高楠顺次郎编:《入唐诸家传考》,第179页。

上出《御记》)。[1]

宽建这一携带日本"文笔"来华、宣扬日本文化的做法为奝然所吸收，983年奝然到达宋朝以后，对宽辅等人在中国的经历自然是要寻访的。宋太宗雍熙元年（984）正月到三月，奝然蒙太宗皇帝圣旨，不仅得以巡礼汴梁京中大小寺院，经过奏闻获得太宗皇帝的恩恤，与张行首一同入参大内滋福殿，礼拜了优填王所造二传释迦像，度过了一个愉快的新年。而且在左街天寿寺巧遇927年随宽建来华，寓居中国近50年，已经85岁的日僧超会。

那一天，奝然在宋朝张行首或某内臣的陪同下在汴梁左街天寿寺内巡礼参拜，忽然有人来告知，有"日本国照远大师赐紫超会"来访，奝然听说是心仪已久的前辈、宽辅的从僧超会，马上相见，可惜他自来中国已经过去50年了，时年85岁的超会早把母语日本语言给忘记了，现在他们只能用笔谈了。不过，从超会那里他打听到宽辅一行在中国的最终结局，奝然将他们详细记录在自己的日记里：

> 彼《在唐记》云：
> 从左街天寿寺、日本国照远大师赐紫超会来房，问讯。和尚是日本延喜[长]年中与宽建大德等共入唐，即宽建、宽[辅]、澄觉、长安、超会等总重一人也。
> 宽建上人于建州浴室闷了。澄觉等长兴年中入京，诣五台山，及遍礼诸方圣迹，到凤翔、长安、洛阳城等，其后澄觉学习汉语，

---

[1] 〔日〕黑板胜美编辑：《扶桑略记》，《新订增补国史大系》第12卷，东京：吉川弘文馆2003年新装版，第197页。

讲《唯识论》、《上生经》等，赐紫资化大师赐紫号[1]、有归朝之心、远去两浙。宽辅在京弘瑜伽大教，赐弘顺大师号，当京元无弘真言教，宽辅来暖[后]弘密教，授法灌顶弟子三十余人。逝去之后数年。

超会虽有谈话志，本朝言语皆以忘却，年八十五云々。[2]

奝然到汴梁的时候，宽辅才死去不过数年，现在奝然凭吊宽辅，后人成寻来宋的时候又复凭吊奝然及宽辅等前人，"宽辅是朱雀院御时与宽建超会等十一人来唐国人也。瑜伽大教大教（衍文？）兴大唐，从宽辅受灌顶人卅余人云"[3]。这是成寻来宋期间在自己的日记里抄写的《奝然法桥日记》的内容。从奝然对先辈求法僧的追忆看，历史对他的影响是非常深远的。

宽建上人居然于福建闽江上游的建州在浴室闷死，大概年事已高，他可能是和澄觉一样准备回日本而至此。澄觉入京城汴梁之后，得以巡礼五台山及诸方圣迹，又到凤翔、长安、洛阳城等地，并且学习了汉语，可以给宋人讲《唯识论》、《上生经》等，可见成就很高，最后获赐紫衣并"资化大师"号，他功成名就之后便有了回日本的打算，已经到了两浙，但不知为何没有能够回到日本？

---

[1] 引文"赐紫资化大师赐紫号"当为"赐紫，赐资化大师号"之误。
[2] 转引〔日〕西冈虎之助：《奝然の入宋について》，第558—559页。该文中录有《鹅珠钞》中"奝然法桥在唐所会本朝大德等数十人事"这一条，其中"延喜"当为"延长"之误，"暖"为"后"之误，长兴（930—933年）为后唐明宗年号。
[3] 〔日〕平林文雄：《〈参天台五台山记〉校本并に研究》，第213页。

第二节　奝然来宋求法及其周边关系

一、来宋日僧奝然的成长过程

日本佛教发展史进入10世纪中后期，轮到奝然等人出场了。这一时期，即日本《续本朝往生传》一书所说的一条天皇朝（987—1011），是日本人才辈出之时代，以远游而闻名的奝然应当为人才之一。我们只有对他周边人物加以分析，看看10世纪日本人对于求法等问题的态度，看看当时日本佛法研究的社会氛围，才能真正了解奝然。

日本朱雀天皇承平八年（后晋天福三年，938）正月廿四日，在日本京都以西爱岩山一带，渡来人秦氏族居之地，一个小生命不知经过多少次轮回降生了。这一年，中国正值五代战乱，日本也处于"平将门之乱"中，两国都处于政治和文化的转折时期，这个家族也同样处于衰落的转折期。尽管如此，这个新生男婴的母亲却非常珍爱他，她慎重地裁取一片小纸，写下了"承平八年正月二十四日ひつしのとき□□□□むまれとこ丸"这几个字[1]，和才剪下的脐带一起珍藏起来。这个婴儿名字大概就是"とこ丸"，"丸"可能是昵称。纸片上记载的是他的出生日期，类似中国的生辰八字，这个叫"とこ丸"的婴儿也就是后来出家后法号为奝然的僧人。那张字条一直由奝然本人珍藏着。公元985年，他在宋朝巡礼求法期间又把该纸条藏在自己所雕刻的释迦牟尼佛像胎内。一同藏入佛像胎内的还有他和同门师弟义藏一起写下的《义藏奝然结缘手印状》，他的出生日期也如实地抄写在该《结缘

---

[1] 纸片由于长期封藏，有几个文字被虫蛀而无法辨认。

手印状》上:"传灯法师位奝然,天庆元年戊戌正月廿四日诞生,俗姓秦氏。"[1] 这里写"天庆元年"是因为承平八年四月二十六日改元的缘故。

这两件文物直到1953年7月9日才被人们从日本清凉寺释迦牟尼佛像胎内封藏品中发现,到此人们才知道奝然出生的确切日期。在以上两个秘密文件被发现之前,日本《元亨释书》十六、《传灯广录》续三、《本朝高僧传》等书都记载奝然于一月二十日生,秘密的发现证明它们的记载是不可取的。另外,他的出身也一直被断定为藤原氏,因为863年奝然入宋时在宋太宗面前称自己出自藤原氏,藤原真莲之子,《宋史》也如此记载了,但这非事实,从封藏的《手印状》中我们知道奝然出身于大陆或半岛渡来系的秦氏。渡来人秦氏的文化素养很高,有关记载也说奝然"其先世为菁华"[2]。

大约到942年奝然4岁时,他的家人可能已经让他读书了。渡来人作为文化贵族很注重汉学的教育,那个时候的日本,出家做和尚对于中下级贵族和地方豪族来说,是出人头地、显姓扬名的重要途径。实际上,没有一定的身份也是没有资格出家的。秦氏世代与宗教有缘,缁衣"菁华"辈出,此时更希望家族出现新人来振兴家声。虽然奝然出家为僧的具体时间不明,到村上天皇天历四年(后汉乾祐三年,950)他12岁的时候,肯定已经入东大寺出家了。本书中作为奝然配角而出现的源信就是在12岁出家的(另有7岁说和9岁说),有关记

---

[1] 〔日〕《释迦信仰と清凉寺》,第33页。
[2] 〔日〕真言宗全书刊行会:《续弘法大师年谱》,东京:真言宗全书刊行会昭和八年(1933)版,第79页。

录说他"自幼出家"。奝然"自少入东大寺"[1]，所谓"少"应该在12岁至15岁之间。该年七月十五日，他的同学义藏出生。

尽管自894年遣唐使停止以来，中日之间的政治外交关系中断，但日本依然关注着中国文化的发展，中日文化联系并没有中断，这期间影响最大的一件事就是吴越国的国王通过中国天台宗的德绍向日本的天台宗座主延昌请求缮写中国遗失的佛教经典，这件事一时轰动了日本朝野。

959年，22岁的奝然受戒成为正式的僧侣，就在同年，17岁的源信也受戒成为正式的僧侣。而奝然的同学义藏在前一年十月廿二日就受戒成为正式僧侣，时年8岁，受戒师主为法藏，曾任权少僧都。根据《结缘手印状》所载，奝然"天德三年五月十八日受戒，师主宽静"[2]。宽静后来成为东寺长者[3]，奝然是否在此之前拜师尚未确知。奝然自称自幼学三论、密教等，大概也在此前后。《元亨释书》记载："释奝然，居东大寺，学三论，又受密乘于元杲。"[4]《续弘法大师年谱》卷四载奝然入东大寺后，"专勤梵学，习三论于东南院观理[5]，禀密法于石山寺元杲"[6]。天德四年（宋太祖建隆元年，960）八月九日，观理任权律师。这一年奝然的弟子盛算出生。

960年赵匡胤建立宋朝，改元建隆元年，时值日村上天皇天德四

---

[1] 〔日〕真言宗全书刊行会：《续弘法大师年谱》，东京：真言宗全书刊行会昭和八年（1933）版，第79页。
[2] 〔日〕《释迦信仰と清凉寺》，第33页。
[3] 根据《大日本佛教全书·僧纲补任》，宽静为法皇弟子（宽空僧正弟子），真言宗，东大寺，内供劳。
[4] 〔日〕虎关师炼撰、黑板胜美编辑：《元亨释书》，第235页。
[5] 观理：平氏出身，学三论宗（第七代），东大寺僧。奝然当从其学三论宗，为第八代。
[6] 〔日〕真言宗全书刊行会：《续弘法大师年谱》，第79页。

年。在此前后，中国大陆发生的两件事在日本一时引起普遍关注，尤其是在僧界。其一是前面提及的吴越国曾派人向日本和朝鲜求天台教遗失经卷一事；其二是吴越王钱弘俶下令刻印《一切如来心秘全身舍利宝箧印施陀罗尼经》，共刻84000余卷，不仅于956年舍入西关砖塔，[1] 而且"吴越忠懿王用五金铸千万塔，以五百遣使颁日本"[2]。有记载说此塔由日本天台宗延历寺僧日延于天历年（947—957）末传入日本。961年春，塔内经书被一位叫道喜的日僧发现，这对于日本禅林无疑是一件影响很大的事情。对东大寺以及奝然冲击最大的恐怕是，日延的来华送书之后，回国时带回大批内外经典，作为佛法的内典被天皇赐入延历寺，这应该是奝然所知道的，奝然后来申请入宋也许是由于东大寺冲着这件事而派他来的。

在日延来华的同时，又有日僧转智几度往返中日之间，据说他还去了天竺。转智的来华大约在960年，《咸淳临安志》（卷之七十七）载："吴越忠懿王用五金铸千万塔，以五百遣使颁日本，使者还，智附舶归"。[3] 从这一"归"字看，转智在中日之间往返至少有两次，其时奝然才过20岁，也许奝然认识这个人。奝然在宋朝时也寻访了转智，才知道他死于通往天竺途中，我们在奝然来宋的日记中看到他对转智的记载。[4] 奝然在《为母修善愿文》中也说"愿次诣中天竺，欲礼释

---

[1] 1924年8月，杭州西湖雷峰塔倒毁，从砖孔中发现此经。这是已知第一部印数最多的经卷。
[2] （宋）潜说友等：《咸淳临安志》，载中国地志研究会印行《宋元地方志丛书》第7册，台北，1978年，第4594页。
[3] 同上书，第4594页下栏。该书认为转智和尚西竺僧，可能是指住杭州天竺寺的日本僧。奝然的日记可以证明他是日本人。
[4] 转引西冈虎之助：《奝然の入宋について》，第562—563页。

迦之遗迹"，这虽是他来宋的借口，也表明他有追踪日本去天竺的高僧真如和转智的意思。

10世纪的日本，佛教各宗宣讲风气非常浓厚，法理研究也因而兴盛。963年，村上天皇请延历、兴福二寺僧十人于清凉殿讲《法华经》，论众生成佛理，延历寺僧良源以才辩著名，与奈良法相宗名僧法藏就声闻、缘觉有无佛性等问题展开辩论，此即南北宗教辩论。良源（912—985）即源信之师，对手东大寺僧义藏的老师法藏在辩论中处于下风。康保元年（宋太祖乾德二年，964）三月，庆滋保胤等发起劝学会，奝然可能此后不久成为该会成员之一。康保四年（宋太祖乾德五年，967）四月，源信的老师良源开始四季讲。在政治方面，藤原实赖任关白，摄关制度在日本从此正常化，贵族的氏寺也发展起来。寺院之间的竞争越来越激烈，甚至不惜诉诸武力。968年，奝然所在的东大寺与临近的兴福寺竟为争田而交兵。

971年，宋太祖命高品、张从信在四川益州监雕《大藏经》。当时宋朝与日本民间商业贸易往来频繁，该消息想必不久便传入素有取经传统的日本僧人耳中。圆融天皇天禄三年（宋太祖开宝二年，972）闰二月三日午时，为了振兴东大寺、弘扬佛法，该寺两位青年才俊奝然和义藏，经过不知多少次的筹划之后至于誓愿了，并写下了如下的"誓状"：

敬启 十方三世诸佛菩萨、梵释诸天、天神地祇，现当二世结缘状[1]

---

[1] 通称《现当二世结缘状》，或称《义藏奝然结缘手印状》。

传灯法师位奝然，天庆元年戊戌正月廿四日诞生，俗姓秦氏，天德三年五月十八日受戒，师主宽静。

传灯法师位义藏，天历四年庚戌七月十五日诞生，俗姓多治氏，天德二年十月廿二日受戒，师主法藏权少僧都。

窃以五道之中，难得者人身；人身之中，难具者男根；纵得男根，遇佛法难也；纵遇佛法，得出家之难也；纵虽出家，为修学僧难也；纵虽修学，住一伽蓝难也；虽住一处，为同学难也。今奝然等值圣教以知古，回愚心而思今；结缘于智胜如来说法之场，同生于释迦大师遗教之域，即其结缘之趣，具见于化城品。又如经文说：世尊即为父、经法即为母、同学者兄弟，因是而得度。因兹，义藏等，近始从今生、远至于菩提，结缘同意，发菩萨心、满六度行、济五趣生。抑义藏等凡夫血肉之身，惑业烦恼未除、亲疏难定、喜怒易变，是以十方三世诸佛、国内普天神明为证。先一期生间，曾不变其志，设遇恶知识，宁令背乖其心，常存善知识，曾不违失其契，死生同心、寒温相问。若乎失此结缘兴法之心，终共不证无上菩提。是故，点定爱宕山，同心合力，建立一处之伽蓝，兴隆释迦之遗法；然后，第二生必共生兜率内院，见佛闻法；第三生共随从弥勒下生阎浮，闻法得益，深增菩萨大悲之心，随愿往来十方净土，疾证无上正等菩提。仍录现当二世结缘状，各持一通，将贻将来。

天禄三年，岁次壬申，闰二月三日癸巳[1]午时

东大寺 僧 义藏　僧 奝然[2]

---

[1] "癸巳"原文作"关巳"，今据文意改正。
[2] 〔日〕《释迦信仰と清凉寺》，第33页。

据以上愿文可知，奝然和义藏二人至少在972年以前已经获得传灯法师位，取得修学僧的资格，很可能就是在当年获得这一身份和职称的。传灯法师位在僧位中自上而下属第5位。奝然好不容易到35岁才成为一个修学僧。当时的寺僧构成大体如下：别当、三纲（上座、寺主、都维那）、僧纲、学侣、堂众。这正如奝然自己所感叹的："纵虽出家，为修学僧难也！"他的同学义藏才23岁，两人一比较起来很让他惭愧，从他的生活态度看，一种大器晚成的感觉在激励着他不断求上进。给予修学僧的资格也说明寺院对他们这些青年才俊所寄托的希望。奝然因此与同住一伽蓝的"同学"义藏，因为志同道合，有非常难得的缘分，便在诸佛前共同宣誓结缘，要"点定爱宕山，同心合力建立一处之伽蓝，兴隆释迦之遗法"[1]。在誓状中留有两人按下的鲜红手印，可能是血手印，足见他们愿心之坚定。

除了修学僧和传灯法师的身份激励了东大寺的两位青年才俊，使他们踌躇满志、信心百倍，决定在爱岩山建造新的寺院外，同学二人此时面佛誓愿的另一个重要原因可能与得到宋朝开雕《大藏经》的消息有关，因为10多年后，奝然在入宋求法之前于《为母修善愿文》中说他"天禄以降，有心渡海"[2]。天禄年间即（970—973）。《大藏经》正可取来做镇寺之宝，有经必有藏，有藏就有寺，奝然入宋雕刻释迦牟尼佛像作为新寺的本尊的想法也在此时形成。而将寺址选定爱岩山显然是针对比叡山延历寺的，刚好之前不久义藏的受戒师法藏在宫廷法理辩论中败在比叡山良源的手下，义藏的奋发无疑也是希望为业师

---

[1]〔日〕《释迦信仰と清凉寺》，第33页。
[2]〔日〕黑板胜美编辑：《本朝文粹》，第334页。

雪耻。虽然这是秘密誓愿，但奝然、义藏二人可能在有意无意之间吐露了他们的抱负，而日本僧界也广泛传闻了此事，因为入宋求法是当时日本剪不断、理还乱的话题。

但是，就在两年后的天延二年（宋太祖开宝七年，974）五月初七日，宫廷再次举行佛法义理的讨论，奝然本人作为南都代表参加了讨论，五月八日以第三轮出场，与代表北岭的源信辩论。可惜奝然心有余而力不足，辩论失利，这对已经37岁的奝然是一次打击。他的入宋求法之类的计划此后必然遭到了许多人的嘲笑，阻止的人很多，而劝进的人很少，这让奝然感到非常苦闷，他一下子沉默近十年。

978年，吴越王钱氏把十三州一军八十六县之地献给宋朝，取消吴越国号，宋朝完全统一南方，使南北交通更加便利起来。但吴越地区和日本的贸易往来从未间断，大约在每年六月到七月初，总有宋朝商人的商船在太宰府靠岸，然后在次年八月前后返回宋朝。这一年有宋商来日本贸易，为支付宋商，日本朝廷向陆奥征收黄金。我们可以肯定，此间奝然一直在"寻问公府"，即问讯于九州的太宰府，或请愿于京都的左右相府，一方面和入日宋商建立联系，打探宋朝佛教发展的有关消息；另一方面和有关公卿大臣交涉，请求派遣自己入宋。大约到了982年，有宋商再来日本贸易，按计划他们将于983年返回宋朝，已经45岁的奝然再次申请入宋求法，终于获得日本朝廷的批准。日本朝廷考虑到国家输入文化的需要，有壮志滔海勇士的难得，不仅批准了奝然的请求，并授予他"传灯大法师"位，在僧位上再升一级，这对他来说是一个很大的成功。

二、元杲"有惮稽留"

10世纪是日本密教最兴盛的时代。由于弘法大师根据《秘密仪轨》如法修行《仁王经》法、《请雨经》法等显现出灵验，日本朝野上下更加信仰密教，甚至根据空海的上奏，模仿唐朝神龙道场的例子于835年在宫中设立真言院，从此成为密教兴隆繁荣的中心。

日本天元五年（宋太宗太平兴国七年，982）六七月之间，正值奝然准备出发入宋之时，又出现大旱，朝廷无计可施，只好故伎重演，决定请密教高僧修法求雨。德高望重的元杲成为首要人选，此人多次施展密法为朝廷求雨成功。元杲是空海的孙徒之中比较出色的一人，是大师密宗真言直系第七代弟子（参见前面血脉继承关系），得弘法大师的秘密真传。七月十八日[1]，元杲奉命于神泉苑修《请雨经》法，神泉苑乃古代日本的皇家园林，如真言院一样是朝廷举行修法等佛事的中心场所，现一部分已成为公园。修求雨秘法，按密教仪轨，除主角元杲之外，从僧一般有8到32人，作为自己的得意门生，奝然自然被元杲认为是最好的协从僧人人选。元杲是奝然的密教老师，从奝然与他交往的有限记载来看，他们虽然是师徒关系，却更像朋友，他们的亲密关系我们从下面这两人唱和诗[2]中可一目了然。在诗中奝然自称"末资"，元杲则称其为"奝高才"。[3] 这一次前后5天的求雨法事进展顺利，到第五日"甘雨"滂沱，元杲的职位因祈雨成功得以由

---

[1] 根据《大日本佛教全书·觉禅抄》等记载，元杲大僧都共有三次祈雨御修法之行，一在天禄三年（972），一在天元五年（982），一在宽和元年（985）。诗中说诗"再"次，当是在982年，即奝然即将入宋前。
[2] 即《奝然元杲唱和诗集》。该诗见日本东寺观智院金刚藏反古。
[3] 〔日〕高楠顺次郎编：《入唐诸家传考》，第177页。

"法桥"上升为"法眼",并任僧都之职。奝然等特为元杲举行庆功诗会,祝其修法的灵验,又贺其僧位的荣升,奝然赠诗如下:

故元杲大僧都祈雨御修法之时奝然法桥作
(1)奉感神泉苑祈雨御修法有灵验之什
　　　　末资奝然
　　再感神泉请雨经,祈祈甘雨满池亭;
　　鹊飞离草游丝乱,乌景隐云泻玉零。
　　天子倾缨沾叶苑,阇梨结掌沥花庭;
　　法桥宜继大师路,无热蛇龙尚有灵。
　　弘法大师始修《请雨经》法,无热池善女("善女"又称为"善如"。——引者)龙化现此池,云云。法桥两度修此,天雨滂沱,人民感悦故。云云。

(2)忽改法桥字敬为法眼字
　　　　奝然
　　神泉苑里奇何事?喜雨滂沱几浅深;
　　高野大师流布昔,醍醐法眼泻瓶今。
　　欣龙渊底化含水,湿雁云中薵入霖;
　　若此生临唐竺境,应言请雨法甘心。[1]

借当年祖师"弘法大师始修《请雨经》法,无热池善女龙化现此

---

[1] 〔日〕高楠顺次郎编:《入唐诸家传考》,第177页。

池"的典故,奝然便在诗中劝他的老师应该继承空海大师求法之路,追求更大的灵验、更高的法术。所谓诗言志,奝然一日不入宋,便有一日于心不甘,因而在该诗的结尾发出了只有此生亲临大唐和天竺之境时再谈"请雨法"才甘心的感叹。

受唐朝文化的影响,平安中后期日本贵族之间举行聚会及诗歌酬答已经成为风气。许多僧人擅长诗歌的写作,诗为汉诗,歌即和歌,元杲也不例外。他的和诗如下:

(1)奉和奝高才,感神泉苑祈雨御修法有灵验之什,次上韵
愚老元杲

天雨答祈依转经,苍生谁谓仰亭亭;
密云布处心弥至,膏泽降时泪共零(感泪自落故云云)。
散漫余滋先满宙,滂沱澄水不过庭;
神泉苑验功非我,应是祖师远及灵。

(2)重和法桥字为法眼字之什,本韵
僧都元杲

再感神泉祈雨诏,阶级过分恐尤深。
先年始奉成功后,一代熏修被赏今。
润石洒来能散草,带云霁去不为霖(结愿之后两日间雨犹不停,水既无容于时,诸人疑若霖雨。然而普润之后,雨犹不及三日,雨止云晴,天下皆礼);
适寻师迹虽弘道,愧变远行随从心(相伴入唐之契通,事有

悼稽，留故。云云）。[1]

从《奉和奝高才，感神泉苑祈雨御修法有灵验之什，次上韵》、《重和法桥字为法眼字之什，本韵》这一题目及其内容看，此次诗会规模很大，反复唱和，大约有十首应和诗。元杲在诗中的自称前后有所变化，即从"愚老元杲"到"僧都元杲"，这是因为求雨成功荣升的缘故。

在第一首诗中，元杲虽然在以得祖师空海大师的真传为骄傲，但能否成功，他也没有把握，所以雨下之时，他感激之泪与雨共落，成功之后他不能不谦虚一番，于是说功劳应归于祖师远及之灵。

元杲这次神泉苑求雨侥幸有"验功"，并且因此获得朝廷的提拔，按理他是不应该以旧传密教而自满的，应该模仿祖师空海到宋朝"寻师"求法，回国"弘道"，百尺竿头更进一步。入宋巡礼求法是这个时代包括元杲在内日僧们的宏愿，从元杲第二首诗中可见，实际上他也确实有此想法，主要可能是奝然的鼓动，奝然的鼓动在他赠与老师的第一首诗的结尾一目了然。奝然借机动员元杲同行，也好在僧界扩大声势，在他的劝诱之下，老师也动了入宋之心，认识到"寻师迹"可以"弘道"，并答应了奝然的邀请。但不知什么原因，元杲作为老师后来突然反悔答应与弟子一同入宋求法，借唱和之诗向奝然表示道歉："愧变远行随从心！"并且特别说明："相伴入唐之契通，事有悼稽，留故。"[2]

元杲放弃入宋的原因，若从个人的性格上找，想必是缺乏决心和

---

[1] 〔日〕高楠顺次郎编：《入唐诸家传考》，第177页。
[2] 同上。

冒险精神。既然在奝然的劝说下元杲已经作了来宋朝的准备,甚至定了"相伴入唐之契",如同奝然与义藏之结缘,最后却不得不承认"有惮稽留"。他所惮的是什么呢?从社会上找原因,只能是担心他人像嘲笑奝然一样说他非"权化之人、希代之器",入宋不过是表明日本"无人也"[1]。元杲也是一个心慕大宋,有心西天取经、求法弘道却无胆识的人,从对这些临渊羡鱼者的研究中,我们可以进一步理解奝然来宋求法的历史环境和历史意义。

总之,是否来宋求法的问题是当时的日本名匠大德们共同思考的主题,他们都有与宋朝建立联系,求得新法、新思想的需要,尽管迫切的程度不同,可一旦面对当时的社会风气,他们的表现与奝然有了很大的差别。

三、庆滋保胤"已契西方共往生"

空海、最澄等前人求新法改革旧法的传统鞭策了奝然,同时也影响了当时日本佛教界的其他名人。来宋日僧奝然所处的时代是日本佛教研究相对繁荣的时代,相关人物在此舞台上相当活跃,这里要提及的就是当时日本佛教界、文学界的一些僧侣和贵族,尤其是源信和庆滋保胤(或写作庆保胤)等人。他们与奝然的关系值得关注,他们同时在以不同的方式与宋朝佛教界保持联系。他们的要求可能不同,或为吸收大陆的净土思想,或为引进禅宗文化,或为往生净土求得个人解脱,或为引进新法门拯救日本大众。

---

[1]〔日〕黑板胜美编辑:《本朝文粹》,第334页。

除了奝然的老师元杲之外，当时日本有心来宋问学的还有两个著名人物，其一是文坛泰斗庆滋保胤（约934—1002），此人公卿出身，后来也遁入空门，庆滋保胤可以说是奝然的诗文之友；另一个是佛教新秀源信，他是奝然的经纶之友，虽然非出一门。

我们先看庆滋保胤以及他和奝然的关系。庆滋保胤是什么样的一个人物，在当时的禅林有着什么样的影响？此人是当时日本首屈一指的汉学家、唐白居易的崇拜者，964年曾效法中国晋代慧远在庐山念佛结社，和白居易结社念佛之举而建立劝学会，修习念佛，朝则讲诵《法华经》，夜则以经中文句作诗，以法道文道相激励。在他所著《日本往生极乐记》一书序言中，庆滋保胤是这样介绍自己的：

> 自少，日念弥陀佛，行年四十以降，其志弥剧。口唱名号，心观相好，行住坐卧暂不忘，造次颠沛必如是。夫堂舍塔庙，有弥陀像、有净土图者，莫不敬礼；道俗男女，有志极乐、有愿往生者，莫不结缘；经论疏记，说其功德、述其因缘者，莫不批阅。[1]

如此虔诚信仰佛法，好念佛诵经，追求往生净土，他岂会不巡礼"有弥陀像、有净土图者"，且有经论疏记的南都名刹东大寺？何况内有崇尚高论的三论宗少壮修学僧奝然？奝然不仅有往生志愿，还是有求法兴教抱负之人，可见他和奝然也是经纶之友。

从奝然这一方面来看，972年与义净结缘誓愿（参见前文），可见他也是好结缘之人，岂会不仰慕道俗风流人物庆滋保胤？庆滋保胤乃

---

[1]〔日〕庆滋保胤撰：《日本极乐往生记》，《群书类丛》第4辑，东京：经济杂志社明治二十六年（1893）版，第366页。

日本平安文坛之翘楚，劝学会歌人之核心。我们从有关奝然的有限记载中发现他是一个活动能力非常强的人物，在公卿贵族中很有人缘，虽出家却爱好诗歌的他和庆滋保胤等文人关系自然密切。庆滋保胤在奝然入宋临行时对他说："予是花月之一友。"可见他们同为爱文学、爱花月之人，爱清净净土之人。既然他们结成了"花月之友"，奝然当为庆滋保胤"文学沙龙"成员之一。该沙龙的成员主要为高僧与文学贵族，奝然应该多次参加了他的诗会。我们从庆滋保胤后来给奝然入宋饯行诗的赠言"已契西方共往生"[1]看，他们二人可能也有结缘之状，这是他们共同的往生追求。

天延二年（宋太祖开宝七年，874）八月，庆滋保胤的劝学会为建立佛堂而募集资金之时，正值奝然与源信宫廷论战失败后的孤独之际，之后，奝然求学上进之心更浓。关于僧奝然与文士庆滋保胤交往的记录，留下来的并不多，但足以说明他们之间密切的交流关系，不是一般日本僧俗文士之间的关系，他们是相互理解、相互支持的。根据现有的记载，奝然与庆滋保胤交往主要的事件虽只有两三件，却非常重要，而且都发生在公元 982 年，即奝然入宋临行之前，这对我们研究当时日本的佛教界和贵族社会的风气都很重要。

奝然与庆滋保胤交往的第一重要的事件是天元五年（宋太宗太平兴国七年，982）七月十三日，庆滋保胤为奝然代笔撰写了《奝（然）上人入唐时为母修善愿文》[2]：

---

[1]〔日〕高楠顺次郎编：《入唐诸家传考》，第 177 页。
[2] 本书简称之《为母修善愿文》。该文日本《本朝文粹》（《新订补国史大系》第 29 卷下）、《天台霞标第一》、《大日本佛教全书》125《入唐诸家传考》等均有收录。

佛子[1]奝然至心合掌而白佛言：

奝然有心愿，如来可证明，奝然天禄以降，有心渡海。本朝久停乃贡之使而不遣，入唐间待商贾之客而得渡，今遇其便，欲遂此志。奝然愿先参五台山，欲逢文殊之即身；愿次诣中天竺，欲礼释迦之遗迹。但我是罪障之身、血肉之眼，既到其土而不易，况见其身而可难。古人云：纵有为大山者，覆一篑以不止，终及万仞矣；又有赴长途者，投咫步以不留，必届千里焉。其积功累德、致诚专心者，无事不成、无愿不遂。奝然去难去之家乡，弃难弃之恩爱，寄心于无知之域，委身于异类之人，岂不哀哉！岂不痛哉！然犹不顾躯命、不著名利，渡海登山，忍寒忘苦，修行是勤，罪根渐灭。大慈大悲释迦、文殊，可以怜愍、可以相迎。

佛子自发此愿，独怪此心，何况道云俗云，诽谤卢胡者，已千万人；弟子童子，劝诱相从者，才二三辈。其谤者云："凡人唐求法之人，自宗者弘法大师，天台者传教大师，皆是权化之人、希代之器也。此外之伦，才名超众、修学命世。如佛子者不及，古人之喻犹不可天之阶矣，定知表我朝无人也。"窃以不得意人，所陈宜然。夫非鱼者，不可以知鱼乐；非我者，不可以觉我心。奝然聊露胆于三宝，兼解嘲于众人。佛子其行不必得待纶言，纵归何敢贪职任（须本作"位"）。为是斗薮也、为是菩提也。若适有天命，得到唐朝，有人问我曰："是汝何人？舍本土朝巨唐，有何心有何愿乎？"答曰："我是日本国无才无行一羊僧[2]也。为求法不来，为修行即来也。"其词如是者，于本朝有何耻乎？彼钟仪

---

[1] "佛子"乃奝然的自称，当时的日本僧人一般都如此自称。
[2] "羊僧"另学者判有作"半僧"。

之遇絷囚也，尚奏楚乐，庄舄之得富贵也，不变越声。胡马非北风不嘶，越鸟非南枝不巢。虽诚禽兽，犹思乡土，况于人伦。岂轻桑梓乎？

佛子心有难忍之事，如来重照见之。老母在堂，行年六十，其恩是深，不得不报。佛子抛母欲去，则可失孝行。携母将留，亦可乖宿怀。初独思量之，后终相谈之。母曾无怨貌，既有劝心。佛子一欢一泣，泪与言落："我母不是人世之母，是善缘之母也。若万人缓颊苦心而谏之，我未必从；若一亲形言变色而留之、我可何逆哉？诚劝我之佛道，宁非我之慈堂乎。"佛子有男女兄弟二三人。相议曰："余年之水菽者，汝之所可营，何以及饥寒？"后生之菩提者，我之所为先，岂令堕恶趣乎。凡弃恩入无为，真实之报恩。奉图十斋佛菩萨，及弥勒、文殊、梵天、帝释像一帧，奉书《妙法莲华经》、《仁王般若经》各一部，便于常住寺，五日十讲，供养演说，是即为慈母七七日所逆修也。所以图绘此佛像者，为慈母一月十日精进归依；所以讲说此经典者，令慈母现当植因结缘也。佛子不知天加慈母数年，全佛子余命，自唐朝还吾土，再见母面，终遭母丧。又不知，母者在此土而空亡，子者于他乡而不归。唯随宿习之所催，任运命之自然而已。嗟呼！我身非我身，朝露易消、暮云难系；我心非我心，昨日为是、今日为非。然则去留难定、变改难期。唯愿如来永拂魔事，将报佛恩。敬白。

天元五年七月十三日。佛子奝然敬白。[1]

---

[1]〔日〕黑板胜美编辑：《本朝文粹》，第334—335页。

从对以上这篇愿文的分析我们可以知道，当时日本人对待奝然入宋行为的特殊心态，它反映了当时日本对于与中国交往既憧憬又谨慎的复杂心理。他们对于奝然的指责具体是：

第一，凭你奝然的人格和才能入宋只能是在中国丢日本人的脸面。由此可见他们对于在与中国交往过程中如何追求平等、保持日本民族自尊一事耿耿于怀。

第二，你奝然入宋是为了博取求法的名声，回国后好谋取职位。此则见当时日本各寺院、众僧侣已经转入权力的追逐之中。

第三，你奝然有快六十岁的老母在堂，大恩不报却抛母欲去宋朝，完全没有孝行，不是一个好和尚。根据来唐留学僧渡海求法的经验，此行生死难料，奝然很可能无法为老母送终。

从愿文看，奝然将这一切攻击视为"魔事"，此番立愿修讲既是请"如来永拂魔事"，又是为母亲"供养演说"，奝然是不愿因老母而"乖宿怀"的。"逆修"即在某人未死之前而为其举行的祈祷，和"追修"一样，当时在日本已经很流行了。奝然"为慈母七七日所逆修"，积累功德以期获得延长寿命的果报[1]。从愿文可知，他的入宋取得了母亲及兄弟们的谅解，这也说明在一般日本人心目中是仰慕宋朝文化的。

奝然同时也是想借此做法扩大声势，故请求广有名望的庆滋保胤代自己作成《为母修善愿文》。因为既然是为母修善，愿文似乎应该由奝然亲自来作，但他希望通过庆滋保胤之口来批评那些诽谤者，庆滋保胤欣然接受奝然的请求，毅然帮助奝然反击诽谤和攻击，可见他们之间关系的密切，奝然信任他，他理解并支持奝然。庆滋保胤的愿文

---

[1] 〔日〕黑板胜美编辑：《本朝文粹》，第335页。

显然是根据奝然的意思而作的，针对当时"道云俗云、诽谤卢胡者已千万人"这一现实，文中他鼓励奝然"佛子其行不必得待纶言"。愿文明言奝然入宋是"为是斗薮也、为是菩提也"[1]，庆滋保胤以自己的口气在愿文中对奝然"为求法不来"的宣言作了诠释，并表示支持：

> 其词如是者，于本朝有何耻乎？彼钟仪之遇縶囚也，尚奏楚乐；庄舄之得富贵也，不变越声。胡马非北风不嘶，越鸟非南枝不巢。虽诚禽兽，犹思乡土，况于人伦，岂轻桑梓乎。[2]

这就是他要为奝然证明和担保的，奝然去宋朝于日本国无耻可言，奝然不是媚外之人，他会归来报效国家和佛法的。大概在七七四十九天的修法结束之后，奝然于八月十五日拜访了东寺，得到了日本国东寺致书宋青龙寺的牒文，东寺在牒文中乞请宋朝青龙寺依照牒文为奝然提供帮助。接着于八月十六日，奝然又上了比叡山，得到了日本国天台宗延历寺致书大宋国清寺的牒文，牒文称奝然欲遂古尘，志在斗薮，请求宋朝国清寺为他的巡礼求法提供方便。

日天元五年（982）十月，即为奝然写《愿文》后不久，庆滋保胤撰写了日本历史上著名的散文《池亭记》，宣布逃离名利之争、喧嚣尘世。从文中可见庆滋保胤非常崇拜白居易、竹林七贤的生活方式和生活态度，白居易当时在日本僧俗知识阶级中都很有影响。庆滋保胤写此文的心情可以与写《愿文》时相比较，在追求净土方面，奝然去西方，他在荒野。

---

[1] 〔日〕黑板胜美编辑：《本朝文粹》，第334页。
[2] 同上。

庆滋保胤对奝然入宋巡礼求法一事的支持和辩护在第二件事中更是明确反映出来了。天元五年（982）仲冬十一月，奝然即将出发去异域他乡，"天涯烟水，前程不知几云关路驿，后会不道何春风秋月"[1]。好友庆滋保胤为此召集僧俗文人缁徒为奝然饯行，宴会中庆滋保胤作诗赠奝然：

饯奝然上人赴唐，连韵清韵[2]
保胤

遥寻异域出皇城，相赠有言莫自轻；
抚我半头秋雪冷，愁君万里暮云行。
难期此土重相见，已契西方共往生；
久在后尘非势利，菩提应越旧交情。[3]

从庆滋保胤的文学地位可以断定他是这一诗会的召集者，宴会上应当有大量酬答诗歌，可惜不存，现仅见有此一首。在该诗序言中庆滋保胤指出了奝然此行入宋的重大意义。

仲冬饯奝上人赴唐，同赋赠以言，各分一字，探得轻字
庆保胤

夫人之别，古今一也，我朝率土之中，远则一二千里；分手之后，久亦五六余年，书信易通，不期雁足系帛之秋；归去无妨，

---

[1] 〔日〕黑板胜美编辑：《本朝文粹》，第220页。
[2] 该诗结尾注"了尊者《悉昙轮略图钞》"，是当为出处。
[3] 〔日〕高楠顺次郎编：《入唐诸家传考》，第177页。

岂俟乌头变黑之日。及如其臣之别君,子之辞父,犹遗一日三秋之恨,又有牵衣揽泪之悲,何况异域,天涯烟水?前程不知几云关路驿,后会不道何春风秋月。嗟呼!

倩思今日之远行,不似吾土之常别。往昔缁素非一,渡海者多矣。圣教未传,或专诚于求法之年,王事靡盬,或委命于入观之节。如我师浮云无踪,一来一去;虚舟不系,自东自西。昔仲尼之去周也,仁者相赠以言;今上人之赴唐也,亲知各露其胆。予是花月之一友,赠此蒭牧之二言:

堂有母仪,莫以逗留中天之月;室有师迹,莫以偃息五台之云。

聊记斯文,别泪沾纸。云尔。[1]

从序中可见,庆滋保胤虽然不忍分别之痛,但奝然的大胆和勇敢更让他感动。在往昔,缁素非一,渡海入唐的人多,那时或因"圣教未传"而"专诚于求法之年",或因为"王事靡盬"而"委命于入观之节",入唐是很方便的;现在奝然入宋就不同了,没有以前那么方便了。因此他以"花月之一友"赠与奝然"蒭牧之二言",要求奝然大胆追求"莫自轻",鼓励他重视此行的意义,他甚至将奝然的入宋和"昔仲尼之去周"相比。最后他以"堂有母仪"、"室有师迹"告诫奝然,"莫以逗留中天之月"、"莫以偃息五台之云"[2],求得佛法之后即回日本传法,报效国家和众生。该赠言其词恳切,其情真挚,可见他们之

---

[1] 〔日〕黑板胜美编辑:《本朝文粹》,第220—221页。
[2] 同上。

间的交往非一般关系可比。从诗序所说来看，为奝然送行的人很多[1]，此事影响很大。

10世纪后期的日本，出家入道的风气非常浓厚，庆滋保胤此时的心情流露于他为奝然饯行的诗中。自964年创劝学会以来，他非常向往西方极乐净土，大概是感觉年老体迈，自抚"半头秋雪"而心冷，尽管生不能同往入宋，他却与奝然"已契西方共往生"[2]。奝然来宋之前，庆滋保胤与他交往频繁，谈话的内容自然主要是入宋求法、修学、巡礼、往生等事。他支持奝然入宋求法，是出于宗教热情，他不同于奝然和源信，不为宗派和寺院的竞争而累。他们此间必然共同关注和研究宋朝的佛教新宗派和新经典，他们共同结缘的结果是奝然入宋，庆滋保胤根据从大陆传来的新经典撰写《日本往生极乐记》，可惜庆滋保胤因"半头秋雪"而心冷，否则是不会独愁"万里暮云"之行的。虽然没有像奝然一样亲自来宋朝，但984年《日本往生极乐记》初稿本的完成也算是他到西方极乐世界神游了一回。

奝然来宋之后，庆滋保胤与源信的联系更加密切起来，这也是一个可以探讨往生、修学、求法、巡礼等问题的高友。同时，庆滋保胤在他们的影响下，也不断倾向出家。宽和二年（宋太宗雍熙三年，986）四月二十五日，庆滋保胤于比叡山出家，从源信学净土之教，五

---

[1] 奝然来宋朝之前曾经拜访友人，包括贵族公卿和他们的子弟，互有和歌酬答，现仅存以下拜访左近中将藤原道信时一首：
入唐し侍りける時 いつほどか 帰るべきと 人のとひ侍りければ　　　法桥 奝然
旅衣たちゆく浪路とほければ いざ白曇のほども知られず《新古今十・羁旅》《袋草子》四）
译文：等待入唐之时，人问何时归还，游子旅衣，波涛路远，身如白云，云归何时？
藤原道信的答歌此不录。
[2]〔日〕高楠顺次郎编：《入唐诸家传考》，第177页。

月二十三日完成《二十五三昧会发愿文》。七月,奝然由宋回国到达大宰府之时,庆滋保胤正在和源信一起以横川首楞严院为中心积极推进"念佛三昧会"的结社,九月十五日,起草《二十五三昧起请八个条》;十月,起草《安乐谷念佛会缘起》。

此后,庆滋保胤却离开了横川,有没有什么特殊原因尚无法知道。奝然由宋回国之后与庆滋保胤似乎没有什么联系,也不见有关记载,是否因为奝然的"势利"(任别当一职等),庆滋保胤因此与他断了"旧交情"?源信西下九州岛寻找与宋朝佛教界的联系,可能与庆滋保胤的鼓动有关,庆滋保胤可能因自己的身体不好(从他的生活上可以看出),无法西下九州岛或西游宋朝,便鼓动源信。源信在西下的时候带上了他的《日本往生极乐记》,并委托宋商送至宋朝天台山结缘,可见庆滋保胤对与宋交流是非常积极的。长保元年(999)一月五日,源信分担的撰写的答复宋僧源清所送经卷的破文完成,将被送往宋朝。此后寂照到宋朝主要也可能是受到老师庆滋保胤的关注和督促,长保四年(宋真宗咸平五年,1002)十月,庆滋保胤圆寂,正准备入宋的寂照一时回京,之后立即出发渡海来宋朝。

就在源信观望的时候,奝然一行于983年入宋,986年携佛像、佛经返回日本了。

四、源信的西行及弟子寂照的入宋

10世纪中后期,日本南都东大寺与北岭延历寺二山、真言同天台二宗之间正处于激烈的竞争和斗争之中,东大寺奝然与延历寺源信(942—1017)之间自然存在着共同竞争、共同进步的关系。他们的行动牵连着身后两寺两宗，他们之间的竞争是各自老师的继续，他们俩的竞争至少从日天延二年（宋太祖开宝七年，974）五月十日，甚至更早就开始了。源信俗姓卜部，天庆五年（后晋天福七年，942）生于大和国葛城下郡，即现在的日本奈良县大和高田市一带，幼丧父，投比叡山师事良源，15岁任讲师，精通显密。天延间（973—975）崭露头角，在此期间扬名的原因恰恰就是应诏与奝然在宫中进行的对论中取得了胜利。

延历寺自圆仁、圆珍求法归国中兴比叡山天台宗之后立足于守成，到唐朝求法的热情显得不及东大寺、真言宗。为在教派理论竞争中保持优势，和大陆佛教界建立联系仍然是一宗一寺的需要。986年，东大寺僧奝然从宋朝取经的归来及其荣耀，反过来对于延历寺和源信也有一定的影响，建立与大陆宋朝的联系提上日程。源信每天阅读和研究的是来自中国的经典，他不可能不关注中国。而且，自五代以来，中国浙江地区的许多寺院不断有僧侣随商人来日本求书。刚好永延元年（宋太宗雍熙四年，987）十一月二十六日，宋商朱仁聪来日本，同行来日的还有杭州水心寺僧齐隐，大概是受此消息的鼓舞，源信于永延二年（宋太宗端拱元年，988）正月十五日前后西游，在九州岛际遇宋台州商人周文德。

关于源信拜访的是周文德还是朱仁聪，周文德与朱仁聪是什么样的关系？学界有一些争论，有日本学者认为其为同一人的误写，或认为"朱仁德、郑仁德、周文德三者混同的可能性颇大"[1]。本书认为周文德是与朱仁聪合伙的商人之一，此时的合伙商还有一个郑仁德。

---

[1] 王勇、大庭修主编：《中日文化交流史大系 9·典籍卷》，浙江人民出版社 1996 年版，第 241 页。

10世纪的宋商一般都是合伙经营，如同现在的股份贸易公司。

另外，日本有学者根据源信仅有日月未注明年份的书信认为，源信西下九州岛是在宽和二年（宋雍熙三年，986）正月十五日，本书不赞同这一说法。说源信此时将《往生要集》送到宋朝乃误传，源信的西下应当在奝然回国之后。又该年九月十五日，源信与庆保胤创"二十五三昧会"，事见《横川首楞严院二十五三昧会起请》，足见此时源信没有时间去九州岛。

日本学者道端良秀说："《往生要集》也是源信自己的得意之作。这部书不单给日本，为了也让异国人民读到，他曾想尽一切办法将此书送到中国。于是源信携带《往生要集》走下比叡山，不远长途跋涉来到长崎，等待机会。"[1] 他的这一判断是正确的。我们说源信是特意西下九州，还有一个理由就是他拉人为自己壮行，《天台霞标》中有以下记载："宽印事楞严院源信，学业早成，时宋人朱仁聪，在越之敦贺津，信欲见聪，拉印而往，仁聪出接之。"[2] 此足见源信是有备而来。但道端良秀又紧接着说："他（指源信）偶然遇见宋朝商人周文德，遂具函托其将《往生要集》带往天台山国清寺。"[3] 这似乎让人感觉他有点语无伦次了。

我们认为源信此番西行是冲着奝然师徒入宋的风光而来的，因为就在同年二月，奝然的弟子嘉因已乘宋商郑仁德的船到宋朝。所以，源信于次年（989）让他的弟子寂照奏请入宋。988年奝然的弟子嘉因再次到宋无疑冲击了寂照和他的老师源信。

---

[1] 〔日〕道端良秀著，徐明、何燕生译：《日中佛教友好二千年史》，第69页。
[2] 〔日〕敬雄等编：《天台霞标》，第577页。
[3] 〔日〕道端良秀：《日中佛教友好二千年史》，第69页。

源信虽然已经托宋商携带自己的大作到宋求教并传播，但还是有些不放心，最理想的无疑是让自己的弟子代替自己去宋求问疑难，如果他是为了炫耀就不必这么急迫了。其实源信也像奝然一样在培养自己的弟子、推出自己的弟子，寂照申请入宋可以说是源信的鼓动。源信此举的目的其一固然是因为主张"佛教无国境"，目的之二也是想为延历寺建立与中国宋朝的联系。因此他在此时西下而不在彼时，绝对不是偶然巧合；而且992年源信还将所著《因明论疏四相违略注释》送到宋朝。实际上，日本学者井上光真在《日本古代的国家与佛教》一书中也作如此判断。

宋商周文德990年返回日本，给源信写信说：《往生要集》送到天台山后，深受国清寺僧众的欢迎。此事令日本宗教界大受鼓舞，对日本社会的影响与奝然的去宋归来可以相媲美。不管《往生要集》在中国反应如何，延历寺和天台山的联系似乎是建立起来了，宋太宗淳化二年（日本一条天皇正历二年，991）三月，宋朝云黄山行辿的回信又送到源信手边。

长保四年（宋真宗景德元年，1002）三月十五日，源信弟子寂照再度申请入宋得到日本朝廷的批准，遂带着老师的疑问来宋。令人不解的是，源信等虽然一直在努力建立日本延历寺和宋朝天台宗之间的佛教学术交流和联系，为什么在奝然取经回国的时候，他已经西游九州岛却不能百尺竿头更进一步而去宋呢？他不是也像前辈安然及后辈皇庆等一样缺乏胆识，就是他也曾嘲笑过奝然入宋的宣言，以致自己也畏人言而不敢起程。如此看来，源信虽然在佛教学问上、理论上超过奝然，但在实践上、胆识上不及奝然。源信积极与宋朝学僧研讨的同时，正是日本朝野大好理论、大兴辩论会的时代，源信在理论和思辩上比奝然更有建树，他的净土往生的祈祷方法征服了藤原道长等贵族的内心。

根据日本的有关资料记载，991年到1003年之间，源信与宋僧之间的交流频繁，他的影响在某种意义上遮盖了奝然和他的门徒的作用和影响。在国内，他与道长等贵族之间的过从也很密切。源信因此而在事业上得意，奝然似乎因此而失意。《往生要集》为日本净土宗的重要教典，源信的净土思想为镰仓时期新佛教的崛起奠定了基础，他对后世思想的影响超过了奝然，成为以后日本佛教天台宗高僧、净土宗教祖之一。但尽管源信传说中在宋朝大受欢迎，实际上，奝然在宋朝的影响更大，非源信可比。所谓源信在天台和大宋朝廷的影响多是虚构，源信在宋朝的影响甚至不及他的弟子寂照，这从《宋史·日本传》及宋朝其他有关记载中可以看出来。

源信虽然到九州岛而不能入宋，但他却念念不忘入宋，遂鼓励弟子入宋，弟子寂照的入宋应该是他的心愿。到宋朝巡礼或求法一事，在10世纪末的日本是深受关注、广招议论之举。奝然以及他的弟子的来宋求法巡礼之行和回日本后一时的活跃，对于延历寺的源信和他的弟子寂照等肯定有很大的影响。因东大寺和延历寺一直存在着竞争关系，他们的行动是相互影响、相互促进的。而且日本人总是爱把入宋的寂照拿来和同样入宋的奝然作比较，两人似为来宋日僧中特别的一对，暗示着特别的意义，因此提及来宋日僧有奝然便不能没有寂照。

那么寂照是一个什么样的人物呢？寂照出身日本贵族，乃平安朝廷参议大江齐光的第三子，俗名大江定基。日本《续本朝往生传》说他：

早遂祖业，续为夕郎，容爵之后，任参河守。长于文章，佳句在人口，梦必可往生。未发心之前，唯事狩猎。闻人笑曰："不可是往生之人业。"其后于任国，所爱之妻逝去，爱不堪恋慕，早不葬殓，观彼九相，深起道心，遂以出家（**法名寂照**。——原注）。多年之间，修行佛法，或次第乞食，不屑今生之事。住如意轮寺，以寂心为师。寂心迁化之后，长德年中条状，申依本愿可拜大宋国清凉山之由，幸蒙可许，既以渡海。[1]

由此看来，寂照是一个日常行为很乖僻的人，不殓葬妻子尸体，观其腐烂之相，如此爱恋按照现代心理医学来分析就是患有恋尸癖。不过，他出家的原因倒是很浪漫，由爱而起心。大江定基出家之后"以寂心为师"，"寂心"即庆滋保胤的法名，因此他便送弟子"寂照"的法名。对于当时的日本贵族来说，出家不是一件痛苦的事，反而是一件时髦的事，上自天皇下至平头百姓，都以出家为荣，而且出家是讲究资格的。这里我们更应该关心的是寂照来宋的缘由，虽说是参拜五台山，也是因老师源信和庆滋保胤的希望。庆滋保胤曾经督促奝然和源信去宋朝，自然同样会来敦促寂照。寂照来宋并非个人一念之想，实乃一宗一师之托。

990年，嘉因等自宋归国，再度风光。不过，源信此间因宋商的关系与天台山取得了联系，而且宋商带来令他和延历寺颇受鼓舞的回信，所以源信也同样很风光，似乎不再急迫着让寂照入宋了。所以，此后10年间都未见寂照再度申请入宋的记载。因有宋商在中间沟通取得了和大

---

[1]〔日〕江匡房撰：《续本朝往生传》，第398页。

陆本宗本山的联系，入宋求法显得不太急迫。直到长保四年（1002）三月十五日，才有寂照再度申请入宋之事。了解到宋天台宗本山散佚典籍的寂照还抄经入宋，作见面之礼，或携入宋朝以备校对勘误。

日长保四年（1002）六月十八日，寂照踏上入宋之途，前往九州岛等候商船，准备入宋。五年（1003）八月二十五日，源信的弟子寂照（？—1034）与元灯、念救、觉因等八人一同入宋，尽管弟子皇庆等人临阵逃脱，他们毅然于肥前国踏上来宋朝的征途。

尽管自9世纪中期以来唐朝商人来日贸易日益增加，航海越来越方便，因此仰慕大唐文化希望搭便船来唐、来宋的日僧越来越多，不过临渊羡鱼者多，退而结网者少，许多人半途而废。例如比叡山玄照，"为求法欲入唐，与济撰、安然、观溪等，赐官符及御府黄金，到大宰府，欲相乘唐人商船，欲乘心动，自府归山"，只有"济撰独无疑虑"，结果在"渡海之间，为贼所害"。对此日本后人美其名曰："玄昭为有先知之明矣。"[1] 济撰被海盗杀害虽是偶然，也是情理之中的事，当时东海上海盗活动已经很频繁了，应该也是玄昭和安然之流所意料到的，而且遭遇风暴是十有八九的事，何来先见之明，不过临阵脱逃而已。这种情况实际上一直延续下来了。到了10世纪末期，有心入宋、临渊羡鱼的日本僧人更多起来，连当时名重一时的元杲、源信、庆滋保胤等高僧都首鼠两端，何况他们的弟子辈如皇庆、延殷之流。我们可以断定到了大宰府的源信有来宋的愿望，很可能也是和前辈玄昭、安然一样，终于临阵脱逃了。至于他的弟子辈皇庆等的退缩就非常明显了，皇庆本计划和老师寂照一起到宋朝，甚至已经上船了，却打起退堂鼓

---

[1]〔日〕承澄抄写：《名匠略传》，第466页。

来，下船而去，日本后人却美其名曰是"八幡大神挽留焉"。[1] 日本《明匠略传》载皇庆阇梨事如下：

> 有渡海心，而寂昭（照）上人共上旅舶。有数千鸠集船上，逐之不起，怪！留诸人，犹不分散，灭（试？）下阇梨。鸠便飞去。是知八幡大菩萨惜国宝。[2]

可见渡海来唐和入宋是一件需要极大勇气的事，实际上日本僧界的缺乏勇气也是平安社会的享乐风气所致。平安贵族不像他们的先辈一样敢于冒风波之险，894年日本停派遣唐使的原因之一就在此。在此追求往生西方的时代，贵族何尝不想一上五台，和文殊菩萨结缘。但他们只能施财舍物，借僧侣之力，所以我们从《宋史》中看到"其来者皆僧"的记载。

总之，10世纪的日本是这样一种状况，一方面国家有求法的需要，一些僧人有来宋求法的愿望，另一方面自尊的社会风气让他们对出国存在戒备、谨慎之心。

1004年，宋真宗接见了寂照和他的七名弟子，他们所受的待遇也和奝然基本一致。可惜，源信直到1017年去世，始终未见弟子寂照从宋朝归来。寂照之后，延历寺不断有僧来宋朝，以完成寂照未竟之事业。1028年，绍良又奉师源信之命，再以有关天台宗旨的疑问十条，致问于天台宗第十七祖知礼的嗣席广智和尚；三年后绍良学成归国，大弘台教。

---

[1] 〔日〕师蛮：《本朝高僧传》，第681页。
[2] 〔日〕承澄抄写：《名匠略传》，第476页。

第三节　继往开来的奝然

一、成寻继奝然来宋求法巡礼

奝然来宋朝求法是受到了"自宗"先师等历史人物的影响以及文殊信仰的推动；同样，他的求法也影响了后来人，不仅有他的直系弟子，而且有教派对手，影响非常深远，这也是因为日本的佛教论争一直在延续所致。1049年，有日僧庆盛得到官符之后来宋朝[1]，其与奝然关系如何不可知，此略。下面不能不提及的是受奝然来宋朝之举的影响而循他足迹西游的两个著名人物——成寻与荣西。

在奝然来宋朝80多年、寂照来宋朝60多年以后，五台山文殊信仰在日本的影响有增无减，尽管日本朝廷对于国人出境的管理更加严格起来，但是天台宗大云寺主成寻（1011—1081）毅然决定入宋。成寻，参议藤原佐理之子，宽弘八年（宋真宗大中祥符四年，1011）出生。其兄先于圆城寺的别院北岩仓大云寺出家，法名成庆，成寻则步其后尘，幼年（7岁）入同一寺，法名成寻。成寻与延历寺、东大寺的关系都很密切。延历寺和东大寺虽然在日本国内存在着争斗，在入宋传法上却是相同的。成寻素有入宋之志，他入宋之志的养成与东大寺奝然的影响是分不开的。宋朝译经证义文惠大师智普有题成寻的像赞《善惠大师赞》，称他：

> 亶粹日本，为释之贤；分灯智者，接踵奝然（皇帝敕应不异

---

[1]〔日〕《入唐记》，参考木宫泰彦《日華文化交流史》第259页。

奝然故云。——原注）。观国之光，蒙帝之泽；聿遘良工，遽传高格。慈相克肖，轧城妄瞻；沧海万里，秋空一蟾。退寄归舸，众仰无厌。[1]

可见当时人们也都是这样看的。成寻应该少时就从母亲那里听到奝然入宋归来和寂照入宋为母修讲时的热闹场面，一定印象很深。

1070年，成寻上奏日本朝廷请求巡礼天台、五台圣迹。他在自己给日本朝廷的入宋申请书《圣人申渡唐》中就明言是追寻"先贤入唐之辈"的"往迹"，而且在文中还特别列举了"天历奝然"，希望像他一样"蒙天朝之恩计，得礼唐家之圣迹"[2]。

但是，成寻却未获准来宋，当时他已年62岁，并且遇到了和奝然一样的问题，家中尚有老母。奝然的做法自有他参照的地方，从他"见数家之传记"之表白看，他研究并模仿了奝然的做法。一边申请，一般暗中联系宋朝商人，终于和宋商孙忠结成友好关系。日延久四年（宋神宗熙宁五年，1072）三月十五日，成寻排除干扰乘宋商孙忠之船来宋，同行者有弟子赖缘供奉、快宗供奉、圣秀、惟观、心贤、善久、沙弥长明七人。

来宋朝以后的成果行程和行为也是模仿奝然的，因为成寻此行携带有奝然的《渡唐日记》[3]，后来上献宋朝廷了。实际上，这本日记还是他的旅行指南。而且成寻在宋期间很关注奝然等前辈在宋朝的影响，

---

[1] 〔日〕平林文雄：《〈参天台五臺山记〉校本并に研究》，第273页。
[2] 〔日〕黑板胜美编辑：《朝野群载》（《新订补国史大系》第29卷上册），东京：吉川弘文馆平成十一年（1999）新装版，第461—462页。
[3] 《参天台五台山记》卷第四（熙宁五年十月十四日）载有："《奝然日记》四卷，觉大师《巡礼记》三卷，依宣旨进上。至《巡礼记》第四卷，隐藏不进上，依思会昌天子恶事也。"

询问奝然等的入宋旧事。这在他的来宋日记《参天台五台山记》中有详细记载，如在天台县时与知县谈论奝然来宋的时间，"谒知县，问寂照入唐年记，答六十一年；次问奝然入唐，答八十一年"（延久四年五月廿六日条）[1]。在开封被神宗皇帝召见时、在五台山梵才三藏房（延久四年十二月廿九日）、在东京汴梁等待回天台山（延久五年二月）的时候，他都问及奝然，或介绍奝然。

从成寻的日记看，他来宋朝之前的计划和在宋朝的旅途与奝然也大致相同，他也有去青龙寺求法的安排，因为他随身携带有需要去那里校订的佛经。他同样巡礼了天台山、五台山南北佛教圣迹，历访诸方尊宿。在五台山，他找到了和奝然同样的感觉，见到了和奝然所见类似的瑞像。对死于五台山的日僧灵仙，他俩的评价是一样的肯定和崇敬。

成寻因请求进贡宋朝圣主"纯金香炉、五种念珠"，"祈请万岁，玉体弥明固日月，宝寿殊远长天地"，也得到了皇帝的接见，具体过程及所受待遇也和奝然大致相同，宋神宗"赐紫衣绢帛，勅馆于太平兴国寺传法院"[2]。重要的是，他也和奝然一样求回大法，被赐新译经。1073 年，成寻派弟子赖缘、快宗、惟观、心贤、善久五人归国，携回日本 400 多卷新译佛经典籍。从他所送回的佛经看，他的来宋是奝然求法的继续。他也直接跟神宗皇帝说："成寻今来欲乞赐上件新译经。"[3] 成寻所著日记《参天台五台山记》八卷类似出使报告，有幸的是，他顺便托弟子送回日本并保留下来了，而奝然的日记却遗失了。

---

[1] 〔日〕平林文雄：《《参天台五臺山记》校本并に研究》，第 35 页。
[2] 〔日〕敬雄等编：《天台霞标》，第 107 页。
[3] 〔日〕平林文雄：《《参天台五臺山记》校本并に研究》，第 248 页。

成寻留住中国九年，1081年圆寂于汴京开宝寺。据说宋"神宗送之，葬智者大师庙侧，建塔题曰：'日本善慧国师之塔'"，还传言神宗"后幸庙塔作敬礼，曰南无天台后身，善慧国师，生生世世，值遇顶戴"[1]。

日本白河天皇永保二年（宋神宗元丰五年，1082），天台宗延历寺僧戒觉携弟子隆尊、仙势，三人在没有得到朝廷任何批准的情况下就搭宋商刘锟之船来宋。可以说成寻的成功给了他们勇气，由此可知成寻的日记送回日本后被广泛传阅。戒觉于宋神宗元丰六年（日永保三年，1083）二月二日入宋京汴梁，三月五日果然也"依宣旨"朝见神宗皇帝，获赐紫衣一袭。

与日僧戒觉来宋大约同时的还有成寻的弟子僧快宗，他是第二次来宋朝了。根据《续资治通鉴长编》元丰六年（1083）三月四日条的记载：

（己卯）日本国僧快宗等一十三人见于延和殿，上（神宗）顾左右曰："衣紫方袍者何日所赐？"都承旨张诚一对曰："熙宁中，从其国僧诚寻对见被赐，今再入贡。"上曰："非国人入贡也，因其瞻礼天台，故来进见耳。"并赐紫方袍。[2]

成寻的弟子快宗的再次来宋朝，不知是否如同奝然的弟子再次来宋一样，是表达对于宋朝赏赐新译经典的感谢。日僧戒觉来宋朝后也记有日记——《渡宋记》，此人是真为巡礼和往生极乐净土而来，无求法传法的宏愿，因此最后也不想回日本了。

---

[1] 〔日〕敬雄等编：《天台霞标》，第107页。
[2] （宋）李焘撰：《续资治通鉴长编》第2册，第8031页。

二、荣西与奝然的共同遭遇

成寻、戒觉之后，日本来宋求法活动仍然在断断续续中延续着，其中著名的求法僧有重源、荣西、俊芿等。重源（1121—1206）于1167年来宋，他也想去五台山参拜，可是他的运气赶不上戒觉，此时五台山已经落入女真族所建立的金国控制之下，他无法去参拜，所以只能去天台山、育王山等圣迹巡礼。不过，中国到南宋时期，禅宗得到进一步发展，佛教研究的重心也随政治中心转移到了南方，文化与经济的发展并未因政治军事的衰落而衰退，依然是日本等东亚国家学习和模仿的对象。

重源的入宋就是为吸收宋宗教文化艺术而来，他与奝然虽无直接联系的记录，但他和奝然之间的一些共同点，这里不能不先提及。和奝然一样，他是东大寺东南院出身，为复兴东大寺而入宋；同奝然一样，他也带回宋版《大藏经》等许多经典，以及净土五祖像、十六罗汉像等佛像和许多佛具与佛画。不同的是，奝然是利用从宋请回的三宝另开新寺，分枝而复兴东大寺，而重源是将他所请回的三宝捐入东大寺重建本山，因为东大寺被毁于兵火（源平之战），日本人似乎因此失去精神依托。

1180年前后的日本也处于政治变革之中，武家政权取代公家政治，历史开始进入镰仓幕府时代，此时的日本佛教随着武士阶级的兴起也在日本渐趋大众化。由中国传入的禅宗和依据善导的念佛法门而形成的净土宗等，以及由天台法华教义而分衍的日莲各宗，勃然兴起。天台山与日本的文化交流由天台宗文化而转向禅宗文化。禅学在日本，以往虽有道昭、最澄、圆仁和唐僧道璿、义空以及奝然等由唐宋传入，但禅宗正式的弘传，始于来宋参学归国而首创日本临济宗的明庵荣西（1141—1215）。

来宋朝求禅宗的绝非荣西一人，这里提出荣西是因为在他的身上很容易看到奝然的影子，能反观日本僧界自大自满的心态，虽然荣西是在奝然来宋180多年以后来宋朝的。

荣西全称明庵荣西，备中（今冈山县）吉备津人，"其先贺阳氏，萨州刺史贞政曾孙也"，可见是贵族出身。出家后号叶上房，通称千光国师，是日本佛教临济宗创始人。荣西8岁就随父亲读《俱舍论》颂，14岁落发，19岁至比叡山学天台教义，并受密教。荣西两度来宋朝，第一次来宋得到了比叡山延历寺第55代座主明云的支持和援助，于宋乾道四年（日六条天皇仁安三年，1168）四月搭乘商船渡海来宋朝。荣西抵达宁波后，先赴四明丹丘，访广惠禅寺，巧遇日本国东大寺重源法师，相伴登天台山，同登万年寺（是南宋禅宗活动中心之一），从禅宗大师虚庵怀敞受临济宗黄龙派禅法，并对此"罗汉供茶"作了记录。同年9月，荣西应重源之约返回日本。归国后的荣西"以所得天台新章疏三十余部六十卷呈座主明云，明云见书加叹。西又以宋地台宗酬酢之言及彼地名德书文与云"[1]，可见他这次来宋朝是负有比叡山延历寺的求法使命的。

但荣西的再次来宋和延历寺似乎不协调，延历寺认为他的举动是叛逆，因为他这次来宋朝是冲着中国新兴的禅宗的；更主要的原因是他有着和奝然同样的抱负，革新日本宗教，建立新的禅宗。因为第一次来宋朝的时候，"明州广慧寺知宾智（？）者问曰：子之国有禅

---

[1]〔日〕虎关师炼撰、黑板胜美编辑：《元亨释书》，第42页。

乎？"当时他是这样回答的："我邦台教始祖传教大师传三宗而归，方今台密正炽，禅灭者久矣，西承乏者也。恨祖意之不全矣！故航海来欲补禅门之缺。"[1] 最澄之后西承禅宗的日本僧人的确乏少，只有奝然等寥寥数人，荣西故有此遗恨。而延历寺的其他僧众仍然是不希望这种革新的，这意味着延历寺的宗教地位会受到新宗的挑战，因此他们嘲笑荣西的个人能力和学识，于是荣西在第二次来宋之前经历了和奝然相当的遭遇，荣西自己在《兴禅护国论》中也提及此事：

> 问曰："或人云，立宗希代事也。汝非其人，何欲成大事耶？"
>
> 答曰："……虽为希代事，又虽为不肖身，以大悲行愿故，逐先圣之迹，无妨欤？况末代虽无其器，而置其名记之例不一也。若待太公欲为卿相，而千载无太公；要得罗什为师范，而万代无罗什。其佛法半谒不贱，何强嫌人哉？……"
>
> 问曰："或人云，古代祖师，各皆大权萨捶也，汝即无异德，岂许兴废耶？"
>
> 答曰："言辉瑛未现，而捐矿中宝哉？言皮囊臭，亦不可捐金也。蜀锦不问于主，槟榔只取于味而已。禅宗独託（同'托'）传度人，况末代佛法，多以密益为事，不必求反通，今所难，非予一人耻乎？"[2]

为什么当时日本僧界仍然有如此疑问？这是100多年前的自大风气的延续。那么批评、攻击荣西的是什么人？仍然主要是在政治上处

---

[1] 〔日〕虎关师炼撰、黑板胜美编辑：《元亨释书》，第42页。
[2] 〔日〕荣西：《兴禅护国论》，《日本思想大系》16，东京：岩波书店1970年版，第105页。

于支配地位的延历寺僧，他们不希望改变现状。"禅者，诸宗通用法也，何建立别宗耶"[1]？从荣西回日本后与东大寺的密切关系看，延历寺僧的反对是在情理之中的。其次从那些责难他的人"何禅宗独为镇护国家法耶"这一质问看也有可能[2]。

　　日本后鸟羽天皇文治三年（宋孝宗淳熙十四年，1187）四月，荣西再次来宋朝，在出发之前他曾扬言要"重入支那，达于印度，拜牟尼八塔为灭罪之要"。在宁波登陆后，先到杭州，"径趋行在，谒知府按抚侍郎，表奏过竺之事"，宋朝廷议之后答复他说："北番强大，西域皆隶，关塞不通，何行之有？"[3] 结果这一宿愿未能实现。但是这并非他的主要目的，此外他还有上天台山重建万年寺的山门，和重修佛陇山真觉寺智者大师塔院的誓愿。

　　荣西第二次来宋朝最主要的目的是兴禅护国，到天竺礼拜八塔可以说是一个借口，像奝然一样不过是以此回避世人的攻击和嘲讽。这次入宋从小处看是兴建东大寺。1180年，东大寺、兴福寺被平清盛烧毁。这两所古寺的烧毁似乎让日本人失去了精神寄托，可以说重源求法的各种努力感动了他。

　　1191年，荣西学成回国。他先后创建圣福寺、寿福寺和京都建仁寺，作为弘扬台、密、禅三宗的基地，并融通三宗创日本临济宗，并著有《出家大纲》、《兴禅护国论》等。在中国天台山留学的两年内，每逢春夏，荣西此后他到天台茶区考察种茶和采制技术，对中国民间饮茶习俗作了调查，将中国茶道文化传到日本，其实这也是禅宗的修

---

[1]〔日〕荣西：《兴禅护国论》，《日本思想大系》16，东京：岩波书店1970年版，第104页。
[2] 同上书，第106页。
[3]〔日〕虎关师炼撰、黑板胜美编辑：《元亨释书》，第42页。

行方法之一。

自然，回国后的荣西在传播新法的过程中又遇到了和奝然同样的遭遇。其实当时许多人也是把他以及他的禅宗和奝然及其三论宗相比较的。与奝然不同的是，荣西不避嫌疑，他在《兴禅护国论》的题下自称"大宋国天台山留学日本国阿阇梨传灯大法师位荣西"。在他1198年脱稿的《兴禅护国论》中有关于奝然和禅宗的论述：

>问曰："或人云：'法桥上人位奝然、入唐归朝，欲建立三学宗。依诸宗诉，被败已毕。'此宗同异如何？"
>
>答曰："名字已殊，不及鱼鲁欤？且不知奝然之意趣。今之禅宗者，清净如来禅也。无三学名字，梁朝已来，只号禅宗而已，更无别号，无异辙矣。"
>
>问曰："或人云：念佛三昧，虽无敕流行天下，禅宗何必望敕耶？"
>
>答曰："佛法皆付属国王，故必应依敕流通也。又念佛宗者，先皇敕置天王寺，云云。今尊卑念佛，是其余熏也，禅宗争不必蒙施行诏矣。"
>
>问曰："或人云：天下流行八宗[1]也，何有九宗耶？"
>
>答曰："安然和尚《教时争论》云：三国诸宗，兴废有时，九宗并行（文）。智证大师云：禅宗是八宗之外也。三国九宗名字，检可知之。"
>
>问曰："此禅宗，戒定慧中何耶？"

---

[1] 八宗即奈良八宗，第九宗指禅宗。

答曰:"此是如来禅也,不立文字宗也。与而言之,通诸大乘;夺而言之,离心意识,离言说相矣。"[1]

可见,荣西认为自己所求与奝然没有什么差别,虽"名字已殊","不及鱼鲁欤?"荣西回国后在建立寺院和宗派的过程中遇到了和奝然同样的阻力,受到的攻击也很多,例如筑前昌崎的良辩和尚"嫉西之禅行,诱睿山讲徒,诉朝窜逐"[2]。在延历寺同门的攻击下,出身延历寺的荣西不得不离开本门下山,后来与东大寺的关系越来越密切。但终因应对不同,荣西和奝然最后的命运也大不相同,他的立宗终于成功了。不过荣西的成功除了他的努力之外,还因为他所处的时代已经不同于奝然的时代。当时日本政治格局发生了很大的变化,形成了两个政治中心公家和武家,东方不亮西方亮,荣西不能争取朝廷还可以争取幕府的支持。在思想领域,延历寺及天台宗早已衰落,非10世纪末可比,引进新思想、树立新宗已不太困难了,比如与荣西同时代的比叡山僧觉阿,在承安(1171—1174)初来宋朝,从佛海禅师学习禅宗的杨岐派禅法,在宋朝住了四年回国。此外文治年间(1185—1189)还"有能忍者,闻宋国宗门盛,遣其徒附舶扣问育王佛照光禅师。照怜异域之信种,慰诱甚切,寄以法衣及赞达磨像,忍诧光之慰寄,謾唱禅宗"[3]。可见荣西已经面临着传扬禅宗,争做日本禅宗第一祖的竞争了。

同奝然一样,荣西也有去印度巡礼求法的愿望和计划,奝然未

---

[1] 〔日〕荣西:《兴禅护国论》,第108—109页。
[2] 〔日〕虎关师炼撰、黑板胜美编辑:《元亨释书》,第43页。
[3] 同上。

能成行可以说是主观原因；而荣西此时正值南宋时期，政治军事上与北宋比更加势弱，与印度的道路早已不通，客观原因使他的愿望无法实现。

纵观历史，以上三节所涉及的人物在日本求学求法历史上是一脉相传的。留学僧空海为求法而来中国已经无可争辩；五代时期的宽建来华是"就唐商人船入唐求法，及巡礼五台山"的，[1] 对此《扶桑略记》也是承认的；对于荣西，没有谁能否认他来宋朝求法并传禅宗入日本的事实。其中奝然是一个承上启下的人物，上承宽建，下启成寻，虽借巡礼之名，有行求法之实，我们何以说他们来宋朝的目的不是求法？日本于中国求法的历史从唐到宋是连续的。

---

[1]〔日〕黑板胜美编辑：《扶桑略记》，《新订增补国史大系》第12卷，东京：吉川弘文馆2003年新装版，第197页。

第三章
来宋日僧"求法"与"巡礼"目的之辨

第一节 奝然来宋前后的话语分析

一、奝然来宋前的无奈诳语

在 10 世纪中叶的日本，佛教南北各宗诸寺的论争和攻讦非常激烈，或一举成名，或一时声名扫地。在竞争激烈的芸芸众僧之中，奝然（938—1016）可谓是大器晚成者，尽管自幼他就有着远大的抱负。不用说北岭的延历寺和天台宗，就算是他置身所在的南都东大寺，能理解和支持奝然的人也很少，肯听他诉说入宋取经、求法弘宗抱负的更是凤毛麟角，可以断定，当他向人诉说，寻求理解和支持的时候，得到的嘲讽多于支持。在经受反复的打击、讽刺和阻碍之后，奝然还敢坦然地宣言他去宋朝的抱负、去取经的真意吗？

早在圆融天皇天禄三年（宋太祖开宝五年，972）闰二月三日午时，奝然和义藏立下了"誓状"——《现当二世结缘状》。奝然在来宋时随身携带该状，在入宋获取《大藏经》、尚未归来日本之前，他将此誓愿状纳入他摹刻的释迦牟尼佛像胎内，从此被封藏。直到 1953 年该状被发现后，人们才确知奝然早就誓愿要在都城西部爱宕山建立一寺院以弘扬佛法。他在《为母修善愿文》中说"天禄以降，有心渡海"[1]，此时的"有心"便是指这一誓愿。但是，974年奝然和北岭新秀源信在宫廷佛理辩论中的失败使他此后受到了来自各方面的冷遇，尽管他踌躇满志，可从此却没有人相信他是可以担负求法重任的"权化之人、希代之器"，也算不上是"才名超众、修学命世"。只是在他不断努力获得大法师位，并能够指导弟子的时候，才多了几个知己之人。相反，此时针对他的入宋计划和准备，"道云俗云，诽谤卢胡者已千万人"了，这使他颇为苦闷，"独怪此心"[2]，后悔地问自己为何要发此愿？

在10世纪，由于对空海和最澄等人的个人崇拜，求法一事在日本被抬升为非常伟大、高尚、神圣之举，非一般人所能为，只有杰出人物才有资格说去中国求法，只有天才、大师们去中国才让人们感到不会丢日本的面子。加上日本"国风文化"形成以来的民族自尊意识的抬头，所以，一般人是不敢轻言求法的，敢以求法僧自称往往会受到人们的批评和嘲笑，奝然恰恰透露出这样的意图，而且可能还是经常性的。

奝然能够成功入宋求法与弟子们的理解、督促和支持也是分不开的。根据《宋史·日本传》记载："雍熙元年，日本国僧奝然与其徒五六人浮海而至。"[3] 此"五六人"即嘉因、盛算、祚一、定缘、康城等，这是随从他来宋并留下名姓的弟子。其中以从僧这一身份随从的大概二人，一般弟子四人。根据僧纲规定，奝然的地位只能有如此随

---

[1] 〔日〕黑板胜美编辑：《本朝文粹》，第334页。
[2] 同上。
[3] （元）脱脱等编：《宋史》，第14131页。

从。弟子们不仅支持奝然入宋，在他因故不能再次来宋答谢并求法时，嘉因为他代劳。他一心要实现自己的宏愿——在爱宕山建立一寺院，却至死不能实现，此后，盛算、嘉因等弟子实现了他的遗志。

在千万世人诽谤嘲笑之下，奝然不能不"独怪此心"，怀疑自己入宋求法的行为是否合适；而弟子们的"劝诱相从"无疑打消了他一时的疑虑，坚定了他渡海的信心。但是人言可畏，奝然借为母亲逆修，提前祈祷往生净土之机，请当时名士庆滋保胤代笔写了一篇《为母修善愿文》，说出了这样的"豪言壮语"：

得到唐朝，有人问我："汝是何人，舍本土朝巨唐，有何心有何愿乎？"答曰："我是日本国无才无行一半僧也。为求法不来，为修行即来也。"[1]

就是这一句话，使现代的日本学者们得出奝然等日僧来宋朝是为巡礼而非求法这一结论，从木宫泰彦《日中文化交流史》到木宫之彦的《入宋僧奝然的研究》都持此论。他们没有考虑奝然为什么要说这样的话？说这样的话有着什么样的语境？对于用汉文撰写的《为母修善愿文》断章取义地引用，以致对日僧入宋的目的产生误解。日本学者的有关结论是从字面上得出的，而有些文字记载并不能从字面上去理解并用来证明问题，反而可以从它的反面作结论。也可能是他们的早期研究受到"战时体制"下日本宗教指导思想的干扰，1940年日本"翼赞体制"将佛教纳入战争轨道，为宣扬皇国光荣历史服务。

奝然在这里撒了一个弥天大谎。表面上他有意公开宣扬入宋理由：

---

[1] 〔日〕黑板胜美编辑：《本朝文粹》，第334页。

一、本朝久停方贡之使而不遣,入唐间间待商贾之客而得渡,今遇其便,欲遂此志。

二、奝然愿参五台山,欲逢文殊菩萨之即身;愿次旨中天竺,欲礼释迦之遗迹。

三、不著名利,修行是勤,罪根渐灭。

四、纵归何敢贪职任?为是斗薮也、为是菩提也。

五、我母不是人世之母,是善缘之母也。诚劝我之佛道,宁非我之慈堂乎。

六、佛子有男女兄弟二三人。相议曰:"余年之水菽者,汝之所可营,何以及饥寒?"

七、后生之菩提者,我之所为先,岂令堕恶趣乎。凡弃恩入无为,真实之报恩。[1]

从字面上看,他的确是为修行、为巡礼而入宋,无关求法。奝然在愿文中反反复复说这样的入宋理由,确实是围绕"为求法不来,为修行即来"这一核心命题的。其实他的这些说法是针对当时人的指责和批评的。

第一,他说"今遇其便"而遂入宋之志,轻描淡写此多年誓愿的壮举,说不过是偶然借东风搭便船而已,暗示人们不必大惊小怪。

第二,他强调入宋的目的是要巡礼文殊、释迦之遗迹,去印度,到中国不过因为那是圣迹所在之地。这主要是因为他受到了这样的指责:

---

[1] 〔日〕黑板胜美编辑:《本朝文粹》,第334—335页。

凡人唐求法之人，自宗者弘法大师、天台者传教大师，皆是权化之人、希代之器也。此外之伦，才名超众、修学命世。如佛子者不及，古人之喻犹不可天之阶矣。定知表我朝无人也。[1]

这是最让奝然难以接受的，直接点名"如佛子者"，既非权化之人，又不是希代之器，模仿前人之行为犹如登天，远去他国是丢日本国之脸面，这是何等的不客气。这主要是因为当时小中华意识、日本式的华夷观在列岛已经形成。因此，奝然不得不作出保证，到中国之后要说这样的话："我是日本国无才无行一半僧也。为求法不来，为修行即来也。"可见先有诽谤之因，后才有他说"为求法不来"之果，[2]此话非他的真意。

第三，他的入宋不是为了追逐名利，也不是贪图职位。当时日本舆论批评求法僧是追逐名利之徒，由于佛教的贵族化、宗派斗争的激化，当时日本僧界追逐名利之风日盛，对此现象不满的人很多，对于奝然计划入宋一事，人们不自觉地就如此猜测。因此，奝然不得不说自己入宋不是为了追求名利以便回国后谋求职位，以应对其他门派僧侣说他是追求名利而入宋的指责。

第四，自己的入宋是从母之愿，母亲不仅没有埋怨，而且有"欢心"。他认为"凡弃恩入无为，真实之报恩"。以此答复批评者说他母恩不报，"抛母欲去"[3]，大失孝行的指责。那些人从人格上、感情上攻击、阻止他，奝然坚定地表示：即使万人直面而苦心劝谏他入宋之

---

[1] 〔日〕黑板胜美编辑：《本朝文粹》，第334—335页。
[2] 同上书，第334页。
[3] 同上。

行，他也未必听从，倘若是母亲一语挽留他，他就不会违抗；而劝他献身佛道、渡海求法的恰恰是他的慈母，他的入宋无可指责。

第五，表明自己不会抛国家而不归，这可以认为是他对朝廷和东大寺等的保证。这主要是因为在历史上确有灵仙、真如、宽建等人的不归，对日本国家造成了很大的损失，这种不归已经受到一些人的批评。入宋被指责为崇洋媚外之举，奝然因此以锺仪、庄舄之行为自比，说明自己不会不及"胡马"和"越鸟"，不会不"思乡土"，更不可能"轻桑梓"而不归。[1]

日圆融永观元年（宋太宗太平兴国八年，983）八月一日，奝然在国内一片批评之声中搭乘吴越商人陈仁爽、徐仁满等的船出发入宋。《为母修善愿文》的宣读遮掩了此行的真实意图。为母"逆修"本是个人之事，他的这一大肆张扬和宣言与日本当时的社会语境不无关系，是被当时环境所迫，是为了应对世人、舆论对他各种各样的指责，从反复辩解得到了母亲的支持来看，明显借此指责的人很多。我们知道奝然之前，即在972年前后就表示要为求法而入宋，此时说"为求法不来"宋朝实乃"此地无银三百两"。在那样的环境下，他能说出真心话吗？他只能以来宋"巡礼"为借口。

二、奝然入宋返日后吐露的真言

稍微留心一下已有的资料就可以发现，到达宋朝以后的奝然就不一样了，换了一个环境，在没有受到攻击或不用担心受到攻击的语言

---

[1]〔日〕黑板胜美编辑：《本朝文粹》，第334页。

氛围中，在中国宋人面前他可以畅所欲言了，也心口如一了。奝然在日本和在中国是用不同的声音说话的，所以我们听到有不同的内容，发现他的心愿在言语、在文字中、在人面前和在佛眼前有不同的表白。

奝然关于自己入宋的目的，在日本公开场合的表白和在日记等私下记载中的表述截然不同。他来宋之前在日本国内公开的时候说是巡礼，到中国之后则改口说求法。虽然他的日记已经流失，但这一"不同的声音"还是表现在其他已知的各种文字中。

奝然在中国于文书中表明来宋朝的真实目的，特别重要的一次是在宋太宗雍熙二年（日花山天皇宽和元年，985）八月十五日，即释迦牟尼瑞像装入五脏之时，奝然特意请宋朝台州开元寺僧人鉴端来代笔撰写造像愿文《奝然入宋求法巡礼行并瑞像造立记》（全文参见附录一），虽说是"聊书来意，以序其由"[1]，此中所言来宋之意、渡海之由，恰和他来宋之前在日本时请庆滋保胤代写的《为母修善愿文》这一公开文书相对应。在此《瑞像造立记》中，他再三表示自己在宋朝已经求得两部大法、三密大教，回国将"阐扬正法"、"兴隆佛法"：

(1) 仍愿奝然阐扬正法，兴显大乘。

(2) 受学清昭三藏金刚界（胎藏界。——引者）两部、三密大教，五瓶灌顶已了。

(3) 以此功德，平安渡海；归到本国，兴隆佛法，利益王民。[2]

---

[1] 〔日〕塚本善隆：《塚本善隆著作集第七卷·净土宗史、美術篇》，东京：大東出版社昭和五十年（1974）版，第216页。

[2] 同上。

再看他988年让嘉因上呈宋朝的表启[1]，其中有"就三藏而禀学，巡数寺而优游。遂使莲华回文，神笔出于北阙之北；贝叶印字，佛诏传于东海之东"之说[2]，此时他已经可以理直气壮的说话了，因为他的入宋是成功的，往代最澄、空海、圆仁、圆珍等"入唐八家"中没有一个求回日本的经典在数量上超过他奝然。

以上表述既是他的心声，也是他在宋的行动（禀学）和实践的证据。从奝然所残留的日记看，奝然在宋朝的时候，每到一寺，认真观察研究，求法问道，本书随后将具体论证。虽然奝然的四卷日记已经失传，只能见到其中被后人引用的部分，不能见其全文中有关求法问道的详细记载，但今天我们窥此一斑足已知其全豹，足可证明奝然来宋目的乃为求法。

等到奝然自宋朝回日本之后，身价倍增的他与延历寺的斗争逐渐走向公开化，于是他就开始公开表明自己入宋就是求法，而不像来宋之前那样躲躲闪闪。他在不断寻求支持，以达成自己求法、传法之功。而且，他的求法活动及其代表南都东大寺真言宗与天台宗比叡山的斗争，并没有因他自己的失意而停止，宗派之间的竞争和斗争继续发展，奝然的弟子们在继续和他的对手源信及其弟子们抗争。

奝然在携带大量佛经以及佛像等求法成功回国之后，在面对国人时就理直气壮多了，他此时的声音和出国入宋之前的表态更是大不相同，这类前后不同表达的声音处处可见。

首先可见于永延二年（宋端拱元年，988）二月八日他向朝廷"申

---

[1] 参见《宋史·日本传》，本书第四章有全文转引。
[2] （元）脱脱等编：《宋史》，第14235页。

请嘉因入宋"并获得批准的官符[1]，官符中引用了他的奏状。奝然在奏状中说自己"更觐大宋朝，请来折本《一切经论》一藏矣"，并表示虽"致巡礼传法之功"，更望请朝廷"天恩，下给宣旨于大宰府"，让自己的弟子"随郑仁德等归船，发遣大唐，令供养文殊菩萨，兼请度新译经论等，将奉祈圣皇宝祚"[2]。这里他所明言的"巡礼传法"之功与说"求法巡礼"有何区别？成功归来的奝然已经可以大胆言"传法"或"求法"，或"求法巡礼"，而不强调巡礼了。其中"兼请度新译经论"一语是公言遣嘉因入宋求法，入宋"请度新译经论"的目的就是为了"将奉祈圣皇宝祚"[3]，是为国家祈祷，不是为私。关于弟子嘉因的入宋资格，他说：

    今件嘉因久住东大寺，苦学三论无相之宗教；同往西唐国，共受五部秘密之灌顶。非啻学显密之法，兼以解汉地之语，然则足为译语者也。[4]

此申请书中，他无论说自己"请来折本《一切经论》一藏"，"致巡礼传法之功"，还是说弟子与自己"共受五部秘密之灌顶"，都是表明他们师徒在宋朝已经拜师受教。

其次是前面提到的奝然那篇表明他是为求法而入宋的著名朝贡文

---

[1] 即《应为使传灯大法师位嘉因重发遣大唐令供养五台山文殊菩萨兼请度新译经论等事》全文，参见本书第四章第三节。
[2] 〔日〕黑板胜美编辑：《续左臣抄》，《新订补国史大系》第27卷，东京：吉川弘文馆平成十一年（1999）新装版，第3—4页。
[3] 同上。
[4] 〔日〕黑板胜美编辑：《续左臣抄》，第4页。

表，这也是在同一天被日本朝廷批准的。

再次可见于长保元年（宋真宗咸平二年，999）润三月十三日他给朝廷的奏状《盛算（补任）清凉寺阿阇梨官符》（全文参见本章第五节），这是奝然申请建立清凉寺时为弟子盛算申请僧位的奏状。奏文中他一则强调弟子盛算随自己到宋朝"入右街太平兴国寺，遇中印度那兰陀寺三藏沙门法天读受悉昙、梵音；从梵学翻经三藏大德赐紫令遵阿阇梨，禀学两界、瑜伽大法及诸尊别法，受灌顶先毕"。再则曰："如盛算者，历二山礼圣迹，遇三藏学大教，诣师范。"然后又要求朝廷"于寺家令弘传自唐朝所学来教法，誓护国家，将励后代入唐学法之辈者"[1]。实际上奝然就是在强调：他们师徒曾一同入宋学法、一同求法，朝廷应该承认这一点，并让他们在新建的寺院内弘传自宋朝所学来的教法，这是镇护国家之功德，朝廷要以此激励后代到中国学法之辈。他们已经携回经典，自然是求法之辈，而不是一般巡礼者，是政府应该奖励的对象，奖励的方法就是升职，让弟子担任阿阇梨。

这些才是奝然的真心话。我们怎么能说他们不是求法者，而是巡礼者呢？

第二节　在中国现证体验与自日本往生净土

我们说奝然来宋朝是为日本国家求法也并不是说他完全没有私念，如对往生净土的追求和个人的修行，这与当时日本社会相当普遍的往

---

[1]〔日〕高楠顺次郎编：《入唐诸家传考》，第180页。

生净土的追求有关，在那种独善其身的风气之下，斋然自然不能幸免。在末法思想宣传越来越浓烈的情况下，10世纪的日本，追求往生净土、临终佛祖来迎已经是社会潮流。日本僧俗人士相信，大约在11世纪中期有情众生将进入正法衰微的末法世界，大家都被笼罩在悲观的末法思想之下。

当然，中国的净土思想早在唐代就传入日本了，在日本很早就有信徒唱念"阿弥陀如来"的名号，以期往生西方极乐净土，如7世纪初的圣德太子就曾发愿往生西方净土。随着所谓的"末法时代"即将来临，关心如何获得救助的人越来越多。人们既然信仰佛教，自然要关注是否可以成佛，以及如何成佛的问题。什么方式最便捷恐怕是佛教徒们最关心的问题："往生净土可以成佛？"往生等于成佛？于是，10世纪的日本社会各寺院、各门派兴起了对于净土宗的研究，比叡山天台宗在此方面表现尤其突出。

日本天台宗自从慈觉大师传入五台山念佛法门，大力推行"常行三昧"以后，净土教兴盛起来。对于当时的日本僧俗来说，直接到中国巡礼固然最好，但在政治等情况不允许的时候，间接入宋（如寄物）也是可以的，这样的事例在当时的日本不少。例如日本12世纪著名的高僧觉鑁，在自己不能来宋朝的情况下，亲自书写《梵字尊胜陀罗尼经》，并将自己的牙齿纳入经卷的轴中，托来日本的中国商人施入五台山，以期消灭罪障，往生极乐世界。在精进修行之下，信徒们希望得到见证，生时得见菩萨化身，临终得到佛祖来迎，于是为增福消灾而施舍，为见证见佛而精进，为皈依寄终而发愿，尤其是日本贵族，他们更多的是通过僧人间接与五台山结缘。在此风气之下，南都其他宗派关注中国五台山及文殊净土就很自然了。根据森克己的研究，尽管日本朝廷停止了派遣遣唐使，日本人实际到海外的机会越来越少，但对于海外的研究仍然在继续，中国的地理书被广泛阅读，尤其是唐僧玄奘的《大唐西域记》深受喜爱。[1]

由于各宗派所接受和宣传的净土思想略不相同，宣传的重点也有差别，因此日本社会对于净土的认识，如净土当在心中，还是在西方某个圣地，是信仰弥勒佛净土还是尊奉阿弥陀佛净土等等，存在着一定的差别，有些人的净土信仰很复杂，如藤原道长一开始就是如此。其中文殊净土信仰一时相对广泛，这大概是同奈良时代末期以来形成的灵山信仰以及文殊密法有关系，既然"但闻名者，除一十二年劫生死之罪，若礼拜者，恒生佛家"（《大般泥洹经》），那就去中国文殊菩萨示现之地五台山礼拜吧。

既然在 10 世纪的日本，佛教各宗关于净土信仰的主张存在着一定的差别，那么奝然是信仰什么样的净土呢？仔细研究，我们发现他的净土信仰非常复杂。

虽然关于奝然的信仰和追求的资料不多，只有三篇愿文，但足以了解其信仰之大概。从这三篇文章可以明显看出，在各种净土思想流行的平安中后期，奝然信奉的主要是弥勒净土信仰，这是由于他所处南都教学的结果。日本南都法相宗的祖师是玄奘、窥基师徒，此二人信仰和坚持的是弥勒净土，"由于法相宗的两位祖师玄奘和窥基都信仰弥勒，法相宗形成了兜率上生信仰的传统"[2]。在日本法相宗可以说是坚持着这一传统的，这一传统自然影响了奝然。中国的弥勒信仰兴盛后不久在北周时遭到了武帝宇文邕（561—578 年在位）的剿灭，以

---

[1] 参考〔日〕森克己：《続々日宋貿易の研究》，第 279—280 页。
[2] 陈扬炯：《中国净土宗通史》，江苏古籍出版社 1995 年版，第 206 页。

后虽然经过玄奘师徒的宣扬、武则天的信奉而一时复兴,但在经历唐玄宗禁断弥勒教,又逢唐武宗的"会昌(841—846)法难"之后它已经衰落了。

经过唐玄宗禁断弥勒教后,弥勒信仰在中国降为一般菩萨崇拜的水平,净土信仰成为弥陀信仰一家的天下,弥勒难登大雅之堂了。在弥勒信仰盛行的时代,弥勒佛是单独存在并被供奉的,旁立二胁侍菩萨,经过多次打击之后,单独的弥勒像被安置到了天王殿的正面。五代以后,弥勒像以五代时的"布袋和尚"为模特儿造为大肚弥勒像,像汉化的观音菩萨一样,成为另一个成功汉化的佛。所以,奝然在宋朝是找不到弥勒净土信仰的支持的。

奝然独善其身、追求善果的愿望,首先体现在他972年和同学义藏共写的《现当二世结缘状》中,誓愿中所谓"第二生必共生兜率内院,见佛闻法"即为弥勒"上生信仰";所谓"第三生共随从弥勒下生阎浮,闻法得益,深增菩萨大悲之心,随愿往来十方净土,疾证无上正等菩提",则表明他同时信奉弥勒"下生信仰"[1];因此,我们可以断言奝然信奉和宣扬的是弥勒净土信仰。所以奝然来宋朝后特于新昌县礼拜百尺弥勒佛像。

另外,他在给母亲逆修之时,"奉图十斋佛菩萨,及弥勒、文殊、梵天、帝释像一帧"[2],从所悬挂的佛像看,他信奉的既有弥勒净土,又有文殊净土。

奝然在宋巡礼的经历最可关注的是其参五台山"逢文殊之即身"一事。我们在第二章第一节已经说过,五台山信仰在日本世代相传,

---

[1] 〔日〕《释迦信仰と清凉寺》,第33页。
[2] 〔日〕黑板胜美编辑:《本朝文粹》,第335页。

从奝然极力要求巡礼中国五台山这一传说中的文殊菩萨示现之地看，他是非常信仰文殊菩萨净土的，他参拜五台山的目的就是结缘文殊净土。中国五台山相传是文殊菩萨示现化身之地，菩萨常住之所，圆仁等前辈来唐日僧都在此一遇佛缘，得见瑞相，圆仁回日本后特于比叡山建造了一文殊阁。

奝然自然也想在西方灵迹找到灵感。983年他终于来到了宋朝。984年正月在宋京城汴梁各大寺院巡礼访学，一晃便到了三月，已是冰雪消融、春暖花开的季节，正适合北上五台，于是奝然向宋太宗奏请朝拜五台山，奏请很快被批准，并获赐"公凭参山"。三月十三日奝然带领他的弟子们离开汴梁向五台山进发。宋朝的"公凭"类似现在的介绍信或执照，凭此他们可以在沿途得到地方政府的接待和关照，即"蒙宣给一行裹缠，逐处津送"，奝然多年来"往五台山瞻礼文殊化境"的愿望得以实现。根据奝然日记中"见德州节度使张太保葬送"的记载看，他们一行经过德州上太行，走的是当年圆仁的路线，不同于后来成寻走的路线。[1]

奝然上五台山是要追求"净土现证体验"[2]，这从他对文殊示现的虔诚期待心情中可以看出，他那种既期盼又担心的心情体现在他的《为母修善愿文》之中："但我是罪障之身、血肉之眼，既到其土而不易，况见其身而可难。"但他坚信"致诚专心者，无事不成、无愿不遂"。"渡海顿山、忍寒忘苦，修行是勤，罪根渐灭。大慈大悲释迦

---

[1] 〔日〕塚本善隆：《塚本善隆著作集第七卷·净土宗史、美术篇》，第214—216页。
[2] 〔日〕冈玄雄：《日宋交涉と南都净土教》，载《佛教史学》第八卷第一、二合刊号，1959年版，第60页。

文殊，可以怜悯、可以相迎"[1]。结果如何呢？根据他《瑞像造立记》（全文见附录一）中的记载，他在五台山期间实现了自己的愿望，的确找到了这样的感觉。雍熙元年（984）四月七日刚到五台山大花严寺，在菩萨真容院驻泊，便于当天申时见"菩萨右身上化出白光，移时不散"。又，

> 登东台，倏忽间闻雷声震响逡巡，飘雪降雹，其雹大如鸡子。十五日凌晨，于东台见一老人，约年八十，须鬓俱白，身被紫裳三山帽，着靴，手携数珠，领侍从二人，遶龙池而行。其侍从各年二十来许，一人着青衣裹头巾，手执香炉；一人着白衣裹头巾，手执柱杖，踟蹰而去，不知所在。
> 当日游中台，有五色云现。
> 同日游西台，有瑞鸟灵禽现。
> 二十三日游南台，夜至三更，时有圣灯二炬现。[2]

入圣地岂能不虔诚？奝然因此既诚惶诚恐又疑神疑鬼，总以为随时会见到文殊菩萨的化身。其白光、雷声、降雹、老人、五色云、瑞鸟灵禽、圣灯等，在他的眼中都有可能是文殊菩萨的化身或示现，无不让他感到惊奇，看来奝然巡礼圣地寻找灵感的愿望是实现了。尤其是"二十三日游南台"发现"圣灯二炬"的时候，感到"勤寨知悉，归命不任，豁此日之神魂，副当年之心愿"[3]。不过这一感觉促使他

---

[1] 〔日〕黑板胜美编辑：《本朝文粹》，第334页。
[2] 〔日〕塚本善隆：《塚本善隆著作集第七卷·净土宗史、美術篇》，第215页。
[3] 同上。

许下了"施财供养之愿"。奝然"供养文殊菩萨"的目的便是因此求文殊密法回日本,"将奉祈圣皇宝祚"。所以他在986年回日本之后,于988年仍然"驰愿心于五台清凉之云山,系供养于一万文殊之真容",为了完遂这一愿心,积极向朝廷申请"差嘉因法师","发遣大唐,令供养文殊菩萨,兼请度新译经论等"[1]。朝廷也立即批准了他的这一奏请。

入宋前奝然在《为母修善愿文》说"然则去留难定、变改难期"[2],因为他虽有所期望,但担心自己的罪业难以胜任求法兴法大任,倘若罪业深重就留在圣地净土追求往生,但巡礼圣迹之后的灵感和启示坚定了他的信心,尽管奝然一时动了不归之念,在五台山"盘桓两月,澄息诸缘",感叹"其何乡国须还?瓶囊是举"[3]。因此,他倘若仅为巡礼入宋,或以巡礼为主,他就真的不归了,像后来的寂照、成寻他们那样,若早有为国家求法的使命,就没有什么去留难定之事了,此不过感叹而已。

当然,奝然的内心确实也在超世脱俗和入世之间摇摆,也就是说在修身巡礼和求法扬名之间摇摆。这是当时日本佛教和政治结合的风气影响所致,或者是东大寺寄托于他的使命所致,因而他不能像寂照和成寻那样自由。当时,日本朝野对于求法不归者的批评是存在的,例如灵仙等人的问题已经让朝野议论,从某种意义上说就是影射奝然。从延历寺的牒文看,日本社会当时对于奝然是否会不归提出疑问。

奝然巡礼五台山还有一个更重要的理由,那便是探寻文殊密法,

---

[1] 〔日〕黑板胜美编辑:《续左臣抄》,第3—4页。
[2] 〔日〕黑板胜美编辑:《本朝文粹》,第335页。
[3] 〔日〕塚本善隆:《塚本善隆著作集第七卷·净土宗史、美術篇》,第215页。

这不仅是为自己,更是为了自己所在的寺院和宗派,为了日本国家和民众,这应该是他上五台山的主要目的,如此我们应该说他是为求法而来。五台山是密教龙兴宝地之一,不空曾在此造金阁,圆仁等来唐日僧在此都有收获。在密教鼎盛的时代,奝然不仅要在此灵迹找到灵感,而且要像前辈圆仁那样求得密教。9世纪以来,密教之所以统治日本,主要在于密教修法和咒语的威力,日本人崇拜这一神奇的力量,密教僧侣们自然要向民众显示更多的这种修法的神奇。奝然为了得到人们的信任,不能不学习密教,所以拜元杲为师学习密教,从他与老师的唱和诗来看,他是元杲密教的得意门生。我们可以肯定地说,奝然求取文殊密教的愿望也实现了,因为回日本后他曾经上奏"爱宕山五台峰,因准大唐五台山,奉为镇护国家,每年于神宫寺,可修文殊秘法"[1],得到朝廷的批准,并准备设戒坛。到991年,奝然弟子为日本请来了文殊菩萨雕像,《三僧记类聚》等书对当时的情景作了如下记载:

> 《江帅记》云:正历二年(991)六月三日庚午,大宋国(次大唐)文殊像入京。四日辛未,法桥奝然示送云:文殊像,昨日奉迎摄政第,以皇大后宫(式御曹司),过十一日神今食,可被安置真言院者(按:皇太后宫下疑有脱字——括号内皆为原注)。[2]

摄政即藤原道隆,文殊菩萨像一入京便被他迎进自宅供养,有占有的意图,藤原道隆自正历元年(宋太宗淳化元年,990)五月八日起

---

[1] 〔日〕黑板胜美编辑:《朝野群载》,第409页。
[2] 转引自西冈虎之助:《奝然の入宋について》,第779页。

任关白、摄政，直到长德元年（宋至道元年，995）四月六日出家入道。文殊菩萨是作为释迦牟尼的二胁侍之一而存在的，奝然正要将中国五台山道场拷贝到日本爱宕山，从小野宫右大臣藤原实资的日记可知文殊菩萨像后来还是安置在栖霞寺。藤原实资于长元四年（宋仁宗天圣九年，1031）春参拜时有如此记载："三月十日丁巳，（中略）向栖霞寺，拜文殊像，大宋客商良史附属故盛给。"又同年九月源赖经《左经记》也有类似的参拜记录："十八日癸亥，天晴，早旦旨栖霞寺，奉拜自唐人良史许所送文殊像，并十六罗汉绘像；次见无忧树、菩提树，并茶罗叶、南岳大师奉见晋贤之处士、五台山石等。"[1]可见文殊信仰在日本当时是何等兴盛。奝然入宋上五台山时，日本朝野上下、僧俗贵贱就竞相皈依，为结缘西土而乘机托付其一行施入五台山圣地净财、遗发等物。

第三节　宋朝的高僧崇拜与奝然的寻根拜祖

本书并不否认奝然等日僧来宋朝有巡礼圣迹的目的和经历，不过我们要强调的是，相对于求法其巡礼是次要的，奝然的巡礼是有深意的，除了礼拜三宝、观像修行、寻根祖庭之外，更为取经求法。

奝然在宋朝的所谓巡礼与宋朝当时佛教发展的气氛非常协调。入宋以来，中国高僧崇拜一时非常流行，赵匡胤兄弟建立宋朝后，并重佛法三宝，而对僧宝似乎尤为敬重。雕刻《大藏经》、造像建寺是出于

---

[1] 转引自西冈虎之助：《奝然の入宋について》，第779页。雕像与奝然弟子及宋朝商人周良史等的关系待考。

对法宝和佛宝的挽救和恢复，是对于文化遗产的保护；而重视僧宝、崇拜高僧则是立足未来的发展。其表现体现在以下几个方面：

首先是为先世高僧立传扬名。983年诏翰林赞宁修《大宋高僧传》，此后《大宋僧史略》、《禅林僧宝传》、《传法正宗记》等相继问世。其次是对历代高僧追赠谥号，或瞻仰真容，或修缮坟塔。更重要的是对当时大德的敬重，如召见道圆、赞宁，赐谥永明延寿（974年示寂）等。以及在972年下诏："每当朝集，僧先道后；并立殿廷，僧东道西，间杂副职；若遇郊天，则道左僧右。"[1] 这无疑提高了僧侣的社会地位。

由于宋初皇帝"崇礼高行"、重视僧宝，致使国内一些隐逸于乱世的大德复出传道，海外天竺西域高僧慕名而来献梵经、进舍利，一时宋都汴梁成为国际文化中心。佛教的中心早已不在天竺印度，而在宋朝首都汴梁，在左街译经院了，印度佛教此时因伊斯兰教徒的入侵早已衰落。汴梁城内，中印高僧携手并肩，或译经，或著述，名扬四海。而在宋代，中日信息交流非常畅通，尤其是日本方面，获取中国社会政治、经济文化各方面的信息非常方便，因为宋朝商人往日本贸易年年不断，日本对于中国信息的收集完全不同于政治交往，是非常主动和积极的。日本各大寺院在九州的大宰府设有分寺，收集情报和典籍。东大寺的奝然自然会因此得知大陆新帝国对于僧宝的重视，致使高僧大德的复出，有名师可拜，有佛法可求。

我们追寻奝然来宋朝后在宋朝一路巡礼的经历，作一番考察就会发现，他一路朝拜日本佛教各宗的中国祖师和祖庭，很明显地是在一

---

[1] （宋）赞宁：《大宋僧史略》，载《大正藏》第54卷，台北：佛陀教育基金会1990年，第247页。

边拜祖致敬,一边拜师问道,如此他所宣言的巡礼的真实意图就不言而喻了。

宋太宗太平兴国八年(983)八月一日,奝然与弟子盛算、祚壹[1]、嘉因等六人携延历寺致大唐天台山国清寺之"牒",搭乘宋朝吴越地区商人陈仁爽、徐仁满等归国的商船,从日本九州岛出发渡海,离国来宋,于八月十八日到达中国浙江东路台州。一行到达台州后,先"驻迹于开元寺",大概是向市舶司等有司机关提交巡礼天台山的申请之后,在此等待批准牒文。中国天台山及天台宗是日本天台宗的祖庭,而日本天台宗在10世纪末可谓"日本第一"宗,它的影响已经超过真言宗而为八宗之首。在密教方面,台密和真密在日本的影响不相上下,而在义学方面似乎独占鳌头,所以奝然的这次来宋特意携带了日本天台宗致中国天台山国清寺的牒文。到九月九日获得批准的公凭之后,奝然一行立即出发巡礼天台山圣迹,"访智者之灵踪,游定光之金地"[2],智者即天台大师智𫖮,国清寺有智者大师的真身堂,定光为南朝陈时的高僧。关于参拜大师真身一事,奝然记录在他的日记中:

> 《奝然记》云[3]:赴天台山国清寺,先礼智者大师真身堂。堂中玄帐之中悬大师真像。像前置小字《法花经》一部,是大师自出血书经也。入函。云云。(《觉禅抄·法花法诸流·血经事》亦同文)[4]

---

[1] 壹有写作"一",或者误作"祚臺"。
[2] 〔日〕塚本善隆:《塚本善隆著作集第七卷·净土宗史、美術篇》,第215页。
[3] 日本《法华验记》零本(镰仓时代书写,东寺三蜜藏藏)录有该日记以上残文。
[4] 〔日〕高楠顺次郎编:《人唐诸家传考》,第179页上。

大师的最大成就便是《法华经》的研究，三大部就是他的心血，此处的血书恰好为其象征。奝然虽然不是天台宗的弟子，但他同样尊奉《法华经》。奝然入宋对于"僧宝"和僧史的研究非常关注，在天台山期间日记中的以下内容可见一斑。

> 《奝然巡礼记第一》云：次大师堂，堂额书"法空大师堂"者，是大梁朱皇帝敕赐额也。智者大师者，存日隋帝师号也；法空大师，灭后赐谥也。此寺本号修禅寺也，即彼赐法空号敕书等云云。[1]

此外，奝然照例像先辈来唐日僧一样，"登桂岭、睹三贤之旧隐"，此"三贤"即封干、寒山、拾得三位名僧。在巡礼四果罗汉、三贤大德的遗迹之后，奝然不由感慨"栖心莫及、行役所牵"[2]。所谓的"行役"就是巡礼宋朝各处圣迹，求取诸佛法的使命。所以，巡礼完天台山圣迹之后，奝然是在焦急地等待北上求法巡礼申请表文的批准，一旦得到宋朝廷的批准文书之后，他们便于十月八日出发，匆匆北上汴梁，直至五台山下。

太平兴国八年（983）十月十一日，奝然北上路过新昌县，在南明山大佛寺，奝然提到礼拜南山澄照大师（道宣）一事。道宣（596—667）是中国律宗的创始人，也是日本律宗和法相宗祖师之一，他因住终南山而被称为"南山律师"、"南山大师"。我们知道，道宣的戒律思

---

[1] 此为日本《伏见宫御记录·利七十五·谥号纂》中所录奝然日记逸文"智者大师号为敕号哉否事"，本书转引西冈虎之助：《奝然の日记の逸文》（《研究断片》），第604页。

[2] 〔日〕塚本善隆：《塚本善隆著作集第七卷·净土宗史、美术篇》，第215页。

想实际上是普遍被其他各宗所接受的，包括在日本，日本律宗的创始人鉴真恰恰又是道宣的再传弟子，鉴真从道岸受菩萨戒，道岸乃文纲弟子，文纲则直接师从道宣。道宣于唐显庆三年（658）奉敕任长安西明寺上座，一生著述甚丰，更重要的是，乾封二年（669）二月，于净业寺创立戒坛，诸方前来求戒者二十余人，成为后世建筑戒坛之法式。特别要指出的是，律宗是南山一系单传，早期主要在关中，后期中心转移至江淮和南方的杭州，10世纪末天台国清寺、四明阿育王寺、越州大善寺等都讲南山律。

十月十八日，奝然到扬州龙兴寺，追寻鉴真大师之遗迹，他寻求戒坛之法的目的不言而喻。奝然来宋前后正酝酿在日本京都西边的爱宕山建立新寺、开设戒坛，与延历寺对抗，来宋之后，将界杭州地面之际，有心礼拜南山大师是自然之事。另外，我们知道道宣撰有《集神州三宝感通录》（收入《大正藏》第五十二卷史传部）一书三卷，他在该书中论述了天台山石梁寺、五台山太孚寺、终南山竹林寺等十二所圣寺；西晋会稽鄮塔、东晋金陵长干塔、石赵青州古城寺塔、姚秦河东蒲坂古塔等二十个塔的来历；以及后汉、三国、两晋、南北朝至隋唐初期中国著名的金像、银像、石像、木像、行像等五十尊，并说明其因缘来由。[1] 该书可以说是奝然来宋巡礼求法的指南，奝然无疑也是依据它来中国神州求三宝感通的。

十一月十五日，奝然一行入泗州普照王寺，缅怀僧伽大圣这位传说中的观音菩萨的化身。年底这一行人到达宋朝首都汴梁。

宋太宗雍熙元年（日圆融永观元年，984）正月到三月，是奝然礼

---

[1] 另参见〔日〕镰田茂雄的《简明中国佛教史》第七章第二节。

拜活动最活跃的时期,当时汴梁各大寺焕然一新,译经场新设,天下名僧汇集。从现有所发现的史料中,我们只看到奝然在一篇上奏朝廷的申请中提到弟子盛算"入右街太平兴国寺,遇中印度那烂陀寺三藏沙门法天,读受悉昙梵书;从梵学翻经三藏大德赐紫令遵阿阇梨,禀学两界、瑜伽大法及诸尊别法,受灌顶先毕"[1]。实际上这也是等于说他自己,他们师徒是一同受学的。

雍熙元年(984)四月,奝然上五台山,入大华严寺,既是追求现证,也是追怀师祖。五台山是华严宗的祖庭之一,日本东大寺所遵奉的就是《华严经》,所以也称为华严宗。五台山自770年不空登临并造金阁寺、文殊阁以来,成为中国密宗的一大重镇,而且此山也弘传天台宗,可谓是诸宗兼修。在奝然的巡礼日记残篇中我们发现有如下记载:

《奝然记》[2]云:清凉寺常住院壁上画罗什三藏,译《法华经》时,从笔头出白光,光中现文殊像。云云。[3]

这里的罗什就是指鸠摩罗什,龟兹国人,提婆菩萨三传弟子,既法理精通,且汉语娴熟。罗什对于中日两国佛法兴隆之功最大者就是传大乘教,他首传三论宗宗义,龙树菩萨所造《中论》、《十二门论》,提婆菩萨所造《百论》,以及《大智度论》的翻译皆出自其手。他是三

---

[1] 〔日〕高楠顺次郎编:《入唐诸家传考》,第180页中。
[2] 另见于日本《法华验记》零本(镰仓时代书写,东寺三蜜藏藏),书名为《奝然记》。
[3] 〔日〕觉禅:《觉禅抄》,《大日本佛教全书》,东京:佛书刊行会大正四年(1915)版,第639页。

论宗祖师之一,一般称罗什为中国三论宗的初祖。奝然岂有不瞻仰崇拜之理!罗什所译《法华经》是奝然随身携带之经典,我们看到他在天台山时也非常关注智者大师的血书《法华经》,因为那是日本僧侣(尤其是东大寺僧)法定必读之经。

雍熙元年(984)六月,奝然一行在巡礼过五台山之后,经山西太原往洛阳,"到洛阳白马寺礼摩腾、法兰初佛法之场"。摩腾、法兰是最初传法于东土的两位高僧。奝然除了在天台山瞻礼了智者大师的真身外,到此还瞻仰了日本密教祖师善无畏大师的真身,他曾在给日本朝廷的奏文中骄傲地写下了"往龙门原,拜无畏金刚三藏,或真身、或坟塔"这一经历。[1] 奝然师徒于龙门石窟礼拜五重塔下善无畏金刚三藏真身是在六月十八日,善无畏三藏真身塔在龙门西山广化寺,广化寺乃三藏亲自建立,一般僧侣到此只能参拜坟塔而无法瞻仰其真身。宋太祖开宝八年(日圆融天皇天延三年,975)三月,赵匡胤曾开塔礼拜三藏真体,因当年四月准备"郊天"时,雨下不止,宋太祖以为是自己得罪善无畏三藏了,于是"遣使祷无畏塔,及期而霁"[2]。根据成寻的日记记载,宋太祖一定因此而敕封了此塔,此时奝然的拜见,一定是像成寻一样得到了太宗皇帝恩典的开启圣旨。对于这一特殊巡礼经历,奝然在日记中有所记载:

> 《奝然在唐记》云:龙门山(又云原)伊水向北流,伊水东西多有三藏大师等坟墓,西山有广化寺,是真言祖师善无畏三藏建立也。次下有二重八角经藏,纳《一切经》,是西川王书写将来,

---

[1] 〔日〕高楠顺次郎编:《入唐诸家传考》,第180页。
[2] (宋)志磐:《佛祖统纪》,第396页。

安置此藏也。三藏在日，以此藏为灌顶殿，没后为经藏也。藏傍五重塔，塔下安三藏身，全身不散，跏坐合掌（以上）。[1]

从奝然的日记看来，他不仅参拜了"藏傍五重塔"，还确实看到了塔下三藏的真身，自称为空海弟子的奝然，礼拜了真言祖师善无畏三藏及相关圣迹，实现了梦寐以求的理想，这是来华日僧的骄傲。无畏三藏在广化寺所建的二重八角经藏，以及内中当时所纳的《一切经》，对于为取经而来宋的奝然来说无疑是最关心的了，他正想求取雕版《一切经》回日本。

至于奝然在洛阳白马寺礼摩腾、法兰初传佛法之场也有特殊意义。不管真伪如何，据《高僧传》所载，中天竺人摄摩腾与竺法兰不仅首传佛教于中国，更最早携佛像入震旦，"时蔡愔既至彼国，兰与摩腾共契游化，遂相随而来"；"愔又于西域得画释迦倚像，是优田王栴檀像师第四作也"[2]。相信研读过《高僧传》的奝然是以他们为楷模而来宋朝的，何况他的目的是应末法时代日本民众的礼拜要求而来求释迦牟尼栴檀瑞像的。

从天台山到五台山，从西京洛阳到东京汴梁，奝然沿途巡礼和瞻仰的圣迹这里就不一一胪列。下面我们来讨论奝然等来宋日僧的天竺梦。许多日本学者主张奝然是为"巡礼"而入宋，理由之一是他在《为母修善愿文》说："奝然愿先参五台山，欲逢文殊之即身；愿次诣

---

[1] 见于日本《鹅珠抄》一书卷五有"善无畏（古又）条"，本文转引自〔日〕西冈虎之助：《奝然の入宋について》，第562—563页。
[2] （梁）释慧皎撰：《高僧传》，中华书局1992年版，第3页。

中天竺，欲礼释迦之遗迹。"[1] 他们进一步认为来宋日僧大多计划到天竺巡礼求法，无疑是感觉到宋朝密教等佛法衰落了，日僧入宋不过是过路而已。

奝然若真如他自己宣言的"为求法不来"宋朝，"为修行即来"，他就应该按照计划"次诣中天竺"，去"礼释迦之遗迹"[2]，但他并没有按照所谓的计划去做，尽管他的决心是如此地坚定，以致好友庆滋保胤特意劝诫他"莫以逗留中天之月"[3]。奝然没有去印度（那烂陀寺等），这就说明他来宋朝的主要目的不是巡礼，而是求法。此时若说是为求法而来，就不必再去天竺了，因为10世纪末的汴梁已经成为世界佛学中心，这里印度高僧云集，印度本土反而无人了，奝然可以直接向他们求法问道，实际上他们师徒也是这样做的。当时从宋朝西游天竺并不困难，关塞畅通，宋朝不断有僧人去印度寻找佛舍利和贝叶梵经。

奝然在来宋朝之前公言"愿次诣中天竺"，首先是站在南都的立场上针对比叡山和天台宗而说的，法相、三论、律宗等是从天竺直接搬来中国和日本的，奝然这样说是出于法相宗等教派源远流长的骄傲，这正如《法相天台两宗胜劣》一文中所说的：

> 既如天台宗者，五天竺之中，更无一人之檀越。爰知于天竺之诸国者，唯法相宗殊兴盛也；于天台宗者，都无其教文云事。天竺佛出世，故名中国；此土佛不出世，故名边国。天竺四依菩

---

[1] 〔日〕黑板胜美编辑：《本朝文粹》，第334页。
[2] 同上。
[3] 同上书，第221页。

萨出,故为中国;此土四依菩萨不出,故为边土。天竺轮王出,名中国;此土唯粟散出,名边地。夫法相宗者,自印度起,则慈氏之所说也;天台宗者始自唐土,是人师之讲经也……[1]

结合这一论调,奝然"愿次诣中天竺,欲礼释迦之遗迹"的宣言就是暗示,他代表南都六宗去印度寻根拜祖。此言无疑也说明他是非常关注天竺(印度),以及汉唐以来入华的天竺僧的。到宋朝以后,奝然并没有继续他的所谓天竺巡礼之行,相信他在宋朝会见了许多天竺僧如法天等人,讨教了许多问题,相信他认为借此实现了天竺求法的愿望,此类求法事实见载于他的日记。当时有大批天竺僧来宋朝,宋朝并不时兴日本所流行的密教,而印度连整个佛教都衰落了,这一点奝然也是应该体会到的,或见闻到的。奝然到天竺巡礼的想法肯定是有的,他很希望做日本历史上第一个到达天竺取经之名人,这可是一个轰动日本的大事业,因为在此之前尚未有真正成功到达过印度的日本人。我们不怀疑奝然想去天竺巡礼或求法是假,因为他在路过杭州时所记的日记中也有对去印度日僧的追忆,即关于转智和尚的记载:

《奝然法桥在唐记》云:南海诸国水皆毒也,欲饮水人,先吃药后饮之。又曰:气极热,传智不堪热气,饮水醉死。又云:传智元是日本大宰监藤原贞包(养鹰)息也,随吴越客人入唐,为

---

[1] 〔日〕佚名:《法相天台胜劣事》,载《大日本佛教全书》第105册《戒律传来记(外十一部)》,东京:名著普及会平成二年(1990)版,第17页。

往西天乘船去,到瞻波域国,醉水死。[1]

可以这样认为,奝然即使去天竺,也多是为求法,巡礼在其次。奝然在日本出发时说要去天竺,不过是说入宋"为求法不来,为修行即来"的延伸,他虽如是说,但并未见其努力实现。奝然很现实,当他在宋朝求到了佛、法,实现了目的,就没有继续西行,也许连青龙寺都没有去,尽管他准备了相关牒文。所以奝然来宋巡礼是次要的,巡礼天竺又次之。他虽然没有寻到密教更多的新法门,但他却体会了宋朝流行的禅宗修行方式。他必须回日本去传法兴法,也就是中兴南都佛教。

至于其他日本僧人的所谓天竺巡礼,这恐怕要从当时日本"唯心净土"及"灵山净土"的信仰上找原因。这里有一个如何理解"灵山"的问题,释迦牟尼、弥勒诸佛诞生之地当然是重要的灵山了。10世纪许多日僧说要去天竺,是民族主义思潮的作用,国家荣誉问题被宣扬。奝然在公开场合说"愿次诣中天竺"也是和其他人一样唱高调,以抵制他宗他寺的批评。因为与中国交往,被视为媚外和不自尊,被视为有损国家名誉。说到印度巡礼,似乎和政治没有关系,也不会丢日本的脸面,似乎纯粹的为佛法而与政治经济问题无关。这当然也有为日本提供最先进最直接的佛教思想的愿望,因为在当时的日本密教的地位很高,而对于中国密教衰落的情况,日本僧人(例如真如)在唐朝末年就感受到了。

---

[1] 转引自西冈虎之助:《奝然の入宋について》中所引奝然日记残篇,第565页。文中所提"传智"(即"转智"的误写)乃来五代吴越国的日僧,曾在杭州钱塘江边造有五丈观音像两尊,从引文可见,他来华可以借助父亲权力之便。

第四节 "为是斗薮"而人宋的奝然及所求佛法之宝

一、设像行道——奝然请回栴檀瑞像的目的

讨论奝然来宋朝是为巡礼还是求法,最好还是要听其言,观其行,看看他来宋后做了什么样的事,自宋回日本后又有什么样的功德和结果?

我们知道:在原始佛教时代,佛教并不是奉行偶像崇拜的宗教,"似乎在所有的宗教中,唯有佛教特别强调必须以实践达到觉悟"[1]。释迦牟尼在世的时候就不主张弟子对他搞偶像崇拜,直到他涅槃近6个世纪后印度贵霜王朝的迦腻色迦时代(公元2世纪中期)才出现真正为人所崇拜的佛像。关于佛像的起源,大量佛经以及中国的史料举出了优填王最早在赏弥国都城的精舍制作释迦牟尼栴檀瑞像之事,优填王和释迦牟尼是同一时代的国王,这一说法(最早见于《增一阿含经》)显然是盛行佛像崇拜以后形成的,不过10世纪的日本教徒对这一传说是深信不疑的。

奝然何以摹刻并请释迦牟尼佛像回日本?首先奝然是为了观像并修习而入宋的,他必然要追寻先辈来唐日僧的足迹。下面我们回顾一下他在宋朝观相修行的经过。

宋太宗太平兴国八年(日圆融天皇永观元年,983)九月,奝然上天台山,"渡石梁、瞻四果之真居"[2],该石梁自唐以来一直让日本来华求法僧人心动;四果即五百罗汉像,作为释迦弟子广受教徒们的顶

---

[1] 阮荣春:《佛教南传之路》,湖南美术出版社2000年版,第1页。
[2] 〔日〕塚本善隆:《塚本善隆著作集第七卷·净土宗史、美術篇》,第215页。

礼膜拜。

接着，在奉宋太宗圣旨北上途中，于十月十一日过新昌县时，礼拜"三生所制百尺弥勒石像"，此石像即著名的剡溪大佛，位于浙江新昌县西南南明山大佛寺，"为江浙第一大造像"[1]。根据《高僧传》卷十三《释僧护传》等的记载，大佛的雕造起于南朝齐，僧护主持隐岳寺（大佛寺的初名），历护、淑、祐三僧，完成于僧祐，世称三世石佛，即奝然所谓的"三生所制"佛像。[2] 北宋真宗咸平五年（1002），僧辩端曾对大佛作过丈量：龛高一十一丈，广七丈，深五丈，佛身通高一十丈，坐广五丈有六尺。现在实测结果是：座高 2.4 米，正面跌坐高 13.23 米。[3] 奝然说它是"百尺弥勒石像"一点也不虚。尤其让奝然感慨的是大弥勒佛像的奇特"梵容"，这可以说是释迦的真面目，而不是他在日本通常所见之佛像，完全一副日本化的面孔。因为这是一座前建台阁殿堂的大像窟，所以奝然不由得不赞叹它的"灵阁巍巍"[4]，感动不已。

十月十八日，奝然到扬州龙兴寺，目的是为了参拜释迦牟尼佛像和佛牙舍利。

十一月十五日，入泗州普照王寺参拜观音菩萨。

到太宗雍熙元年（日永观二年，984）四月，上五台山于菩萨真容院礼拜了文殊菩萨。

奝然在宋巡礼期间所观之像有罗汉、有菩萨，更有大佛，其中奝

---

[1] 任继愈主编：《中国佛教史》第三卷，中国社会科学出版社 1988 年版，第 744 页。
[2] 〔日〕塚本善隆：《塚本善隆著作集第七卷·净土宗史、美术篇》，第 215 页。
[3] 任继愈主编：《中国佛教史》第三卷，第 745 页。
[4] 〔日〕塚本善隆：《塚本善隆著作集第七卷·净土宗史、美术篇》，第 215 页。

然最希望观礼的就是释迦牟尼栴檀瑞像。太平兴国八年（983）九月，当台州官员传达了朝廷批准的旨意之后，奝然北上汴梁，途中必经淮南扬州开元寺。我们相信奝然一行一入扬州就直奔开元寺，目的就是要朝拜开元寺内来自印度的著名优填王造释迦像，这是他们早就计划好的。但让他们败兴的是，佛像已经被转移到都城汴梁，参拜不成了。寺僧建议奝然等人不要急，到京城再请求参拜也不难，奝然等到京的时候果然向宋太宗皇帝申请，得以批准入内里滋福殿礼拜供养。

随从奝然来宋求法巡礼的弟子盛算，在停住扬州开元寺和汴梁观音院期间特意抄写了《优填王所造释迦栴檀瑞像历记》[1]，在该《记》附记的以下内容中，我们也可以看出他们师徒此行显然是有计划的：

> 先师法桥上人（考：赐资法济大师奝然。——原注）为果宿念，本朝永观元年八月一日驾吴越商客陈仁爽、徐仁满等归船渡海，当大宋太平兴国八年着彼朝岸。其后至十月蒙宣旨，得台州使入京。之间，十一月十八日，到淮南扬州开元寺，安下地藏院，为是礼拜栴檀瑞像也，而有阁其像不坐。爰就寺僧寻问之处，答曰："瑞像始自晋代至于大晋高祖代数百岁，安置于当寺，代代帝王供养。而逮于伪吴大丞相李昱（煜）为政，吴称大唐之时，迁江都南升州金陵建业城，彼时，件瑞像移以安置长先寺，即伪唐升元年中也。当大朝大晋大祖石皇帝之代矣。至大宋太祖皇帝乾德年中，破伪唐金陵，擒伪主李昱（煜），入京师之日，迎栴檀像，安置东京梁苑城左街开宝寺永安院中供养。大宋第二主今上

---

[1] 该记注明为"江都开元寺讲经论内殿陪从赐紫沙门十明上"，据说是由后唐长兴三年（932）江都开元寺僧十明所撰（待考）。

皇帝，迎入内里滋福殿，每日礼拜供养。僧等到京之日，礼拜不难者。"

盛算住院之间，传写此记早毕。

十二月十九日到京。廿一日日本僧等入觐皇帝，即蒙圣旨，与客省承旨行首张万进，共入左街明圣观音禅院，得住房安下。明年正月中蒙圣旨，巡礼京大小寺院。之后，经奏闻，与张行首共参入滋福殿，大师并一行人礼拜瑞像。三月奏闻参五台山由，随赐公凭参山。巡礼山中之后，巡游诸方圣迹，其后归到东京。

爰大师有移造此像之心，欲奉造之间，其像移以安置内里西化门外新造启圣禅院。院是今上官家舍一百万贯钱所造也。于是招雇雕佛博士张荣，参彼院奉礼见移造。彼朝雍熙三年，载台州客郑仁德船，奉迎请像耳，本朝永延元年（987）也。[1]

对于南都诸寺众望所归的奝然来说，他是不会只为个人的观像修行而来宋，并入天竺的，他不是为独善其身而来，信仰大乘佛教的他来宋朝的目的是普度众生。从小处看，奝然此举是为了方便日本僧俗的观像修习而积累功德；从大处着眼，他更是为了在日本建立新的"释迦一佛月氏之戒坛，兼写久远迦叶之法式"[2]。

佛教徒最初雕刻并树立佛像的目的是为了宣传佛教，因此"设像"、"行像"和课读佛经传教是紧密结合在一起的。佛教在中国初传

---

[1]〔日〕铃木学术财团编：《优填王所造栴檀瑞像历记》，《大日本佛教全书》第51卷（图像部一），东京：讲谈社昭和四十七年（1972）版，第50页下—51页上。
[2]〔日〕佚名：《南都叡山戒胜劣事》，《大日本佛教全书》第105册《戒律传来记（外十一部）》，东京：名著普及会平成二年（1990）版，第15页。

的时候便是如此，三国时期的康僧会自西域来中国，"欲使道振江左，兴立图寺，乃杖锡东游，以吴赤乌十年（公元247年。——原注）初达建业，营立茅茨，设像行道"[1]，因而取得最大成效，"由是江左大法遂兴"[2]。奝然来宋朝的目的，延历寺在为他出具的《牒大唐天台山国清寺》这一牒文中已经公开说明是"志在斗薮"。要想在日本国都西边的爱岩山"为是斗薮"，他必须设像立尊。针对当时所处的末法时代，面对大众灭法的绝望，他最好是迎立释迦牟尼佛像，这是依据"回归释尊的根本理念"[3]，当然这是一种形式上的回归。依据《梵网经》偈颂所说的：毗卢舍那佛，化千百释迦，复显千释迦；释迦千百亿，来迎众微尘。迎立释迦牟尼瑞像也是情理之中。奝然在《为母修善愿文》说"愿次诣中天竺，欲礼释迦之遗迹"，便是暗示要迎来释迦牟尼真身佛像。释迦牟尼是最早被称为"佛"、"如来"、"登正觉"、"无上士"和"世尊"的，其他佛、菩萨都是后来补充的，例如弥勒佛，根据《增一阿含经》，他曾是释迦牟尼身边受法的菩萨，释迦预言弥勒于30劫后当成佛。按照大乘佛教的一般说法，在释迦死后五十六亿七千万年，弥勒菩萨将从兜率天宫下降娑婆世界成佛，教化众生。奝然迎来释迦牟尼真身佛像，既是回归佛祖，也是顺应灭法时代的需要，和他的弥勒净土信仰是一致的。

在《优填王所造栴檀瑞像历记》的附记[4]中，盛算法师说明了奝然参拜和摹写、雕刻的大体经过。奝然礼拜释迦牟尼栴檀瑞像的目的

---

[1]（梁）释慧皎撰：《高僧传》，第15页。
[2] 同上书，第16页。
[3]〔日〕冈玄雄：《日宋交涉と南都净土教》，载《佛教史学》第八卷第一、二合刊号，1959年版，第59页。
[4] 此可视为盛算有关奝然的回忆录，该《记》内容可以补充或者佐证奝然的日记。

是为了摹写并请回日本，观像这一目的在他于雍熙元年（984）正月到汴梁之后便得以实现，倘若他只为巡礼而来，他可以到此为止。但奝然在得到批准礼拜栴檀瑞像的同时摹写了佛像，因为弟子盛算也是在同时抄写了《优填王所造释迦栴檀瑞像历记》，这从该记后所注"雍熙二载乙酉二月十八日，于梁苑城左街·明圣观音禅院，借得开宝寺永安院本写取。日本国东大寺渡海巡礼五台山僧盛算记"的内容可知，[1]这是在汴梁所抄，是在奝然请人临摹佛像的同时。如此看来，奝然早就有礼拜和奉请栴檀瑞像的计划，摹写带回日本也并非一时兴起。奝然之所以摹刻释迦牟尼佛像回日本，因为这是传说中的第一尊佛像，成于释迦牟尼生时，在通常情况下，寺院大殿供一位主尊的时候一般都是供奉释迦牟尼像，因为他是佛教的缔造者。在释迦牟尼像的三种姿势中立像最适合当时的日本，该像左手下垂作"与愿印"，表示能满足众生愿望；右手屈臂上伸作"施无畏印"，表示能解除众生苦难，这正合末法时代厌离秽土的日本人的需要。因为释迦牟尼佛像"写貌或至于中华，以日域之遐陬，想梵容而难睹"，奝然一回到台州就着手雕刻释迦牟尼佛像，"舍衣钵，收买香木，召募工匠，依样雕锼"[2]，可见工匠他早就物色好了，那就是请"大宋台州张延皎并弟延袭雕"[3]。1953年，日本政府组织考察研究该像时，在像背后的盖板题款上发现了这几个字。

瑞像开雕时间是在宋雍熙二年（985）七月二十一日。从八月一日

---

[1] 〔日〕铃木学术财团编：《优填王所造栴檀瑞像历记》，第50页—50页。
[2] 〔日〕塚本善隆：《塚本善隆著作集第七卷·净土宗史、美术篇》，第216页。
[3] 转引自〔日〕毛利久：《清凉寺释迦像变迁考》，载日本《佛教藝術》第9编第35号，每日新闻社昭和三十三年（1958）版，第2页。

开始，奝然发心转读《大藏经》。从造像愿文《奝然入宋求法巡礼行并瑞像造立记》中，"奝然又于今月一日发心转读《大藏经》，以皇帝乾明节，上扶圣寿，仍答鸿恩，然（燃）烛焚香，开函展卷"这一补述来看，[1] 他对于宋太宗皇帝的恩遇，以致经、像的顺利获得是非常感激的。到八月十五日，瑞像雕刻完成，开始为瑞像装入五脏。因为奝然在台州停留期间与中国僧界名人之间的交往非常密切，在为瑞像装入五脏之时，奝然请台州僧鉴端代笔撰写了以上造像愿文并装入佛像内脏。在台州期间和僧界、俗世广泛结缘的奝然肯定为释迦牟尼佛栴檀瑞像装入内脏进行了化缘活动，当时希望与佛像和日本结缘的台州民众一时踊跃结缘，纷纷舍钱财物品入藏，奝然为他们注名结缘并见证。1953年从佛像胎内发现多份宋人布施的名单，以下奝然所记的《入瑞像五藏具记拾物》就可见宋人在该瑞像胎内施入物品的情况：

入瑞像五藏具记拾物

台州都僧正景尧舍水精珠三颗。

开元寺僧 德宣舍水精珠三颗，

僧 保宁舍水精珠二颗，

僧 居信舍玛瑙珠一颗，

僧 鸿炽舍水精珠一颗，

僧 鉴端舍水月观音镜子一面、铃子一个，

僧 清聋舍银弥陀佛、水月观音镜子一面，

僧 契瞻舍佛眼珠一双，

---

[1] 〔日〕塚本善隆：《塚本善隆著作集第七卷·净土宗史、美術篇》，第216页。

> 僧 契宗舍镜子一面，僧 建宝舍金刚珠四颗。
>
> 苏州道者僧舍水精珠一颗
>
> 妙善寺尼 清晓、省荣、文庆，并余七娘，舍佛五脏一副：胃（白色）、心（赤色，藏玉）、肝（赤色，藏香）、胆（绀色，藏舍利）、肺（红色，藏梵书）、肚（锦，藏香）、肾（紫色，藏香）、喉（白色）、肠（白班色）、背皮（白色）、（黄色）。
>
> 造佛像博士 舍文殊像入肉髻珠中。
>
> 陈袍儿年一岁，舍入右手银钏子一枚
>
> 日本国东大寺法济大师赐紫 奝然舍佛舍利一颗、菩萨念珠一钏、镜子一面、《最胜王经》一部、裟罗树叶、金玉宝石等。
>
> 日本国僧 嘉因舍小字《法华经》一部，灵山变像一（幅？）。
>
> 雍熙二年八月初七日造像之次，入佛牙于像面，至巳后时，佛背上出血一点，不知何瑞，众人咸见，故此记之。雍熙二年八月十八日。
>
> 法济大师赐紫 奝然（自署）录，
> 　　造像博士张 延皎，
> 　　勾当造像僧 居信。[1]

从《入瑞像五藏具记拾物》中可知，宋人所施舍的水晶、玛瑙之类为"七宝"之属，但足以反映出当时宋朝民众的宗教热情，其中水晶珠、玛瑙珠和金刚珠大概为佛舍利的替代品或象征物。愿文落款为"时皇宋雍熙二年太岁乙酉八月十八日记"[2]，可知瑞像入藏装封完备

---

[1] 〔日〕《释迦信仰と清凉寺》，第91页。
[2] 〔日〕塚本善隆：《塚本善隆著作集第七卷·净土宗史、美術篇》，第216页。

是在八月十八。奝然选择这一天封藏具有特别的意义，这一天正是他入宋在台州上岸二周年的纪念日，可见入宋一事在他心目中的地位。

盛算的《优填王所造栴檀瑞像历记》后半部分可能是他在奝然死后补写的，从"盛算住院之间，传写此记早毕"几个文字看，它是分两次完成的。此中有几处错误，有些是记忆错误，奝然所请的雕像工匠是张延皎、张延袭兄弟，他在《优填王所造栴檀瑞像历记》中说雕像师为张荣当为记忆之误。有些便是有意造假了，其目的一是为了纪念奝然的功绩，二是为了抬高请来佛像的身份，即为"梵容"原像，而不是摹写。佛像雕刻地点当在台州，而不是所谓的汴京（开封），说将"其像移以安置内里西化门外新造启圣禅院"雕刻是不可能的，[1] 更不可能在被替换之后于众目睽睽之下，从汴梁运到台州，再运到日本而无宋人发觉。两种记载，奝然的《奝然入宋求法巡礼并瑞像造立记》比盛算的更为可信，一个是当时而记，一个是事后而作；一个是面对神佛良心，一个是面对浮生大众。因此日本有关记载说真佛像被替换并偷运到日本是不可能的，日本后世的这一传说和记载是不可信的，不过是盛算等人希望借此抬高日本清凉寺的地位和影响。在他的这一谎言影响之下，日本人长期以来竟然都相信在京都清凉寺所供奉的这尊栴檀瑞像就是当年优填王所雕刻的那尊，直到 1953 年它胎内各种文书被发现谎言才被揭穿。

另外，奝然他们请回日本的佛像也不止释迦牟尼这一尊。988 年，奝然曾派遣弟子嘉因等到宋朝五台山施财供养，并为日本请回一尊文殊菩萨雕像。宋淳化二年（991）"六月三日，奝然法桥弟子僧，奉迎

---

[1]〔日〕《释迦信仰と清凉寺》，第 46—51 页。

唐佛入洛"[1]，这是指《日本纪略》所载嘉因等人迎请文殊像一事。到镰仓时代（1192—1333），日本人还特作一幅《文殊渡海图》见证文殊密法的东传日本，该图现藏于日本京都醍醐寺。这两尊宋朝雕像东渡日本都轰动了列岛。

当时日本流行的观像修行也是受印度和中国文化的影响。古代印度人迷信相貌形容，认为凡是将来有大作为的人必然有一种与众不同的好身材、好相貌，被神化的佛因此具有非凡的"三十二相"、"八十种好"，全称"相好"，成为僧徒崇拜的对象。于是在佛教徒之中便有了"通过观察体味佛的体貌相好而净化自己的灵魂"的修持方法，名曰"观像"。[2] 传到中国，出现了许多因观像而得道的教徒，《高僧传》中有关观像而"觉禅"、观像而欣喜"坐化"的记载比比皆是。10世纪末的日本，源信等是倡导观像念佛的最得力者，著作郎庆滋保胤撰《十六相赞》可以说是支持他的"观相念佛"主张的。奝然983年也正是在这种气氛之下渡海来宋朝求"梵容"佛像的。

大乘佛法的修行主张自利而利他，奝然在宋发愿摹写释迦牟尼栴檀瑞像并非独善其身，为个人往生自救，他的心愿在宋雍熙二年"太岁乙酉八月十八日"请宋僧鉴端代笔撰写的造像愿文《瑞像造立记》（详细参见附录一）中已经很清楚地表达了，即"奝然所意者"，首先是"奉酬父母养育、师主训持、国王荫庥、诸佛救度"这"四恩"。具体来说就是：

        恭愿唐土帝皇丕业等无疆之化，本国国主崇基延不朽之期，

---

[1] 转引自西冈虎之助：《奝然の入宋について》，第779页。
[2] 吴焯：《佛教东传与中国佛教艺术》，浙江人民出版社1991年版，第38页。

当朝大人、此郡太守各承余庆、俱叶长年。

其次，愿三世父母、曩劫亲缘、一切有情、无边含识，生生世世休轮回于六趣三途，念念心心速断绝于十缠五善（盖？）。[1]

更主要的目的就是他在随后说的"阐扬正法，兴显大乘"，镇护国家了。他祈祷"还家而海道平宁、龙神垂助"是为了"到国而人心喜悦、少长无灾"。他虽然是以"寂灭为乐"，但如果"入禅定，勿（忽？）诸难缘，上品上生，了空了性"的话，他便要"恒将妙用，普度众生"，"然后包括十方，该罗三界"，使"但有见闻之者，俱超解脱之程"了[2]。这可是非常宏伟的誓愿，不是为了增长个人的福田。所以，他在《记》的结尾点明，雕刻释迦牟尼佛像的目的是要"以此功德，平安渡海，归到本国，兴隆佛法，利益王民"[3]。这就说明他的所作所为超出一般的巡礼之外了，他这是强调来宋的目的是求法，回日本兴法。

一般学者都认为"佛像的产生或受耆那教等其他宗教的影响"[4]，本书认为应该包括婆罗门教等外道的影响。我们知道，密教尊奉的最高神名叫大日如来，又称摩诃（大）毘卢遮那（日）。据说，大日与释迦牟尼为同一佛，大日是法身，释迦是应身。释迦牟尼瑞像摹刻与奝然的密教引进是相连的，密教所鼓吹的最大功德就是镇护国家。

我们这里要提醒读者注意的是，在释迦牟尼佛栴檀瑞像的胎内藏

---

[1]〔日〕塚本善隆：《塚本善隆著作集第七卷·净土宗史、美術篇》，第216页。
[2] 同上。
[3] 同上。
[4] 阮荣春：《佛教南传之路》，湖南美术出版社2000年版，第6页。

入了细字《金光明最胜王经》(唐义净译)、宋朝版本《金刚般若波罗蜜经》和细字《法华经》。根据奝然所记的《入瑞像五藏具记拾物》,《最胜王经》为日本国东大寺僧奝然所舍,小字《法华经》乃嘉因所舍,这是他们随身携带之经,也是必读之经。日本圣武天皇神龟五年(728)曾经下令将《金光明最胜王经》向全国颁发,天平六年(734)又下令把背诵《法华经》或《最胜王经》作为得度出家的条件。《金光明最胜王经》和《法华经》、《仁王经》一起成为最广受日本人信仰的镇护国家的三部经,自佛教传入日本以后就一直被日本朝廷尊奉为护国经典,朝廷一直指导僧侣们在各种法会上念诵《金光明最胜王经》。奝然出身的日本东大寺就是依据这一护国经的思想发源建立的,它的正式寺名是"金光明护国之寺"。这样我们就知道奝然师徒为何各自携带这样的佛经,并舍入佛像胎内,他们不是仅为自己祈祷,而是为国家修法、祈祷。我们从保存下来的《金光明最胜王经》的照片上看到,它的末尾有"延历贰拾叁年叁月伍日书写仕奉大[1]一部十卷"的注记,"奝然"二字应该是他的亲自题名,[2] 这可是传世之宝。《金光明最胜王经》是日本现在古本保留最多的一部经。

宋朝版本《金刚般若波罗蜜经》是由谁舍入佛像胎内具体不详,该经背面有如下文字:"高邮军弟子吴守真舍净财此版印施,上答四恩三友,下酬生身父母,然保自身,雍熙二年六月日纪。"[3] 即在985年开版的。这些与祈祷法术和密教关系密切的佛经,纳入了释迦牟尼佛像胎内与密教有一定的关系。

---

[1] 字迹无法辨认,存疑。
[2] 〔日〕《释迦信仰と清凉寺》,第94页。
[3] 同上。

从艺术角度来看，在整个宋代，作为影响日本雕刻艺术的代表作品就是奝然携回的这一尊清凉寺式释迦牟尼佛栴檀佛像。这是奝然携带回日本的物品中最著名的，它就是现存于京都嵯峨清凉寺的佛像，已经被定为日本的国宝。该佛像可以说是印度艺术和中国艺术的结合，之所以如此说是因为雕刻者造像博士张延皎在雕刻的过程中融入了中国人的思想和审美观，有学者怀疑此像从印度传来的真实性，如此则更说明中国风格的存在。

这尊犍陀罗风格的栴檀佛像对于后来日本的佛教信仰和佛教艺术发展都产生了深远的影响，传入日本不久就被摹写、摹刻。根据毛利久的调查研究和统计，日本现存的清凉寺释迦像的摹刻作品有六十尊以上，足见当初它如何地盛行。[1] 摹写的同类佛像中，著名的有唐招提寺、西大寺、极乐寺、延命寺西塔、称名寺等的释迦牟尼像，这些像被通称为"清凉寺式释迦像"。

二、"四曼相大"——奝然引进密教曼陀罗与仪轨的指导思想

密教之所以能够吸引民众并征服大众，是因为宣扬它的佛教徒利用了人们希望借助神奇力量获得救助的心理，鼓吹修行法术的威力和持诵秘密咒语而得破惑证真的方便。这些咒语被称为"真言"，故密宗又称真言宗。密宗或者说密教的法门有金刚界、胎藏界两部，即智慧别、理平等二门。其中智慧别（金刚顶部）的经典为《金刚顶经》，理平等（胎藏部）的经典为《大日经》。密教在亚洲一些国家的发展借助

---

[1] 〔日〕毛利久：《清凉寺释迦像变迁考》，载日本《佛教藝術》第9编第35号，第11页。

了其巫术、原始崇拜等的社会基础，而日本民族是一个爱事鬼道，流行巫术行事，相对迷信神奇的群体，所以，当系统的密教传到日本，并和传统的神道信仰结合之后，它的发展非常迅速。

10世纪末正值日本密宗发展进入鼎盛之际，奝然在这个时候来宋求法，自然关注中国佛教的各种密教事相、行事和做法。在由宋僧端鉴代笔的《瑞像造立记》这一愿文的末尾，我们注意到奝然特别补笔注明了自己在宋朝寻求密教的经过：于宋太宗雍熙元年（984）"六月十八日，参洛京龙门，礼拜善无畏三藏真身"，若为巡礼而来，他可到此为止，可是他却在同年"七八月中，受学清昭三藏金刚界胎藏界两部、三密大教、五瓶灌顶已了"[1]。此清昭三藏为梵学僧，是参与982年太平兴国寺译场译经事业，负责笔受、缀文的高僧之一。有这些来宋朝的印度僧和宋朝培养出来的梵学僧为师，奝然根本不用再说去印度求密法和仪轨了。奝然如此热心于研习密教，还因为他所出自的东大寺东南院有兼修密法的传统，在奝然有限的日记残篇中，我们可以发现他许多关注密宗修法、研究密教法术的实例。奝然上五台山路过德州途中，他在日记中有如下记载：

《奝然记》[2]云：见德州节度使张太保葬送。葬送作法异本朝，或歌或舞云云。僧等唱尊胜佛号，步送墓所。云云。[3]

另外，奝然巡礼洛阳龙门期间的日记，有如下被后人引用的文字：

---

[1]〔日〕塚本善隆：《塚本善隆著作集第七卷·净土宗史、美术篇》，第216页。
[2] 见于日本《觉禅抄·尊胜法》在"葬礼唱名号事"条中。
[3]〔日〕高楠顺次郎编：《入唐诸家传考》，第178页中。

《奝然在唐记》[1]云：六月十八日，洛中逢崇智阇梨，问受法事。答云：崇智只习金刚藏教灌顶，胎藏界未受。又问血脉。答云："金刚智三藏授不空。不空授智慧轮三藏，后当京天寿寺逻保阇梨授演秘大师。大师授法界观阿阇梨。阿阇梨授崇智。"云云。今夜阇梨修施饿鬼法，头五悔及真言音韵，如日本东寺所传，此甚敏也。文（《菩提心论目抄》一）[2]

前一记载可知，奝然仔细地比较和研究了宋朝葬礼采用佛教做法，发现修施饿鬼法中"头五悔及真言音韵"和日本做法的异同。[3] 在洛中逢遇崇智阇梨时，奝然问受法血脉之事，也是了解自己与崇智阇梨之间的师承血脉关系。

密教的传教特点除了表演神气活现的神通修法之外，便是展示各种图像绘画。"密教把所有佛教理论都用形象表达出来。显教中对某一理论问题的系统解释，密教便用有一定组织的形象来表达，这种形象名为'曼陀罗'，译为'坛城'"[4]。这就是奝然来宋朝之后携大量佛画、曼陀罗（或作"曼荼罗"）回日本的重要原因。

奝然来宋朝求法的主要目的，尚不能断言说就是为了求密宗法术和密教经典，他求回的新译经中自然有密教部，宋初的译经也是以密教为主。密教虽然不像其他显教强调理论，但密教经典中的咒语和仪式等也让人难以理解，于是他们便树立偶像，借助偶像的魅力征服民

---

[1] 见于日本《杂杂见闻集》（呆宝记）第六（东寺金刚藏藏）记"一智惠轮三藏为不空三藏弟子事"条。
[2] 〔日〕高楠顺次郎编：《入唐诸家传考》，第 178 页—179 页。
[3] 同上书，第 179 页。
[4] 周叔迦：《周叔迦佛学论著集》（上、下），中华书局 1991 年版，第 681—682 页。

众，佛教中偶像崇拜的泛滥与密教的发展有重要关系。

密教能征服大众在于它法术咒语的威力和图像魅力，它还可以和雕像互相配合。密教与显教的主要差别是，显教注重理论而密教相对注重事相。仪轨是如来为了以秘密顿证的仪式来度济众生所指示的规范，简而言之就是仪式的规则。密教是以仪轨宣传如来之尊形，讲解对它的礼拜、供养、念诵方法，从而有经就必须有仪轨，经为理论，仪轨为实践。只有通过它们的结合才能达到密教"即生成佛"的境界。携带各种密教图像、仪轨回日本在空海以后来唐日僧中已经形成风气，其理由奝然的真言宗祖师空海作了如下解释：

> 法本无言，非言不显；真言绝色，待色乃悟。虽迷月指，提撕无极。不贵惊目之奇观，诚乃镇国利人之宝也。加以密藏深玄，翰墨难载，更假图画开示不悟。种种威仪、种种印契，出自大悲，一观成佛，经疏秘略载之图像，密藏之要实系乎兹。传法受法弃此而谁亦？海会根源斯乃当之也。[1]

既然这才算是真正的求法和"传法受法"，既然祖师质问"弃此而谁亦"，奝然肯定会模仿他的祖师空海和尚，像他们一样求得曼陀罗（曼荼罗）秘宝归日本。我们从奝然的日记残篇断简来看，奝然是非常重视和研究佛像、变相等的仪轨的，这与他为建一伽蓝而入宋的目的有关。奝然师徒从宋朝求回的密教仪轨有若干种，其一即奝然弟子嘉因、祚壹等自宋朝携回日本的《消灾仪轨》，全称《药师如来消灾除难

---

[1] 〔日〕空海：《御请来目录》，载《大正藏》第55卷，台北：新文丰出版公司影印版，第1064页。

念诵仪轨》,也有说是奝然请来的。据日本《大正藏》第923载:"《药师琉璃光如来消灾除难念诵仪轨》一部,一行阿阇梨撰,东大寺奝然弟子祚壹之所请也。"[1] 又《鹅珠抄》等书有如下记载:

> 或人云:七星二十八宿十二宫,各别真言者,奝然请来《胎藏仪轨》在之。云云。
>
> 奝然法桥请来《慈氏轨》云:坐七宝金山(文)。
>
> 世人称《决定往生真言》是奝然法桥请来。
>
> 三十卷《教王经》请来之。[2]

以上是奝然等在宋朝求仪轨的证据,可见其属于密教真言仪轨。奝然具体从宋朝求回什么样的曼荼罗,以助日本同胞获得即身成佛的方便法门?现在未见有关记载和流传下来的实物,无法考证,但我们相信奝然肯定会模仿他的祖师空海和尚在宋朝求得曼荼罗秘宝回归日本,这是受到祖师"弃此而谁亦"的质问,以及"四曼相大"的真言宗教相判释思想的影响。

何谓"四曼相大"?真言宗的要领可以用"体、相、用"的"三大"来说明。地、水、火、风、空、识是"六大体大";大曼荼罗、三昧曼荼罗、法曼荼罗、羯磨曼荼罗是"四曼相大";身密、语密、意密是"三密用大"。"四曼"之中,凡是诸佛、菩萨、诸神、诸鬼,以及

---

[1] 〔日〕《大正新修大藏经》(923)第十九卷,页23。该仪轨背面有"端拱二年正月八日庚寅日求寻得写了,日本国入唐五台山巡礼赐紫沙门某请来"的注释,据此则可断定嘉因为所请。端拱二年为989年。

[2] 转引〔日〕西冈虎之助:《奝然の入宋について》,第775页。

人们的身形、万物的形象皆属于大曼荼罗；对这一切的绘画也是。凡是诸佛、菩萨、诸神、诸鬼的印契，或如所用的东西，以及像人们的衣服等皆属于三昧曼荼罗；有关绘画也是。诸佛、菩萨、诸神、诸鬼等的名号则属于法曼荼罗。而诸佛、菩萨、诸神、诸鬼的威仪、事业属于羯磨曼荼罗。以上统称金刚、胎藏两部的曼荼罗。真言宗提出的三种即身成佛之一"加持成佛"就是依据相大的"四曼"。

下面我们看看奝然自宋朝求回什么样的佛画？佛画通称"变相"，曼荼罗可以算作佛画的一种。我们知道，中唐以后佛画在中国的流行，主要是由于大乘佛教中密教的一度兴盛而起，佛画的进一步滥觞不能不说是密宗的推波助澜。佛画在传教方面比佛经有更多的优势，"自宋代以后，佛教中颇多不见经传的附会之谈，它也反映在绘画之中"[1]。按照周叔迦的观点，佛画主要分为以下几类：佛像（最为有名的即"栴檀佛像"）、菩萨像、明王像、罗汉像、天龙八部像、高僧像、曼陀罗画（或曼荼罗）、佛传图、本生图、经变图、故事图、山寺图、杂类图、水陆图等14种，[2] 这些在宋代皆有流行。这些图像奝然可能毫无遗漏地传到了日本。在奝然所携回日本的佛画之中，部分佛像、菩萨像、罗汉像、经变图画在日本保存至今，仅在清凉寺释迦牟尼佛像胎内就保存了以下变相或曼荼罗：

纸本版画《灵山净土图》一枚[3]、纸本版画《弥勒菩萨像》

---

[1] 周叔迦：《周叔迦佛学论著集》（上、下），第682页。
[2] 具体参见《周叔迦佛学论著集》（下集）"漫谈佛画·佛画的种类"，第680—693页。
[3] 〔日〕《释迦信仰と清凉寺》，第96页。

一枚、[1]

纸本版画《文殊菩萨骑狮像》一枚、纸本版画《普贤菩萨骑象像》一枚。[2]

这些都是密教佛画，我们可以看到《普贤菩萨骑象像》（以下简称《普贤像》）和《文殊菩萨骑狮像》（简称《文殊像》）在图下面雕刻有真言咒语，日本学者有人认为这两图是一套。《文殊像》下面有文殊的五字真言"阿啰波遮那"（详细内容此略），菩萨头上云中的梵字为其种子。《普贤像》下的真言如下：

伏以等觉慈尊普贤大士，示难思之妙行，开方便之法门，说灭罪真言，除恒沙恶业。若能志心讽诵，每日受持，□□□垢蠲消亦，乃迎祥集福。普劝四众同心课持。真言曰：
□ 支波啄　毗营波啄　乌苏波啄□（？）[3]

从这些保存下来的《灵山净土变相图》、《弥勒菩萨图》及《普贤像》、《文殊像》等看，都是版画，可见当时是大量印刷并出售的。奝然很可能是在寺院或集市上购买来的，或别人购买施舍给他的，相信他带回日本许多类似的变相画，绝对不止藏在瑞像胎内这几件。我们从现藏于日本京都醍醐寺，镰仓时代所作并保存至今的一幅《文殊渡

---

[1]〔日〕《释迦信仰と清凉寺》，第97页。
[2] 同上书，第98页。
[3] 参见日本京都国立博物馆1982年展报告书《释迦信仰と清凉寺》第98页，《普贤菩萨骑象像》和《文殊菩萨骑狮像》插图。□为破损无法辨认之字。

海图》中完全可以作这样的判断,该图正是奝然师徒奉请文殊菩萨到日本的写真。

版画《弥勒菩萨像》右上角有"待诏高文进画"六字。待诏乃"翰林待诏"之略,此高文进乃宫廷画院画师,长于道释画,留有相国寺塔壁画等多种名作,是宋初著名画家。宋朝建有宫廷画院,他的画出现在民间,足见当时宋朝朝野一致的佛教信仰。在版画左上角有"越州僧知礼雕"五字,可知此雕刻者当为知礼和尚,他或仅施财而已,或亲自动手,从雕刻的时间和场所来判断,他可能就是后来著名的"四明尊者"知礼(960—1028)。从该画中部左边的刻字"甲申岁十月丁丑朔十五日辛卯雕印,普施永充供养",可知成画于宋雍熙元年(984)十月十五日。[1] 知礼自979年从中兴教观之祖宝云义通(927—988)学法,984年知礼24岁,在义通的门下已经崭露头角了。在台州、越州长期逗留的奝然与知礼谋面、论法也是情理之中的事。

奝然携回的菩萨画像内有一"线刻水月观音镜像",镜为白铜制圆镜,像刻在镜的背面,在偌大的镜面之上,除在中间雕刻观音坐像之外,上有浮云,下有流水浮莲;左刻供花与瑞鸟,右镂山坡竹林。线条流畅而明快,构图丰富而不紊,宛如一幅水墨画,此足见当时宋朝铜版画技术的高超。此种主体的水月观音不仅在元明两代流行,在日本南朝水墨画中我们也可以发现好几例类似构图的水墨画。[2] 据《入瑞像五藏具记拾物》所载镜为端鉴所舍,镜钮上结有绢制的纽带,上书"台州女弟子□娘舍带一条"[3]。可见当时宋朝佛画,无论是木版

---

[1] 〔日〕《释迦信仰と清凉寺》,第97页。
[2] 参见〔日〕《古寺巡礼·京都》21《清凉寺》,同朋舍昭和五十三年版,第122页。
[3] 〔日〕《释迦信仰と清凉寺》,第99页。

画还是铜版画已经大量印行,深入到宋朝普通民众之中。奝然自宋朝传入的大量佛像画极大地影响了日本。日本自平安中期以后,随着本地垂迹说的确立,大量制作类似的镜面像,这无疑是受到了宋朝铜版画艺术的影响,突出的证明就是此后藤原道长通过寂照师徒从宋朝奉请佛像。根据现有记载我们知道他曾经于1012年得到"天竺观音"一幅,1013年再得"天台山图"一幅。其他公卿贵族如藤原实资等也通过宋朝客商或奝然弟子的关系,从宋朝奉请文殊像、十六罗汉像等。

奝然为日本的求法还有一个重要贡献,为日本引入了罗汉画与罗汉信仰。奝然上天台山巡礼的目的之一就是瞻仰和供养四果罗汉,这是自来唐留学僧圆珍上天台山供养五百罗汉以来形成的惯例,但是来中国天台山"渡石梁、瞻四果之真居",对于当时远在海岛的日本人是很难做到的,让所有的日本人都得以瞻仰罗汉无疑是巨大的功德,这就是他携十六罗汉像回日本的目的。天台山信仰在日本广泛影响的原因之一就是,这里是罗汉显现之地。

罗汉信仰在中国的流行恰恰在会昌毁佛事件发生之后,到五代宋初,中国江浙一带罗汉信仰流行尤为突出,因为这是中国化的信仰,罗汉的性格特征更容易被大众接受,所以一时流行出售大量的罗汉画和罗汉雕刻。关于十六罗汉的雕刻方面,最早的有杭州烟霞洞吴越国忠懿王命吴延爽造的十六罗汉,[1] 吴越国忠懿王时造。到宋代增补僧像一,布袋和尚像一,凑数十八。至于画十罗汉像在唐朝末年就流行了。吴越王钱氏造五百铜罗汉于天台山方广寺,显德元年(日天历八年,954)道潜禅师得吴越王钱忠懿王的允许,迁雷峰塔下的十六罗汉

---

[1] 周叔迦:《周叔迦佛学论著集》(上、下),第708页。

大士像于净慈寺，创建五百罗汉堂。宋太宗于雍熙元年（日永观二年，984）造罗汉像五百十六身（十六罗汉与五百罗汉的合并），奉安于天台山寿昌寺。[1] 想必这些奝然也是能够见到和感受到的，何况天台山石桥五百罗汉的名号早已闻于日本。

中国在画罗汉像方面，五代时期因罗汉信仰的流行，罗汉像名画师辈出，主要集中在四川、吴越两地，有南唐的陶守立、王斋翰、赵元长[2]，前蜀的李升、张玄，吴越的王道求，而以前蜀贯休最为有名。[3] 这些人离奝然入宋时代不远，贯休所绘罗汉，"形多古野"[4]，奝然所携罗汉画就是这一风格。

奝然在台州停留了一年多时间，自然受到了宋朝罗汉信仰的影响。所以，奝然返回日本的时候带回十六罗汉画像。该十六罗汉画，现藏在京都西部的嵯峨清凉寺（也被日本政府定为国宝，据说原作被烧毁，现为摹写品），它确"是最早传到日本来的罗汉像，但不是著名的有'罗汉面孔'之称的贯休大师的罗汉画，而是另一个系统的李龙眼的十六罗汉画像"[5]。奝然是为日本输入罗汉信仰的先驱。他是为日本国家的宗教事业而输入的，这是一个巡礼僧所无法想象的事。当时的日本是把佛教作为国教的。罗汉画的输入对于日本镰仓时代的佛画颇有影响，尤其是对于改革宅磨派画法起了颇大的作用。罗汉画是禅宗兴起的标志，罗汉的风格就是禅僧生活粗犷风格的写真。镰仓时代创

---

[1] 周叔迦：《周叔迦佛学论著集》（上、下），第711页。
[2] 参考〔日〕梶谷亮治：《十六羅漢像について》，载日本《佛教藝術》第172号，1987年版，第123页。
[3] 周叔迦：《周叔迦佛学论著集》（上、下），第707页。
[4] 同上书，第230页。
[5] 〔日〕道端良秀著，徐明、何燕生译：《日中佛教友好二千年史》，第71页。

作的《释迦三尊十六罗汉》是受此影响的代表作之一，可以认为是以奝然所携回的佛画为蓝本而创作的。从释迦牟尼佛到文殊菩萨，再到十六罗汉，奝然系统地迎来了中国的佛宝。

三、舍利建塔——奝然来宋朝学习造塔法的目的

奝然来宋朝是为了求法，求法的目的是为了回日本开山建寺，立宗传法，履行与同学义藏一起立下的誓愿。我们发现他在宋期间就在认真作此准备了，那就是对佛舍利的参拜和迎求；另一个主要的根据就是他处处观礼佛塔，关注造塔技术，描绘宋朝新旧佛塔的塔样。

佛塔梵文作 Stupa[1]，寺院的重要标志，是古代印度分奉祀佛骨的圣所，其建筑形式独特而多样。虽然早期的佛教没有佛像，但是不能没有佛塔，因为那时感觉如来太伟大了，不能用固定的形象去限制他。《增一阿含经说》："如来是身不可造作"、"不可摸则，不可言长言短，音声亦不可法则。"[2]但这不利于他的思想的传播，于是，凡是需要用到佛祖的形象的地方，用一些佛教故事中的象征物来代替，例如用菩提树代表佛祖的成道，法轮代表说法，塔则代表涅槃。因此，阿育王（？—公元前232）大兴佛法，置释迦牟尼于神的地位，不仅建造了巨大的砖塔，还建造了众多的小塔广送他国，但他不准雕造佛像，于是人们便通过礼塔而敬佛。

---

[1] 有率堵婆、私偷簸、偷波、佛图、浮屠、浮图、支提等不同的音译，有方坟、圆冢、高显、灵庙等不同的意译。根据任继愈主编的《中国佛教史》（第三卷），塔的本义有二，既为聚相方坟，同时亦为佛庙、佛堂。
[2] 转引自《佛教南传之路》，第1页。

根据《高僧传》一书的记载，中国建佛塔传教，最早是在三国时期的吴国。佛教传入中国以后，西域康僧会（？—280）较早来到吴地，以"如来迁迹，忽逾千载，遗骨舍利，神曜无方，昔阿育王起塔，乃八万四千。夫塔寺之兴，以表遗化"来劝说孙权立塔建寺，[1] 兴教传法。孙权认为康僧会是在夸诞舍利的神奇，当即表示"若能得舍利，当为造塔"，但同时也约定，如果舍利并不见神奇，康僧会所说虚妄，就要用刑于他。经过三七二十一日的礼请之后，康僧会果然得舍利于瓶中，呈献的时候，"举朝集观，五色光炎，照耀瓶上"，但孙权要亲自检验，于是"自手执瓶，泻于铜盘，舍利所冲，盘即破碎"，这让孙权肃然起敬。在康僧会的建议之下，他又下令"置舍利于铁砧磓上，使力者击之，于是砧磓俱陷，舍利无损。权大叹服，即为建塔，以始有佛寺，故号建初寺，因名其地为佛陀里。由是江左大法遂兴"[2]。不管以上记载是否属实，可见中国塔寺之兴与舍利信仰有着根本的关系。

舍利在梵文中作 sarira，指佛的遗体焚化后结成的珠状物，传说晶莹明亮，击之不碎，正是它这一些神奇之处激发了一般民众对于佛祖及其所传佛教的关心。其他的身骨、牙齿、毛发等，也被称为舍利而受礼拜。佛教徒非常看重佛舍利，《大般涅槃经后分》就十分明确地说："供养舍利即是佛宝，见佛即见法身。"[3] 此表示佛去而舍利留，佛灭而法不灭，舍利信仰促进了中国塔寺的兴起和发展。虽然晚唐韩愈曾上表反对迎佛骨舍利，但到宋初，佛舍利信仰再次复兴，"宋太宗建启圣禅寺，奉优填圣瑞像、释迦佛牙"。此佛牙即著名的"北天佛牙"，

---

[1]（梁）释慧皎撰：《高僧传》，第16页。
[2] 同上。
[3] 转引自《佛教东传与中国佛教艺术》，第48页。

此时已经由"太祖亲缄银塔中"。如三国时期的孙权一样，"初太祖疑佛牙非真，取自洛，以火煅之，色不变，遂制发愿文。太宗复验以火，亲制偈赞"[1]。于是全国各地各大寺院一时大兴土木，立塔建堂。不少天竺僧人闻风携佛舍利及贝叶梵经而来，更有大批宋朝僧人去印度求佛舍利。佛祖已灭千年，哪有这么多的佛舍利等着宋僧来取，不过我们相信，尽管一时鱼目混珠，还是有一些印度高僧舍利在其中。如《佛祖统纪》卷第四十三载：

  （太平兴国）三年（978）三月，赐天下无名寺额，曰太平兴国、曰乾明。开宝寺沙门继从等，自西天还献梵经、佛舍利塔、菩提树叶、孔雀尾拂，并赐紫方袍。
  中天竺沙门钵纳摩来，献佛舍利塔、氂牛尾拂。
  敕供奉官赵镕往吴越迎明州阿育王佛舍利塔。[2]

《佛祖统纪》中关于宋初此类事件的记载举不胜举，此可见宋朝皇帝之深好，臣下僧俗供奉之殷勤，舍利佛塔的兴建一时繁盛。此后天竺僧天息灾、施护、迦罗扇帝等络绎来宋，都携有佛舍利等物上献。淳化四年（日正历四年，993），宋太宗"诏西边诸郡，梵僧西来，中国僧西游而还者，所持梵经并先具奏，封题进上"[3]，其中当然少不了舍利。我们从奝然巡礼日记的残篇中就发现有不少关于参拜舍利的记载，可见他受到宋朝这一风气的影响，何况他也是基于这一信仰而

---

[1]（宋）志磐：《佛祖统纪》，第460页下。
[2] 同上书，第397页。
[3] 同上书，第401页。

誓愿建伽蓝兴佛法的。因此，他来宋朝求舍利也可以视为求法。日本《字类篇》一书的零页（页原文作"叶"）中引用有《奝然巡礼记》中的如下内容：

> 入龙兴寺（考：扬州鉴真和尚本住寺。——原注）礼佛舍利，其形如水精碎，彼舍利者，往代从西天赍来。云云。[1]

这说明了奝然所见舍利的形状"如水精碎"。日本《觉禅抄·舍利法》亦有相同的记载，《字类篇》的记载可能来自该书。似乎奝然在扬州龙兴寺所见舍利不止一件，日本《鹅珠抄》卷六"佛牙事"条又有如下转载：

> 《奝然法桥在唐记》云：（中略）又云，龙兴寺拜佛牙，长一寸余，有印文。《慈恩传》二云：佛齿长一寸，广八九分，色黄白，布光瑞。[2]

可与上文对照的，日本《觉禅抄·舍利》一书"牙舍利事"条也有类似记载：

> 《奝然法桥在唐记》云：僧录相引入佛牙院，件佛牙从西天传来。长一寸余，黄暑（白欤。——原文旁注）色也。不异人齿。
>
> 《慈恩传》二云：小王舍城，城外西南有纳嚩伽蓝（唐云

---

[1] 〔日〕高楠顺次郎编：《入唐诸家传考》，第179页上。
[2] 转引〔日〕木宫之彦：《入宋僧奝然の研究——主としてその随身品と将来品》，第32页。

新。——原注），伽蓝内有佛，澡罐量可斗量余，又有佛齿，长一寸，广八九分也，黄白每（疑"色"之误。——引者），有光瑞。又盲佛帛，迦奢草作，长二尺余。（文）[1]

参考上下文，此佛牙似乎为"佛齿"舍利，即被宋朝两代开国皇帝检验过的"北天佛牙"。奝然礼拜此佛牙舍利应当是在洛阳，因为《佛祖统纪》有记载说，太平兴国五年（980）五月，"诏建开圣禅寺于诞生之地，奉优填王栴檀瑞像，释迦佛牙，太祖亲缄银塔中"[2]。宋太祖正好生于洛阳，此地自然是龙兴之地了。关于此舍利的形状，《觉禅抄·牙舍利事》别有"如梅子《奝然巡礼记》"的记载，说其形状"如梅子"，不知是否指同一舍利。[3]

这里我们必须注意的是，如果奝然仅是为了巡礼而来宋朝，礼拜了舍利佛塔也就够了，但986年奝然从宋朝求得舍利回日本了，而且视为珍宝，可见他来宋朝的目的是为了求法，为了借助所谓的佛舍利在日本建寺弘法。日本平安公卿的日记《小右记》在一条天皇永延元年（宋太宗雍熙四年，987）二月十一日条中记载有奝然携得自宋朝的佛法僧三宝入其京城时的情景：在仪仗队伍的"最初有七宝合成塔，塔中笼佛舍利，即载舆，中人担之"[4]。此塔中所笼佛舍利肯定是奝然从宋朝请来的。983年奝然来宋朝最大的成就之一就是为日本摹刻了释迦牟尼佛的生身像，即现在供奉于日本京都西五台山清凉寺的那尊

---

[1] 〔日〕觉禅：《觉禅抄》，第2448—2449页。
[2] 《佛祖统纪》，载《大正藏》第四十九卷，第398页。
[3] 〔日〕师蛮：《本朝高僧传》，第2449页。
[4] 转引自〔日〕たなか しげひさ《清凉寺释迦檀像样说》，载〔日〕《佛教藝術》第21编第74卷，第50页。

释迦牟尼栴檀瑞像,在释迦牟尼佛像的胎内奝然就舍入了舍利,这在奝然亲手所记《入瑞像五藏具记拾物》中有"日本国东大寺法济大师赐紫 奝然舍佛舍利一颗"的记载。[1] 舍利通常是装在葫芦形小玻璃瓶子内,该瓶1953年发现时已经破碎,不知舍利是否被考察团发现。另从《入瑞像五藏具记拾物》的记录中还可知,宋朝僧侣们在该像胎内还舍入了大量的水晶珠、玛瑙珠和金刚珠,这可以视为佛舍利的替代品或象征物,"《悲花经》云:舍利变异相琉璃宝珠,乃至珍珠云"[2],这足以反映了当时宋朝舍利信仰的流行。

在五代宋初,高僧舍利信仰在中国已经形成,赞宁的《宋高僧传》中就记载了不少自唐朝贞观年间到宋初的僧传,其中可以看到不少与佛舍利不同的高僧舍利的记载。这些高僧舍利的颜色和形状与佛舍利也差不多,或"明白而润大",或"五色璨然圆转"。由于火葬自唐朝末年以来在僧侣当中已经很流行,出舍利的机会和数量自然很多,或载有七粒、十四粒、四十九粒,或记有八百余粒、一千余粒,甚至以"升"来衡量。说七粒、十四粒、四十九粒是因为对"在佛教世界里被尊为圣数'七'的重视"[3]。宋朝高僧舍利如此之多,奝然来宋朝求回日本的当为宋朝高僧的舍利,说是佛舍利乃出于宣传的需要。1004年成书的《景德传灯录》中也有二十多例提到舍利的记载。

我们可以说,奝然的来宋及在宋朝的一系列行为无疑是受舍利建塔、"延长佛身"[4]、弘扬佛法思想的影响,他不仅仅是为个人的巡礼,

---

[1] 〔日〕《释迦信仰と清凉寺》,第91页。
[2] 〔日〕觉禅:《觉禅抄》,第2450页。
[3] 具体统计参见〔日〕西胁常记:《舍利信仰和僧传》,载《中国禅学》第三卷,吴言生主编,中华书局2004年版,第104—120页。
[4] 转引自《佛教东传与中国佛教艺术》,第48页。

更是为日本芸芸众生建立一寺院，发展一宗派，因为我们还发现他来宋朝以后关注更多的是有关建筑和雕刻技术的引进，尽管这影响了他对佛教理论的研究。

造塔之法、寺院建筑之术的学习，与奝然求法、传法活动是不可分割的。佛塔的地位在早期佛寺建筑中显得非常突出，它是寺院中轴线上的主体，只是在偶像崇拜兴盛之后让位于安置"本尊"的大佛殿，现代日本寺院的佛塔很多偏在一边了。奝然来宋的时候，正赶上宋朝寺院大兴土木之时，许多寺院在新政府的关怀下，焕然一新，这是奝然所见到的新气象。例如天台山国清寺、泗州普光王寺、五台山诸寺、京城汴梁诸寺，奝然到访时刚刚修缮一新。宋朝建筑技术和艺术传入日本并流行，奝然的贡献是不能忽视的，他一定会像先辈来唐留学僧道慈图画长安西明寺一样，描绘有宋朝每个寺院的图形，比如东京汴梁的大相国寺。

在宋期间，对于宋塔等建筑的研究见于奝然的巡礼日记之中。以下列举二三例，其一是关于"塔与率都婆差别事"：

《奝然入唐记·三》云：本朝以幢[1]率堵婆，讹也。率堵婆者，塔庙短（考：短长高俱作矩。——原注）狭无露盘也，即当府开元寺七重塔二，其（共？）不相似。余所塔重重如带，九轮缠迴，塔下广大，末细升如笋，此云率堵婆。云云。

里云。《部执异论疏第二》云：阿阇世王得舍利，得舍利将远果，于舍城、于七叶岩中掘地，深十余丈，于地下起七层塔。

---

[1] "本朝以幢率堵婆"在《入唐诸家传考》中作"本朝以塔率堵婆"；"其不相似"《入唐诸家传考》中作"共不相似"。

云云。[1]

此记载选自《奝然入唐记》第三卷，可以确定这是奝然在从汴梁返回台州的途中所记。我们知道塔的作用后来逐渐增加，其中有作藏经用者，这里我们要注意的一种小的经幢，奝然在日记中曾提及幢。经幢是汉化佛教一种最重要的刻石塔形，属密宗系统，一般凿石为圆柱或棱柱，多为八角形，高三四尺，上覆以盖，下附台座。小一些的率都婆（或称"窣堵波"）多为坟塔，或者称舍利塔；没有舍利的或称"支提"。这种小塔或幢奝然不仅研究过，而且求得实物回日本，从当时日本公卿的日记中我们也可以找到证据。《小右记》中记载987年奝然携佛法僧三宝入京时的情况，说到其队伍"最初有七宝合成塔，塔中笼佛舍利"[2]。这个七宝合成塔可不是奝然回到日本后现做的，而是他在宋朝雕凿或建造作为佛舍利的奉迎佛具载回日本的。该塔可能是模仿他亲眼所见的佛牙银塔而做成，这正是需要大量运输人力的所在。宽和三年（987）二月二十九日，奝然还特别将七宝合成塔和十六罗汉像供皇太后晶子观赏、礼拜。这一七宝合成塔对于日本的影响现在是无法估量的，比如日本现在为安葬骨灰普遍在寺院造类似的小塔。

作为寺院标志的主塔，一般为五重乃至九重、十一重、十三重塔，层数最多的是十三层，象征释迦牟尼涅槃后藏舍利的七宝塔。十三层以下七层以上的，大约都是成佛果者的象征，罗汉五层，现在所见日本的寺院一般为五重塔。不论如何，塔是建立寺院必不可少的，所以奝然在宋期间非常关注造塔之法，尽管他的日记残留很少，这方面的

---

[1] 〔日〕觉禅：《觉禅抄》，第2328页。
[2] 转引自〔日〕《佛教藝術》第21编第74卷，第50页。

记载却非常多。如日本《觉禅抄》一书"造塔法上·九重塔"条有载：

> 《奝然入唐记·一》云：有钱仲堪，舍十万贯铁（"钱"之误？——引者），重修造八角八重塔寺。云云。塔在应天寺。[1]

10世纪以后，八角形的佛塔在中国成为标准形式，应天寺在今天的南京，此塔为宋太宗太平兴国八年（日圆融天皇永观元年，983）十一月中旬，奝然北上汴梁途中路过时所见。十五日，奝然沿运河北上到达河南道泗州，宋泗州属淮南东路，州治位于洪泽湖南岸。泗州内普光王寺唐宋以来非常有名。普光王寺乃僧伽和尚所创建，寺中有他的圣迹，僧伽大圣传说是观音菩萨的化身。奝然巡礼此寺的目的就是礼拜僧伽，为日本引进观音信仰。此时的寺院几乎全是宋朝新建的，非常引人注目。《佛祖统纪》载，太平兴国五年（日圆融天皇天元元年，980）五月，"敕内侍卫钦，往泗州修僧伽大师塔，凡十三层。改普照[2]王寺为太平兴国"[3]。据《景德传灯录》卷第二十七载，"皇朝太平兴国中，太宗皇帝重创浮图，壮丽超绝"[4]，奝然非常关注该寺塔，现在尚可见到他巡礼日记中的如下残文：

> 十三重塔事（祖院安下，乃至还寺礼佛，佛殿东移）
> 《奝然记·二》云：到阿（河。——原旁注）南道泗州，寄可

---

[1]〔日〕觉禅：《觉禅抄》，第2330页。
[2] 此处改"光"为"照"乃避讳宋太祖、宋太宗之名号。
[3]（宋）志磐：《佛祖统纪》，第398页。
[4]（宋）道原纂：《景德传灯录》，载《大正藏》第51卷，台北：佛陀教育基金会，1990年，第4330页。

普照王六（疑为"寺"之误。——引者）。造益州福成寺[1]八角十三重塔样。云云。

里云。《随闻记》云：多宝所乘塔五重十三层，云云。[2]

奝然是怀着兴建一大伽蓝的目的来宋朝的，这一伽蓝模仿的对象是五台山清凉寺。五台十寺，皆于太平兴国五年（日天元元年，980）正月下诏重修，自然庄严异常。虽然现在无法找到奝然描绘的有关五台山等寺院佛塔的图形，但从他日记记载中看到他至少描绘过"益州福成寺八角十三重塔"的图样。

我们从奝然的日记残篇中还发现，他非常重视佛教礼仪的研究。佛教礼仪中重要的部分是佛寺仪轨，包括建筑格局、佛像安排、管理机构及其人员的设置；此外，佛教用品、佛事法会等也属于礼仪之列；以及佛教用品，包括僧人的衣服、用的物件和作佛事的乐器等方面的分类和规定；佛事法会包括各种佛事法会的具体内容、仪轨及佛教的节日庆典等。关于建筑格局（如塔的设立）已经介绍，至于佛像安排，虽然所存有限，但不可不作介绍。

日本《觉禅抄·两部大日》"又象·左拳印"条载：

《奝然法桥在唐记》云：入毘庐舍那院礼大日尊，件尊智拳印，以左拳安上。还出，之次日参诣三藏房，奉问违说文之由。

---

[1] 此益州福成寺或指四川益州福感寺，"成"乃"感"之误判，道宣《集神州三宝感通录》卷上载有"隋益州福感寺塔缘十三"。道宣《集神州三宝感通录》当是奝然巡礼中国，求感通的指南之一。

[2]〔日〕觉禅：《觉禅抄》，第2330页。

答云：左有惠名，仍所作也。文。

唐本《大日三尊奉图》（左拳印也。——原注），金刚萨埵并同弟为胁士也。委细有（在？）别。[1]

该文在《佛像抄·钩索》（金泽称名寺藏）"异形大日事"条中也有转载，内容如下：

> 《略出经》第一云（四卷本。——原注）四面……
> 《奝然法桥在唐记》云：入毗卢遮那院礼大日尊，件尊智拳印，以左拳安上。还出之，次参诣三藏房，奉问违说文之由。答云：左有惠名，仍所作也。云云。（下略）
> （奥）正庆元年（1332）六月中旬之比□金泽称名寺书写毕。金刚资，亮顺。[2]

其二载于《护摩抄零本一·卅三》（镰仓末期书写，高野山宝寿院藏）：

> 翻《梵语集》云：阿踰迦树亦云阿菽迦，此云无优（考，优，忧之讹）。
> 《奝然法桥在唐记》云：高昌国菩提树高三丈来，其实最小，不得作念珠。作念珠者，非是金刚座下地树实也，木虽同，生处

---

[1] 〔日〕觉禅：《觉禅抄》，第6页。
[2] 〔日〕高楠顺次郎编：《入唐诸家传考》，第179页。

异也。文。[1]

以上是奝然对于佛教礼仪等有关方面研究的证据。《觉禅抄》一书完成于13世纪，现被纳入《大日本佛教全书》及日本《大藏经·图像部》，其中有不少关于奝然携回各种图样（包括佛像、雕像等）的记载，他留下的资料至少在成寻（11世纪）以后的一段时间还存在，还被广泛参考利用。以上资料被觉禅和尚所抄录，也正好说明这一点，也正是他的抄录保存了奝然日记的一些残篇。

奝然自宋朝携佛舍利、释迦牟尼瑞像及《大藏经》等回日本后，没有能够凭借此佛宝建成他早已誓愿并充分准备好计划的大五台山清凉寺。尽管日本朝廷批准了他的申请计划，允许他建寺院并设戒坛，却因其他寺院和宗派的反对而功败垂成，以致舍利、佛像等佛法三宝一时无处着落，致使我们今天无法见到一个宋朝初期样式的寺院、戒坛立于10世纪的日本。至于过了100多年，宋朝风格的寺院出现在日本，这却得力于东大寺的重建。为了重建东大寺，1167年日本特派遣重源和尚来宋朝考察并采购，造寺的责任技师，或者说总工程师是从宋朝聘请来的陈和卿。东大寺的重建是在12世纪末，从此以后日本建筑开始流行"天竺样"，或者说"禅宗样"，即书院式的建筑。我们不知道奝然在宋朝巡礼的时候是否接触过这种宋风形式建筑，这有待进一步研究。

奝然在宋期间，除了关注佛像、雕像的图样之外，对塔院的结构及各种仪轨、舍利、密宗的修法等都非常关注，据此我们可以因此断定他是为求法而来的。

---

[1] 〔日〕高楠顺次郎编：《入唐诸家传考》，第179页。

四、取经建藏——宋版《大藏经》的输入及其影响

宋初是中国佛教发展的一个重要阶段,这主要是因为宋初的三个皇帝都极力扶持佛教,其主要表现之一就是雕版印刷《大藏经》、翻译并印刷新译经。复兴佛教是宋朝繁荣国家经济文化生活的重要内容,同时也是一项重要的对外文化政策。宋朝的佛教政策是面向国际的,是基于"戎羯之人,崇尚释教,亦中国之利"这一指导思想的。[1] 在政府政策的推动下,大批宋僧西游天竺搜寻梵文佛经,同时众多印度僧人闻风而动、携带梵本来华;而且当时宋朝商人的足迹东达日本列岛,西及印度洋沿岸港口,他们活动频繁、消息灵通,甚至兼任朝廷的报聘使节。宋朝的这一文化事业其影响也是国际性的,不仅日本僧人奝然等闻讯而来求经,高丽、契丹等国政府也遣使来宋求雕版《大藏经》与新译经。

按照佛教三宝(Triratna)之说,佛所说教义为法宝,《大藏经》乃理所当然的法宝。研究宋日文化关系不能不重视的是奝然自宋朝携回雕版印刷的《一切经》,即通常所谓的《大藏经》。它的东渡日本,既是宋朝作为文化外交的赏赐,更是日本为追求文化发展的请求。《宋史·日本传》明载:奝然"又求印本《大藏经》,诏亦给之"[2],这一个"求"字点明了983年奝然来宋朝的目的。后来他又于988年派弟子入宋求新译经,这两次入宋求经都是得到日本平安朝廷批准的。不知日本史书在论及奝然等来宋朝取经一事时何以避谈这个"求"字?

奝然自己也在各种牒文和表启中不止一次提到"求"字和"请

---

[1] (宋)李焘撰:《续资治通鉴长编》第2册,第1643页。
[2] (元)脱脱等编:《宋史》,第14135页。

字。正因为他的虔诚之心，雍熙二年（985）三月二日于金殿向宋太宗告辞，"面对龙颜"的时候，他"蒙宣赐师号"法济大师，并获赐《大藏经》四百八一函五千四十八卷、新翻译经四十一卷"[1]。奝然得到的好处还不止这些，这些经典在中国境内的运输也非常顺利，"京中差人船部送，仍赐口券驿料，及累道州县抽差人夫传送"，直到台州海边，相信包括装船、起运都得到了大宋朝廷给予的方便。由于得到了朝廷的关照，六月二十七日到达浙江台州，"于旧处虔止"时，开元寺对他们的招待"二时所赡，四事无亏"；台州知州行左拾遗郑元龟"奉佛恭勤"，"禀宣安堵"。[2] 雍熙三年（986）夏季，奝然搭乘宋朝商人郑仁德的船只运送回到日本，虽迷信说是得到了龙神垂助，更主要的原因是宋商把这事当做皇差来完成。七月一日奝然携释迦雕像、十六罗汉绘像、宝塔及折本《一切经》顺利到达日本九州岛，终于功德圆满。

当奝然等回到日本之后却发现，大宗佛宝在日本境内的运输一时反而成了问题。

按照唐末以来形成的制度，宋朝商人来日是要接受日本大宰府的严格监督和管理的。日本宽和二年（986）七月九日，地处九州岛、负责管理日本对外事务的太宰府向朝廷申报宋商郑仁德来日情况，随船的日僧奝然当同在申报之列。根据下文"运进入唐归朝奝然所赍来佛像一切经论事"这一官符[3]的内容可知，《大藏经》等佛法三宝自卸

---

[1] 〔日〕塚本善隆：《塚本善隆著作集第七卷·净土宗史、美術篇》，第215页。
[2] 同上。
[3] 此为日本《续左臣抄》第一所收一篇官符，详见本节目后引文。从中可见奝然回日本之初在运输《大藏经》等佛具进京的过程中遭遇了许多困境，经过他向朝廷的多次奏报，以及私下运动公卿才得以解决。

船后，一直停在口岸边，日本朝廷八月二十五日官符下达之后，于十月十五日才运到九州岛太宰府，于十一月七日离太宰府经沿途府国递送上京。途经丰后郡直入乡时陷入困境，由于"佛像、经论，其数巨多"，地方政府"诸国"（相当于中国的州郡）借"可勤仕公事重叠，人民力穷，不可更堪"为由加以抵制，要求给予经济补偿。在奝然重新上奏以后，日本朝廷非常重视，宽和三年（987）正月七日，针对运送的缓慢情况，朝廷追下官符："令运进件佛经。即至于其夫功者，随申请将以裁，但国守国邻朝臣，专当其事，期日运进者，国宜承知，依宣行之，不可违失。"[1]

当正月十七日奝然携带着众多的法宝和佛宝沿淀川到达河阳馆时，运输再次出现了问题，地方政府（山城国）无法承担运输费用也拒绝护送。十八日，奝然不得不再次上奏状说明事由，请求朝廷重下宣旨，"早令入京件佛经者"[2]，奏状十九日送达朝廷。但奝然感觉仅凭一纸奏状似乎难以奏效，不得不于二十日亲自"入洛"上京，运动朝廷大员，参拜摄政等公卿，寻求支持。二十一日，奝然首先拜访的是摄政殿藤原兼家等人，他们是奝然入宋的支持者和资助者。他们在日记（指《小右记》）中记录了当时奝然在京密访的情景：

　　一月二十一日甲申，入唐僧奝然昨日入洛，云云。即参摄政殿，云云。
　　一月二十四日丁亥……入唐僧奝然来谈，触事惊耳，不可

---

[1]〔日〕黑板胜美编辑：《续左臣抄》，第2—3页。
[2] 同上书，第3页。

感记。[1]

二月十一日甲辰，内藏头、权中（守？）将相共拜见入唐僧奝然毕。所随身佛经，初运置经论于□□寺，给宣旨运移莲台寺。山城、河内、摄津等夫持运，云云。[2]

摄政大臣藤原兼家、权中纳言藤原朝臣道兼等听到奝然的汇报之后，大为震惊，立即作成奝然入宋归国报告，上宣朝廷，请求阵定（御前会商），制定善后之策。大臣会商结果，由朝廷于宽和三年正月廿八日再次下达官符（圣旨）如下：

左辨官下山城国
　　应早任先宣旨运进入唐归朝奝然所赉来佛像、一切经论事。
　　右　得彼国今月廿日解称：左辨官今月十九日宣旨今日到来称，得彼奝然今月十八日奏状称：去年八月廿五日官符，同年十月十五日到来大宰府。随即府国递送，十一月七日离彼府，今年正月十七日到着河阳馆。仍且言上事由，望请重蒙宣旨，早令入京件佛经者。
　　权中纳言藤原朝臣道兼宣。奉　勅，宜仰彼国，早令运上者。谨捡案内，件佛像、经论，其数巨多，可用人夫食车赁等料，可回何计。就中去年依大尝会并度度官符宣旨：可勤仕公事重迭，人民力穷，不可更堪，望请被早支配诸国，并裁给其料，将以运上者。

---

[1] 转引〔日〕塚本善隆：《塚本善隆著作集第七卷·淨土宗史·美術篇》，第183页。
[2] 转引〔日〕木宫之彦：《入宋僧奝然の研究——主としてその随身品と将来品》，第38页。

同宣。奉　勅，宜重下知，雇进夫三百人。今月七日令运进件佛经，即至于其夫功者，随申请将以裁，但国守国邻朝臣，专当其事，期日运进者。国宜承知，依宣行之，不可违失，官符追下。

宽和三年[1] 正月廿八日　少史海（宿弥）

右中辨菅原朝臣（资忠）[2]

该官符命令自河阳馆尽早运上京城佛像、经论，虽然其数巨多，所用人夫食车赁等料巨大，也要不计成本。从此官符内容看，朝廷为运送三宝，可谓是三令五申。终于，于永延元年（987）二月十一日，在山城、河内、摄津等地人夫持运之下，奝然护送佛像、佛经回到日本平安朝廷首都——京都，作为幕后推进者的小野宫右大臣藤原实资和"内藏头（实资之兄高远）、权中将（实资的从兄公任）将相共拜见入唐僧奝然"[3]。日本朝廷对这次佛法僧三宝入京的仪式举办得非常隆重，仿照中国唐朝迎接玄奘三藏取经归国，或鉴真携三宝来日本的故事。日本朝廷举行的盛大入京仪式和日本民众的迎接仪式，在大臣藤原实资的日记《小右记》二月十一日条中有详细记载，具体情形如下：

最初有七宝合成塔，塔中笼佛舍利，即载舆，中人担之。其前，雅乐寮发高丽乐。相次，担纳折本《一切经论》之五百合匣，

---

[1] 987年，四月五日改元"永延"。
[2] 〔日〕黑板胜美编辑：《续左臣抄》，第2—3页。
[3] 原载《小右记》，转引自〔日〕たなか　しげひさ：《清凉寺释迦檀像样说》，载日本《佛教藝術》第21编第74号，第50、55页。

一人担二百卷匣，道路人相诤担之，诚为结缘。最后又有御舆，安置白檀五尺释迦像、雅乐、大唐乐。[1]

前有音乐开道，中有车马运载，后有大唐音乐相送，民众夹道欢迎且援之以手，此足见朝廷和民间对于吸收中国文化的重视。而奝然本人更是风光无限，根据目击有关过程的贵族们的日记记载：

> 奝然着袈裟，七八人僧等相共步行相从。其道自朱雀大路登北，自二条东折，自东大宫大路登北，自一条西折到莲台寺。云云。于朱雀门前礼桥下，僧廿人出来，持高丽乐，奉赞佛经。[2]

由"大唐"传来的佛法宝物一时引起日本朝野上下、贵族和民众追求往生极乐世界的极大热情，参拜者络绎不绝，连天皇、皇后、皇太后也不例外。从保存下来的有限记载可知，十六日有殿上人（指天皇）等到莲台寺参拜佛像、佛经；二十四日有藤原高光、朝光、济时等为会见奝然到莲台寺参诣，为光大臣舍沙金二十两及香炉、佛具等；此后来参拜施舍的大臣络绎不绝。所以，988年奝然在向宋朝上表汇报时也骄傲地说："(《大藏经》)初到旧邑，缁素欣待，侯伯慕迎。"[3] 在奝然获赐《大藏经》之后，同样受到宋朝文化影响的高丽、女真、西夏等国，在得到有关信息之后也纷纷来宋朝贡，"乞赐《大藏

---

[1] 转引自《佛教藝術》第21编第74号，第50页。
[2] 同上。
[3] （元）脱脱等编：《宋史》，第14135页。

经》并御制佛乘文集"，宋朝一依日本之例"诏许之"。[1]

佛法经典取回日本，下一步就是如何安置圣教的问题了。在理想中的日本大五台山清凉寺建立之前，奝然所携归的佛法三宝必须有一个地方寄存。他的这些三宝一直是公卿们虎视眈眈的对象，因为当时公卿们建立私家寺院成风，都需要镇寺之宝。奝然的经像僧三宝一直都是在寄人篱下，令他担心，因此他一直在向朝廷申请建寺建藏，安置《大藏经》和佛像。自宋求来的释迦佛像等一开始安置在太极殿供奉，日本朝廷也为此事所烦，按照有关大臣商议的结果，朝廷下达宣旨，命令将佛像、佛经等暂时安置于地处京都的大内北野莲花台寺，至此大约已经三年过去了。不久，《大藏经》和佛像再转移到嵯峨栖霞寺，时间大约在991年前后。对此《尘添壒囊抄》十七有如下记载：

> （佛像）在一条院御宇之时，于永延元年（987）丁亥二月十一日入洛，先安置于莲台寺，自大炊寮每日备奉御供奉，约有五年，于正历二年（991）辛卯奉渡嵯峨栖霞寺，今座者也。[2]

奝然何以选择嵯峨栖霞寺来寄存？因为当时日本许多公卿无疑都希望《大藏经》和瑞像寄存于自己的私寺，也就是所谓的"氏寺"。面对虎视眈眈的公卿们，奝然选择了嵯峨栖霞寺，其理由从日本《雍州府志》五以下记载中可以找到：

> 清凉寺，元栖霞观也，后为栖霞寺。始为真言宗，嵯峨天皇

---

[1]（宋）志磐：《佛祖统纪》，第400页。
[2] 转引自西冈虎之助：《奝然の入宋について》，第767页。

之本愿，而弘法大师住焉。淳和帝皇子恒寂为开祖，本尊则在今阿弥陀堂也。法泉院之《福满虚空藏》，役行者之作也。五大堂中，大威德天之所乘牛者，弘法之作也。处处有伽蓝之址：法泉院、法性院、妙王院、地藏院、欢喜院，是古栖霞寺之坊舍，而各真言宗也。大觉寺门主为寺务也。五大堂前，有大石塔婆三基，传言：其一嵯峨天皇、其二檀林皇后、其三为左大臣源融公。予思嵯峨天皇多皇子，源融公因谣曲，而世人之所偏识也，故误称之，须为恒寂之塔也。[1]

嵯峨栖霞寺（原栖霞观）为真言宗的寺院，[2]弘法大师是奝然的祖师，真言的立宗建寺全赖嵯峨天皇（810—823年在位）。天皇与空海有书法和文学双重之缘，这也是空海的法术得以施行的原因之一。更主要的是栖霞寺坐落栖霞山下，而栖霞山正是奝然要将其改名为五台山的爱岩山的支脉。奝然不可能将他请来的赖以开山立宗的法宝（佛像与佛经）让与他人、别宗，必然要置于与本宗相关的寺院，所以自然选择真言宗的旧寺。而当时真言宗与天台宗也处于竞争之中，与不断奋斗着的奝然有着共同利益，他们能接受奝然，奝然也能接受真言宗与之共处。在大清凉寺建成之前，这是奝然可以接受临时安置经像的地方。从"大威德天之所乘牛者，弘法之作也。处处有伽蓝之址：法泉院、法性院、妙王院、地藏院、欢喜院，是古栖霞寺之坊舍，而

---

[1]〔日〕《大日本史料》第二编一册，东京：东京大学史料编纂所昭和四十三年（1968）版，第120—121页。
[2] 该寺的开祖淳和帝（823—833年在位）皇子恒寂与真言宗的关系，因时间仓促待考。

各真言宗也"的记载看，[1] 作为真言宗的寺院它已经衰落了。文中所提到的役行者乃日本古代名僧人，传说他曾经来过唐朝，实际上是一个密教、道教色彩浓厚的僧人。福满虚空藏当为经藏名称。

但这一切对奝然来说并不是长久之计，他的目的是借为经法建藏而开辟一山一寺，弘传大法，所以此后奝然一直在为建立日本的大五台山清凉寺安置经像而努力。此嵯峨栖霞寺后来改名清凉寺，这是奝然死后之事。

奝然推动建立清凉寺的努力我们将在后面介绍，这里先看看宋朝印本《大藏经》对于日本佛学研究等的影响。日本广泛接触雕版印刷技术是在奝然带回《大藏经》之后。日本人不仅为雕版《大藏经》的精美、新奇而赞叹，更重要的是他们越来越为宋朝雕刻佛经的准确性而倾倒，它进一步促进了日本的佛教研究。日本学者木宫泰彦也承认：

> 奝然带回的《大藏经》，其中当有不少是《开元大藏经》以后逐渐编入《大藏经》中的新译经，而且因为它是根据敕令刻的，当然错简误字都会少些，印刷也会格外清楚。所以当时研究佛教的人有了怀疑，想必首先到法成寺的经藏去，经常拿奝然带回的开宝敕版作依据进行考证。[2]

为此他还特别列举了一系列证据，"现在藏在石山寺、法隆寺、高山寺、兴圣寺的古抄本经典中，还可以看出有不少是从法成寺经藏

---

[1]〔日〕《大日本史料》第二编一册，第120—121页。
[2]〔日〕木宫泰彦著、胡锡年译：《日中文化交流史》，第281—282页。

中的开宝敕版抄下来的"。木宫认为,"据此可知奝然带回的《大藏经》,在平安末期,经常被作为抄经的蓝本,从而对当时佛典的研究提供了很大的方便"[1]。据成寻日记的记载,该《大藏经》原收藏在京都法成寺,到大约90年后的后三条天皇延久五年(宋神宗熙宁六年,1073)时依然存在,后来该寺屡次失火,《大藏经》不知是在何时化为乌有的。

因此,这里我们可以断言的是,日本僧人对于奝然以前来唐日僧抄回的经典是不敢轻信的,而对于雕版《大藏经》却是绝对信任的。我们因此也可以说,中国佛典并没有因为唐武帝和周世宗的废佛运动以及战争而全部或大部销毁,损失是有限的,否则这部大藏经便不是完美的,也不值得日本僧众如此参考研究,并以它为蓝本模仿雕刻了。

说到日本人的模仿雕刻,这里更有话要说。模仿和掌握宋朝的这一技术非一时之功,尽管日本遣使入唐时曾接触到中国的雕刻印刷技术,但是由于遣唐使的中断,和平安朝廷的闭关自赏,200多年来"日本的刻版事业完全处于中断的状态,没有任何可供考证的文献和遗物"[2]。这一点,木宫泰彦也是不得不承认的。尤其是在奝然入宋的那个时代,日本处于自我封闭的极端时期,尽管部分有识之士感觉到引进中国技术和文化的必要,但做起来还是有很大的阻力。

根据木宫泰彦的研究,在奝然带宋版《大藏经》回国后不久,日本就出现了翻刻,"日本的刻版事业日渐昌盛",因为当时"特别是在京都贵族之间经常为了供养而印刷天台经典,称为折供养。自一条天皇宽弘六年(宋真宗大中祥符二年,1009)十二月十四日开始印

---

[1] 〔日〕木宫泰彦著、胡锡年译:《日中文化交流史》,第282页。
[2] 同上。

刷《法华经》一千部起，多次举办折供养，散见于公卿的日记和文集中"[1]。木宫泰彦特地罗列了一个表格，限于篇幅，这里不转引。但是，雕版印刷在日本真正形成气候必然要有一个过程，必须等到南宋时期，日本公开来中国求法的僧侣越来越多，两国之间往来的商人和手工业者增加，宋朝佛教发展水平重新被日本僧界肯定，日本才越来越感觉到引进雕版印刷的必要，因此其技术也越来越熟练了。这从木宫《日中文化交流史》一书所列的表格中也反映出来了。日本开雕《大藏经》则是在1637年，德川家康建立江户幕府之后，是仿南宋《思溪藏》而成。

第五节　奝然建立日本大五台山清凉寺的努力

一、爱宕山设戒坛功败垂成

　　日本花山天皇宽和二年（宋太宗雍熙三年，986）八月，奝然一行携所求佛像、佛经成功归回日本，到一条天皇永延元年（987）二月十一日护持三宝进入其都城平安京。三月十一日，奝然因出使宋国并为日本求得佛法之功获得法桥上人位。至八月十八日，奝然借安置佛像、佛经等三宝为理由，乘机奏请将京都西部的爱宕山改号五台山，仿大宋五台山清凉寺建立一处伽蓝，亦名为清凉寺，安置释迦佛像和佛经等。特别有意义的是，此日正是释迦牟尼佛像雕刻成功二周年的

---

[1]〔日〕木宫泰彦著、胡锡年译：《日中文化交流史》，第282页。

纪念日。奝然的申请立即得到朝廷批准,并下达了宣旨,在爱宕山设立戒坛。这批准牒文对于日本众大寺冲击很大,当初最澄和尚为了争取在比叡山设立戒坛都未能成功,奝然从申请到批准也太顺利了,以天台宗山门派延历寺为中心,不惜向朝廷"诉讼",结果圣旨"被改定讫",奝然的努力功败垂成。此事的记载见于日本《帝王编年记》:

> 元年(永延,987),丁亥,佛灭后一千九百三十四年,当大宋太宗雍熙四年也……
>
> 二月十一日,入唐僧奝然归朝,渡摺本一切经,并灵山第三传释迦等身立像、十六罗汉等。……
>
> 同年(永延二年,988),爱宕山可立戒坛之由宣下,依山门诉讼被改定讫。[1]

山门即指日本天台宗本山延历寺,当时日本天台宗已经分裂为山门、寺门两派。因为奝然的抱负并非是简单地建立一寺,而是要设立戒坛与天台宗对抗,作为山门派大本营的延历寺自然要扼杀之。奝然师徒建立日本大五台山清凉寺的地点选定在国都西边的爱宕山,可以肯定这是奝然早就酝酿好的。大清凉寺选址爱宕山有着非常特别的意义,首先这里是他的故乡,秦氏一族几百年来在这一带是豪强贵族,他在这里立足有着坚实的经济基础和群众基础,可谓兼得地利、人和;其次,它位于都城的西边,与位于都城东边的比叡山延历寺遥相对立。

---

[1] 〔日〕黑板胜美编辑:《扶桑略记》,第264页。

由于遭遇反对，奝然只得到了一个"大五台山清凉寺"的空头支票，在寺院真正建立起来之前，奝然自宋朝所携归的佛法三宝不得不到处寄存，在公卿们虎视之中寄人篱下。奝然师徒不得不为建大清凉寺而继续努力。

随着奝然的自宋归日，他及他所代表的东大寺与源信等北岭比叡山延历寺的竞争逐渐走向公开化。在准备开拓一山一寺，建立一宗一派的同时，借遣使答谢宋朝的机会，奝然向日本朝廷推荐了他的弟子。倘若他们入宋获赐大师号，回日本自然得到提升，获得一定的职位，这样就有资格共同建立大寺。奝然派遣来宋朝的是嘉因，日本有学者认为这是盛算的别名。本书认为嘉因和盛算应该是不同的两个人，而且就是奝然来宋时所随从的两个从僧，既然求学于同一师，又同时随师远游求法，他们的经历自然有许多相同之处。值得注意的是，在日永延二年（宋端拱元年，988）二月八日的官符中我们看到，奝然在申请嘉因入宋的有关文书中对他的弟子如此大加赞赏：

今件嘉因，久住东大寺，苦学三论无相之宗教；同往西唐国，共受五部秘密之灌顶。非啻学显密之法，兼以解汉地之语，然则足为译语者也。望请天恩，下给宣旨于大宰府，随郑仁德等归船，发遣大唐，令供养文殊菩萨，兼请度新译经论等，将奉祈圣皇宝祚，且遂宿愿遗余者。[1]

根据《宋史·日本传》、《日本纪略》等书的记载，奝然弟子嘉因

---

[1] 〔日〕黑板胜美编辑：《扶桑略记》，第4页。

来宋时有"从僧二口、童子二人",可见嘉因随奝然回日本以后,因求法有功地位有所提高,所以嘉因来宋朝时的身份如同他的老师一样为传灯光大法师,也可以有两个随从僧,可以说这是因为入宋的需要,朝廷特授予他此僧位。从僧之一是"大朝(宋朝)剃头受戒僧祚乾"[1],共乘宋商郑仁德等(一说朱仁德,大概为合伙人之一)的商船赴宋。

奝然在申请派遣自己的弟子入宋的同时,于永延元年(宋雍熙四年,987)八月十八日就以安置释迦佛像、佛经为理由,向朝廷申请在爱宕山仿大宋五台山清凉寺建一大寺,并设立新的戒坛,他已经计划好让另一大弟子盛算任新寺的阿阇梨。日本朝廷是同时批准他这两个申请的,批准设立新的戒坛大概在永延二年(宋端拱元年,988)二月八日前后。

奝然提拔盛算担任新寺的阿阇梨一事可见于以下《盛算(补任)清凉寺阿阇梨官符》[2]中,他在向朝廷的申请奏状中同样极力夸奖盛算,这在官符记载中一目了然(见加点部分):

太政官牒五台山清凉寺
应补任阿阇梨大法师康静死阙替事
入唐朝传灯大法师位盛算,年五十九、腊四十五、真言宗、东寺。
右、太政官今日下治部省符称:入唐归朝故法桥上人位奝然

---

[1] 〔日〕木宫泰彦著、胡锡年译:《日中文化交流史》,第4页。
[2] 原收入《传法灌顶杂要钞》,全文引自《入唐诸家传考》。阿阇梨为(密教)僧侣的尊称,意为导师。

为彼寺座主,去长保元年润(闰)三月十三日奏状称:奝然以去永延三年奏闻,因准延历元庆寺例,给五人阿阇梨于清凉山,勤修三密教法,可誓护国家之日,且给一人。因兹可被加其残之由,重以上奏。未蒙裁许之间,年日推移。方今盛算大法师者,与奝然共渡海入唐,诣五台山礼文殊之现瑞,游天台山巡智者之遗踪,到洛阳白马寺礼摩腾、法兰初佛法之场,往龙门原拜无畏金刚三藏,或真身或坟塔。于东都禁中(考:恐脱拜字。——原注)万岁主所造释迦牟尼佛栴檀像,入右街太平兴国寺遇中印度那烂陀寺三藏沙门法天,读受悉昙梵书,从梵学翻经三藏大德赐紫令遵阿阇梨,禀学两界、瑜伽大法及诸尊别法,受灌顶先毕。归朝之后,为令继师资血脉,奝然重授灌顶秘印又毕。抑往代入唐之人,或诣五台而不到天台、或□天台而不参五台。如盛算者,历二山礼圣迹,遇三藏学大教诣师范。望请蒙天恩,以件盛算大法师,被加给申请五人阿阇梨内,于寺家令弘传自唐朝所学来教法,誓护国家,将励后代入唐学法之辈者。

　　正三位行权中纳言兼中宫兼大夫藤原朝臣能任宣。奉勅:件盛算宜补任阿阇梨康静死阙者,宜承知。依宣行之者,寺宜承知。牒准状,故牒。

　　宽仁三年(1019)三月十五日,正五位下行……
　　正四位下行左京大夫兼左中辨藤原朝臣 在判[1]

　　根据以上官符的记载可知,奝然建立清凉寺和提拔弟子盛算的过程

---

[1] 〔日〕高楠顺次郎编:《入唐诸家传考》,第180页。

曲折艰辛。988年建大清凉寺设戒坛的批文被"诉讼"而撤销之后，奝然于永延三年（宋端拱二年，989）继续上奏，甚至明确要求"因准延历元庆寺例，给五人阿阇梨于清凉山"建一大寺，以"勤修三密教法，可誓护国家"。结果此要求未被朝廷完全接受，只被折中批准"给一人"阿阇梨建一小清凉寺，地点不在爱宕山而是在其支脉栖霞山，并且是借用原栖霞观，而且还不过是纸上文章，离施行还有很大的距离。到长保元年（宋咸平二年，999）三月奝然再次申请还是没有结果，直到宽仁三年（宋真宗天禧三年，1019）在他死后才有了以上官符所批准的结果。

二、奝然担任东大寺别当与传法的愿望

奝然求法开山、建寺传法可以从他积极要求担任东大寺别当这件事上反映出来。永延三年（989）正月二十八日，奝然弟子祚一（或作壹）求得《药师如来仪轨》抄本回日本。不久，另一件大喜事降临到已经52岁的奝然头上，已经获得"法桥上人位"的他再次获得荣升。荣升的具体经过是这样的：东大寺前任（第五十代）别当位高望重的宽朝（915—998）大僧正去年离任，东大寺在物色新的合适人选，一时未定，处于公众关注之下的奝然自然被议论。五月廿三日，自信的奝然因此向朝廷申请要求任寺家别当职，奝然的奏状很快获得朝廷批准，朝廷由太政官下达了委任奝然为东大寺别当一职的如下牒文：

太政官牒 东大寺 应补任寺家别当事。[1]

---

[1] 日本《正仓院文书》（东南院文书一匦第二卷）中保存有该奝然"东大寺别当就任（补任）"的官符。

法桥上人位奝然

　　右　得奝然今年五月廿三日奏状称：谨检旧记，胜宝感真[1]圣武天皇叡哲，内融钦明，外照广济，如天厚养，似地远顾，四生遂崇三宝。以天平十三年岁次辛巳二月十四日，勅令邦国每置二寺，所谓金光明四天王护国之寺、法华灭罪之寺。今斯之寺其一也，独峙城东，故曰东大寺。即皇帝发愿曰："所冀圣法之盛与天地而永流，拥护之恩被幽明而恒满。天地神祇共相和顺，恒将福庆永护国家。开辟以降，先帝尊灵，长幸珠林，同游宝剎。又愿太上（元正）天皇、太皇后藤原氏（宫子娘）、皇太子（孝谦）已下亲王及大臣等，同资此福，俱到彼岸；藤原氏先后太政大臣及皇后先妣从一位橘氏大夫人（县犬养三千代）之灵先（衍）识，恒奉先帝而陪游净土，长顾后代而常卫圣朝；乃至自古已来至于今日，身为大臣，竭忠奉国者，及见在子孙，俱因此福，各继前范，坚守君臣之礼，长绍父祖之名。广洽群生，通该庶品；同辞爱网，共出尘笼。若有后代圣主贤卿，成（脱'承'？）此愿，乾坤致福；愚君拙臣，改替此愿，神明効训（罚？）者。"自尔以来，年代二百卅八年、皇帝廿一代。而间佛法渐浇漓，伽蓝已破坏。望请天恩，被恤任寺家别当职，将修治破坏堂舍，欲兴复陵迟佛法者。

　　左大臣（源雅信）宣。奉勅依请者，寺宜承知，依宣行之，牒到准状。故牒。

---

[1] 胜宝感真或为天皇年号？"感真"可能为"感宝"之误。"天平感宝"与"天平胜宝"为圣武天皇公元749年之年号。圣武天皇乃日本第45代天皇，724—749年在位。皇帝即圣武天皇。

永延三年[1]七月十三日。右大史正六位上尾张连（草书签名，以下同）牒。

正四位下行左中辨兼近江权介平（惟仲）朝臣

奉行。同年十月一日。

权别当大法师（签名）、都维那法师（签名）、

少别当威仪师（签名）、权上座威仪师（签名）、上座威仪师（签名）[2]

为了取得成功，奝然采取了策略，例如在申请奏状中大段引用了《圣武天皇敕愿文》[3]，大提太皇后藤原氏、藤原氏先后太政大臣等的功绩，大肆渲染摄关家和皇家共存共荣的关系，这自然得到藤原氏和朝廷双方的支持。当时的太政大臣为藤原赖忠，是奝然入宋的主要支持者之一。

奝然在奏状中一边感叹，自天平十三年（唐玄宗开元二十九年，741）以来248年间，东大寺经历了21代皇帝，而"佛法渐浇漓，伽蓝已破坏"；他似乎在埋怨其间的天皇，同时"望请天恩，被恤任寺家别当职"，表示他"将修治破坏堂舍，欲兴复陵迟佛法者"[4]，中兴东大寺。他的抱负被东大寺众僧所接受，东大寺正期盼着一个杰出僧人来领导大家对抗天台宗延历寺的排挤，如日中天的奝然自然是理想的人选。奝然来宋朝之前称"归何敢贪任职"，至此回国不到两年就请求

---

[1] 该年八月八日改永祚元年。
[2] 〔日〕《大日本史料》第二编一册，第457—459页。
[3] 该文见于〔日〕《日本国史大系·朝野群载》（卷第十七·佛事下）。
[4] 〔日〕《大日本史料》第二编一册，第458页。

担任要职，可见当初来宋朝并非仅为巡礼而不求法，此任职的目的正是要兴求来之新法。

从以上任命官符可知，永延三年（宋端拱二年，989）七月十三日，奝然被任命补为东大寺第五十一任别当，十月一日命令下达近江国权介及东大寺，东大寺众僧签署接受（参见牒文末尾签名法师、威仪师画押），奝然正式奉行职责可以确定是在同年十月一日。奝然申请担任东大寺别当一事可见并未遇到什么麻烦，朝廷的批准似乎是对他的补偿，因为在批准设立清凉寺戒坛问题上朝廷出尔反尔了。对立的延历寺等反对宗派寺院似乎也未再次干预，大概这也是他们的谋略，奝然任东大寺别当就不得不离开首都，这就免得他在京都活动生事，建立新宗派，这等于是调虎离山了。

法桥的僧纲与南都大寺别当的僧职，无疑有利于奝然参与相当于日本国家政治事务的一些重要法务活动，从而实现自己的抱负。关于奝然担任别当之后的活动，保留下来的记载有限。永祚元年（宋端拱二年，989）十一月九日，圆融法皇行幸东寺灌顶院，于东寺灌顶院"奉授灌顶"，由宽朝担任灌顶仪式的大阿阇梨，[1] 圆融法皇乃奝然的有力后台之一，奝然参与了此次的仪式。根据《东寺王代记》的记载则是，"永祚元年三月九日，圆融法皇于东寺灌顶院入坛"，奝然作为色众随元杲、雅庆等参与灌顶法事。又载："元年十二月二日（酉己），北院大僧正济信入坛，大阿阇梨宽朝，色众八十三口，元杲、雅庆、

---

[1]〔日〕续群书类丛完成会编：《东寺长者补任》，《续续群书类丛》第2辑（史传部），东京：平文社昭和四十四年（1969）版，第506页。

奝然，色众随一也。"[1] 由于当时密教的急剧流行，奝然与其老师正在努力维持真言宗密教的地位，集体活动频繁。宽朝本为宇多法皇第二皇子，出家后投法皇的弟子宽空为师受灌顶；济信、雅庆，以及奝然的同学仁海（955—1046）都是当时真言宗密教的名僧，后来相继任东大寺的别当一职，济信为宽朝密法的传人。以上可见皇室与真言宗的联系在此时非常紧密，双方的这一接近使人们自然联想到天台宗延历寺的复兴以及背后藤原氏的支持。

正历元年（宋淳化元年，990）七月，根据《小右记》等的记载，法桥奝然有弟子同宋商周文德、郑仁德等一起回归日本，可以肯定带回了新请法门，这对他来说是一件喜事。但是，奝然在担任要职期间，顺利的事似乎并不多，遭遇的烦恼倒是不少，"正历元年，为兴福寺平传律师被押取末寺长谷寺"一事就是东大寺别当奝然的一大挫折[2]。有关奝然就任东大寺别当后的经历，《东大寺要录·诸会章之余（相折）·别当章》[3] 有以下记载：

  第五十一　法桥奝然（观理资，永延三年任）

  寺务三年（永祚元、正历元、二、三半）

  俗别当中辨平惟仲（永祚元年十二月九日符）

  不审（《丹鹤丛书》所收《要录》无此二字）

  右大辨平惟仲（二年十月十日）

---

[1] 〔日〕佚名：《东寺王代记》，《续群书类丛》第29辑（下，杂部），京都：续群书类丛完成会大正十五年（1925）版，第38页。

[2] 〔日〕快园抄写：《东大寺别当次第》，《群书类丛》第3辑，东京：经济杂志社明治二十六年（1893）版，第630页。

[3] 该章收入《续续群书类丛》第11辑（宗教部），括号内文字在原文字体较小，当为注释部分。

或《日记》云：永祚元年八月十三日，大风，东大寺南大门并大钟、大佛殿后户倒奝然，大安寺塔露盘落云云。[1]

此记录表明奝然为观理的弟子，资即指师。自永延三年（宋端拱二年，989）奝然任东大寺别当，他负责寺务三年，跨四个年头，即从永祚元年（989）经正历元年（宋淳化元年，990）、正历二年（宋淳化二年，991）到正历三年（宋淳化三年，992）。在任期间，中辨平惟仲和大辨平惟仲分别担任俗别当，俗别当可以说是朝廷派遣的监察官。

奝然虽一时春风得意，但却时运不济，事与愿违，难以施展抱负。任东大寺第五十一任别当不遇天时，有天灾相侵扰，任命当年的永祚元年八月十三日就遭遇大风，致使东大寺南大门并大钟、大佛殿后的房屋倒塌，"大安寺塔露盘落"。虽然是天灾，但在那个迷信的时代人们总归咎于寺主的品德不符天意。根据《日本纪略》所载，自正历二年（宋淳化二年，991）六月三日到十六日，奝然的弟子元真等曾将释迦牟尼佛像奉请到神泉苑，诵经求雨，本指望佛祖显灵，结果未见奏效，这自然也是让他丢脸的一件事。加之天灾之外又有人祸相害，到正历三年，55岁的奝然不得不因此辞去东大寺别当一职。根据《延喜玄蕃式》："凡诸寺以别当为长官"，"凡诸大寺别当、三纲有阕者，须五师大众简定能治廉洁之僧。"[2] 奝然的辞职可能是无奈，已经不被五部大众所看重，否则他是不会轻易放弃的。

这里提到的人祸来自其他寺院和宗派的阻碍，从《盛算补任清凉

---

[1]〔日〕佚名：《东大寺要录》，第 97 页。
[2]〔日〕黑板胜美编辑：《延喜式》，《新订增补国史大系》普及版，东京：吉川弘文馆平成四年（1992）版，第 540 页。

寺阿阇梨官符》中可知,奝然在申请任别当要职的同时,奏请朝廷依准延历元庆寺之例,给五人阿阇梨的编制于清凉山,以便他们勤修三密教法,护卫国家。他要求弟子盛算大法师也升职任阿阇梨,归入他所申请的五人阿阇梨内。对于他的这一申请,日本朝廷只批准了一人,也就是他的同学、20多年前一起宣誓过的义藏。奝然在义藏被批准之后尽管不断"重以上奏"朝廷,追问"加其残之由"[1],却未见朝廷给以满意答复,这是反对派的暗箱操作所致。

从有关记载可知,奝然在辞去东大寺别当一职之后,继续担任五台山小清凉寺座主一职,不知他在担任东大寺别当时是否兼任此职。现在他可以集中精力为建立新寺而运动了,这一点我们从《东寺要集》"五台山清凉寺"条的以下文件中可以得知:

> 请被殊因准义藏大法师例,以安敕大法师加给五台山阿阇梨职状
> 　　传灯大法师位安敕,年五十五,腊卅七,真言宗东大寺。
> 　　右谨案事情。去永延二年(988)申移五台山之名,建立御愿清凉寺之日。定置五人阿阇梨,可勤修四季文殊法之由上奏先了,随则且被定给义藏大法师一人矣。今安敕大法师,年腊差积,密教深学,已足为法器者也。望请蒙天恩,因准义藏大法师例,早以件安敕大法师加给阿阇梨职,将勤修御愿,誓护国家。仍勒事状,谨请 天栽。
> 　　　正历四年(993)十月廿五日
> 　　　　都维那传灯大法师位祈明

---

[1]〔日〕高楠顺次郎编:《入唐诸家传考》,第180页。

　　　　寺主々々々々々々々々康安
　　　　上座传灯大法师位
　　检校（校？）法桥上人位奝然　座主
　　终不奏闻，长德元年（995）十一月廿七日以广泽大僧正御外任东寺阿阇梨了。[1]

正历四年（宋淳化四年，993）四月，藤原道隆任关白，他虽曾经是奝然的后援者，此时对奝然却似乎没有什么帮助。奝然因为入宋求法的成功，和连接宋日间的关系而受关注。992 年以后延历寺僧源信也建立起了中日间的佛法交流关系，他的活跃为日本取得了所谓的荣光，这与奝然致宋表启的"丢脸"成为鲜明的对照。其次，奝然被冷落也可能与新贵藤原道长的崛起有关，奝然以前没有注意到在道长身上投放感情，因种种原因被 996 年升任左大臣的道长冷落；而源信因"来迎思想"和"净土世界"的宣扬，征服了道长的内心世界。根据当时大臣的日记《权记》长德三年（宋至道三年，997）十月十二日条，有如下记载：

　　　　此日奝然法桥来，仍以先日宣旨之趣问之，仰□申文可进，即令见太宰府解文，奝然送大贰许文，用铦书状，祈（祚？）乾法师书状。[2]

---

[1]〔日〕佚名：《东寺要集》，《续群书类丛》第 26 辑（下，释家部），京都：续群书类丛完成会大正十四年（1924）版，第 426 页。
[2]〔日〕《大日本史料》，第二编三册，东京：东京大学史料编纂所昭和四十三年（1968）版，第 15 页。

从此记载看，奝然似乎一直在追查失败的原因，同时也证明已经60岁的奝然一直在努力维持与宋朝、大宰府的联系，在继续做公卿们的工作。长保元年（宋咸平二年，999）闰三月十三日，62岁的奝然仍然上奏状于朝廷，申请让盛算任阿阇梨，但未获批准。

三、嵯峨小清凉寺的建立与弟子的努力

根据《盛算（补任）清凉寺阿阇梨官符》的记载可知，奝然申请建大清凉寺失败，只被批准就便借栖霞寺建立一小清凉寺，遂佛像在栖霞寺的临时安置成了永久安置。奝然从东大寺解除别当一职之后，仍然在上奏状申请建一有"五人阿阇梨"的大清凉寺。奝然申请建大清凉寺的目的是要和元庆寺拼比，由于延历寺的阻挠，他的申请至死未见结果。

奝然死后，他的弟子们继续努力，在买通摄政大臣藤原道长之后，于日本后一条天皇宽仁三年（宋天禧三年，1019）三月十五日奝然的奏请才被批准。这次是借阿阇梨大法师康静死阙之机，再次申请建立大清凉寺，并要求由盛算补任阿阇梨，终于获"牒准状"，由"太政官牒五台山清凉寺"，让奝然的弟子"入唐归朝传灯大法师位盛算"补任阿阇梨，该官符由"正三位行权中纳言兼中宫兼大夫藤原朝臣能任宣"[1]。可以肯定，藤原能任的作用是非常重要的。朝廷的此次批准，基本上实现了奝然建立一寺的誓愿，因三月十五日此官符下达，嵯峨寺改名为清凉寺，使嵯峨寺这一临时的清凉寺成为永远的日本"五台

---

[1] 〔日〕高楠顺次郎编：《入唐诸家传考》，第180页。

山清凉寺"。但这时还不过是将栖霞寺中的一金堂称清凉寺，它是一个寺中之寺。

此官符的下达，与宽仁二年（宋天禧二年，1018）一月十五日奝然的弟子们将奝然请回来的宋版《一切经》奉送给藤原道长有重要关系，这完全是一场交易，由于《大藏经》的奉送而得到了摄政大臣藤原道长的庇护。道长也需要经藏来建立自己的寺院，此时源信的弟子们在宋朝一时不能送来《大藏经》。宋版《一切经》先被道长安置在二条第四廊，后来又纳入他的私寺法成寺。这样延历寺再不能通过道长继续抵制奝然师徒建立新寺的努力。奝然弟子们的这一抉择果然有效，使清凉寺得以确立。大概清凉寺的建立与弟子们埋葬奝然，为其事业盖棺定论有关。

小清凉寺虽然建立了，奝然直系再传弟子们始终在为开山祖师建大清凉寺的宏愿，为扩大和兴旺"祖业"而努力，期望"将仰明时之宪法"，"悦祖迹之不朽"，下面的奏状就是最好的说明：

举七高山阿阇梨

阿阇梨法印权大僧都经范，诚惶诚恐言：

请特蒙　天恩，任先例，被下　宣旨爱宕山五台峰清凉寺阿阇梨状。

传灯大法师忠范（年□□，腊□□）东大寺。

右谨检案内，入唐法桥上人位奝然，依奏状：爱宕山五台峰，因准大唐五台山，奉为镇护国家，每年于神宫寺，可修文殊秘法，即便奏闻，申置阿阇梨先了。而忠范传受两界三密，研学诸尊瑜伽，兼问三论之窗，达四教之门，诚是显密之宗匠，门徒之师范也。望请天恩被下　宣旨。将仰明时之宪法，悦祖迹之不朽。仍勒事状谨请处　分。

康和五年八月廿二日　　法印权大僧都经范[1]

从该"申文"内容无法判断奝然的徒孙法印权大僧都经范、传灯大法师忠范是否申请或维持在清凉寺设置五人阿阇梨，但从他复述祖师"爱岩山五台峰因准大唐五台山"的话来看，他无疑是希望做到这一点的。至少我们从"奉为镇护国家，每年于神宫寺，可修文殊秘法"的目的看，他们的祖师奝然来宋朝是为求法的，并且被日本朝廷所利用来祈祷国家安定。[2] 康和五年已经是1103年了，从经范的申文看，日本各宗围绕入宋求法、建寺兴法的竞争至此时依然在继续。整个栖霞寺都改称清凉寺当是这以后的事，据日本《山城名胜志》载，它后来宣传净土宗：

清凉寺，《拾芥抄》云：嵯峨释迦、奝然上人，按今清凉寺，纳爱岩护神舆，孟夏祭出之，以迎送神。寺虽有山下，属神地，故题楼门曰"爱岩山"，盖有以欤。今方丈为净土宗，塔头五房，各为真言宗，寺务大觉寺御门主也。释迦堂东北奝然上人住房、东北院旧迹并墓有之。[3]

---

[1] 〔日〕黑板胜美编辑：《朝野群载》(《新订补国史大系》第29卷上册)，东京：吉川弘文馆平成十一年（1999）新装版，第409页。
[2] 同上。
[3] 〔日〕《大日本史料》第二编一册，第120页。

12世纪以后的日本，如同诸宗归净土，诸宗归禅宗的宋朝，产生这一结果也是必然的，秘法的作用毕竟有限。日本《雍州府志》五也有相关记载：

> 清凉寺，元棲霞观也，后为栖霞寺……东大寺法桥奝然入唐，将今释迦像并十大弟子像来，安置此寺，改清凉寺。然近世净土宗僧守之，住方丈僧称上人，多官家子也。寺中有三坊：其一古善导寺之迹也，前有秘键药师堂，并弘法八宗论池；其二古地藏堂之址也；其三古多宝塔之址也。奝然塔在堂东，狩野元信所笔之缘起在方丈，其外寺物多。奝然事迹，粗见《文献通考》、《皇朝类苑》、《宋史》及《元亨释书》等。寺产有九十石。[1]

其中"十大弟子像"当为十六弟子像（罗汉图）之误。

第六节　求法资历之辨与教派优劣之争

一、从教理论争到人身攻击

奝然为东大寺及南都、真言宗诸派求得宋朝雕版《大藏经》，这对于权倾一时的天台宗延历寺及其后援的贵族是一个很大的冲击，因此他们也开始运动派遣自己的代表入宋取经求法，这个代表选中了天台

---

[1]〔日〕《大日本史料》第二编一册，第120—121页。

宗的寂照。

我们知道，10世纪以来日本八宗南北各派寺院之间一直存在着人才孰优孰劣的争论和比较，各方都在展示自己的人才优势，从宫廷辩论到修法求雨，从著书立说到取经问道，处处争短长，以显示本宗本派的优胜。因为人才的优劣关系着朝廷对寺院的重视程度如何。一个突出的例证就是应和三年（963）的一次宫廷辩论，"村上天皇御笔《法华经》。秋八月诏南北硕匠于清凉殿，赐斋庆赞。五日十座，讲论深义，于是相台交锋，法战争轧"。"相"即指法相宗、"台"乃指天台宗，此辩论的第二天是由延历寺的"良源为讲师，法藏、平州为问者"[1]，结果二人理屈词穷，让当时在场的南都人士非常紧张，据载：

> 时民部卿藤文范陪于官席，默祈谓："春日明神藤氏之庙也，而今南众旌靡，是神之患也。曷得英才，扬廻日戈，神夫相之。"侵夜南行，逢算（仲算。——引者）于神祠侧，抃跃告事，算闻而咬牙，伴藤公入官。膺散筵之日，睿山寿肇、胜救为讲师，南京仁贤、圆艺为问者，算乃代二人，举良源前所出众生皆成佛之文，一一难诘，其机辩之峻，如湫倾岳倒，讲师难立言，众僧百僚注目清耳。讲筵事竣，帝召算便殿，赐恩优赏，寻以法相为六宗长官。[2]

可见，此辩论事关重大，关系着兴福等南都寺僧与北岭延历寺僧

---

[1]〔日〕师蛮：《本朝高僧传》，第155页上。
[2] 同上。

的命运，天皇召仲算于便殿，赐恩优赏，并且在此后不久以法相宗为南都六宗之长官，这都是来之不易的。由此可见南北宗教辩论之激烈及对各寺发展成败之影响。

南都僧法藏（905—969）是与奝然一同誓愿的同学义藏的戒师，法藏的失败肯定刺激并鞭策了他的学生和南都弟子。这样的辩论和斗争没有停止，从良源与法藏的论争一直延续到源信对奝然的辩论。圆融天皇天延二年（974）五月初七日，宫廷内再次举行例行的南北法理辩论。奝然作为南都代表参加了在圆融天皇御前进行的这次辩论，五月八日以第三轮出场，辩论对手是代表北岭的源信。辩论次序据《元亨释书》卷二十五所载，具体如下：

> 天延二年，五月初七，宫中设读经论议，四时有之，凡五番。一、运源，劝综；二、仁干，光休；三、奝然，源信；四、禅诠，玄明；五、贺秀、真义。[1]

关于第三轮辩论，源信问、奝然答的结果，《慧心院源信僧都行实》一书有如下载：

> 天延二年，五月初七，宫中召南北义虎，大开讲经会，当四时行之。此日立破凡五番，僧都亦中选，与南都奝然敌，僧都数乘胜。又他日与修学胜算对，算累滞涩，自是名翼加振。[2]

---

[1]〔日〕虎关师炼撰、黑板胜美编辑：《元亨释书》，第369页。
[2]〔日〕源信：《惠心僧都全集》，东京：同朋舍昭和四十六年（1971）版，第11页。

奝然不敌源信，辩论的失败自然对奝然产生了不利的影响。此时37岁已人到中年的奝然正值事业顶峰之时，突然遭遇辩论的失利对他是一次打击，不过他并没有消沉，为了挽回面子，他决定进一步学习、修行，入宋的决心当在此时定下的。奝然的失败便是南都的失败，奝然的努力和挽救也是为南都的发展，冒险来宋朝求法是他积极担负责任的表现，他是要以此为自己、也为东大寺挽回脸面。

但是奝然来宋朝却找不到弥勒净土信仰的支持，此时弥勒净土信仰在中国已经衰落，而源信通过对前期输入日本的中国净土信仰典籍的研究体会，撰成《往生要集》，并向人们提供了一个简易便行的修行方式，描绘了一个阿弥陀佛净土，这时奝然纵然有求法的经历和成就，也不能吸引多少听众了，尤其是失去了公卿贵族等富有的施主。源信所倡导的阿弥陀佛净土信仰不同于以前，更不同于其他宗派的教义，"显密教法，其文非一，事理业因，其行惟多"[1]，对于愚鲁之人是很困难的，源信现在提供了一个"称名念佛"的方便法门，比弥勒信仰更简便。从源信的结社等行为看，他信仰的是阿弥陀佛净土，模仿的对象是中国晋代高僧慧远，他的"二十五三昧式"与慧远的莲社非常相似。因为是十八人"白莲社"的创始人，慧远被视为中国净土宗的始祖，慧远信仰的是阿弥陀佛。

源信晚年对于称名念佛非常重视，其核心是观想念佛，也是源信念佛主张的特色。这可以说也是他说服并征服藤原道长的原因。藤原道长本来是信奉弥勒净土的，这从他的埋经内容可以看出。日宽弘四年（1007），藤原道长登上吉野的金峰山，把《法华经》八卷、《无量

---

[1]〔日〕源信撰、石田瑞麿注：《往生要集》，《日本思想大系》6，东京：岩波书店1970年版，第324页。

义经》、《观普贤经》、《阿弥陀经》、《弥勒上生经》、《弥勒下生经》、《弥勒成佛经》、《般若心经》各一卷，放到经筒中埋起来，其埋经铭文说："仰愿当慈尊（按：指弥勒）成佛之时，从极乐界往诣佛所，为法华会之听闻，受成佛之记。"[1] 后来他集中到阿弥陀佛净土信仰上来，1019 年因病出家，建立法成寺，此时寺中既有阿弥陀堂，又有反映密教信仰的金堂、五大堂，还有反映法华信仰的法华堂。但在 1021 年以后频修称名念佛，在阿弥陀堂内设有 9 尊阿弥陀像，按照源信《往生要集》的说法在此礼佛念佛。他临死之时的做法也是完全按照源信的《往生要集》卷中《第二别时念佛·临终行仪》的说法而行的。

从藤原道长的变化可以看出当时日本佛教各派对于朝廷公卿贵族实权派人物的争取。源信的学说显然主要是受中国天台宗智𫖮净土思想的影响，智𫖮是"最早把弥陀净土与弥勒净土进行比较，论证弥陀净土优于弥勒净土"的。[2]

由于人才的优劣关系着寺院和本宗的发展，而人才的成长在于教学和培养，当时各大寺院都有派出人才出国（到中国）修学的要求，而且努力挑选并派出最优秀的人才。南都的奝然和北岭的寂照无疑都是当时最优秀的人才。寂照也算得上是奝然的弟子辈，根据寂照传记等的记载：他曾"从醍醐寺仁海僧正禀密乘，名于讲学"[3]，而仁海和奝然同为宽静的弟子，他是奝然名副其实的师侄。《续日本往生传》等书中评价这两个入宋日僧时，为了增加说服力还借所谓的外国人（中

---

[1] 转引杨曾文：《日本佛教史》，浙江人民出版社 1995 年版，第 169 页。
[2] 陈杨炯：《中国净土宗通史》，江苏古籍出版社 1995 年版，第 234 页。
[3] 〔日〕佛教刊行会编纂《大日本佛教全书 107·日本往生极乐记外十二部》，名著普及会昭和六十二年覆刻版，第 13—14 页。另可参考《诸嗣宗脉记》上《真言传法灌顶宗脉》所载，元杲密教下传奝然、仁海等，仁海传有寂照、延殷二弟子。

国人）之口来品评：

> 异国之人，悉垂感泪。皆曰：日本国不知二人，令奝然渡海，似表无人；令寂照入宋，似不惜人。云云。[1]

　　日本国令寂照渡海入宋，并非暗示不让他回日本，恰恰相反，日本大臣藤原道长等非常珍惜寂照这个人才，在寂照不归的时候，反复来信催促他。此处所引之言实际上是暗示奝然非求法之才，而寂照才是堪任求法之人，此言绝非出自中国人之口，从《宋史·日本传》等中国方面的记载看，关于奝然的介绍远比寂照详细，奝然在中国的影响远远大于寂照，所以此言只代表延历寺的观点。这和延历寺派僧人在奝然来宋朝之前骂他"如佛子者，古人之喻犹不可天之阶矣，定知表我朝无人也"同出一辙[2]，只不过借外国人之口罢了。这些嘲讽者相信大多是延历寺一派的，因为在贬损奝然的同时，他们极力抬高寂照。寂照来宋时老母同样年事已高，在出发之前他也模仿奝然为母"逆修"作法，"于山崎宝寺为母亲修八讲，以静照为讲师"。据日本《续本朝往生传》载，寂照为母亲修讲的当日，"出家之者五百余人（至妇女者，自车切发与讲师云云。——原注），四面成堵。听闻之众，莫不涕泣"[3]。可见他当时"人气"很旺，尤其受女性喜爱，来宋前所受的待遇与奝然大相径庭。

　　对立派对奝然的攻击远不止这些，奝然在宋期间曾与宋人有诗

---

[1] 〔日〕江匡房撰：《续本朝往生传》，第398页。
[2] 〔日〕黑板胜美编辑：《本朝文粹》，第334页。
[3] 〔日〕江匡房撰：《续本朝往生传》，第398页。

词酬答，仅存两句，《江谈抄》第四中针对此残句载有如下一篇嘲讽短文：

> 仓波路远云千里，白雾山深鸟一声（橘直干，石山作。——原注）。奝然入唐，以件句称己作，以云为霞、以鸟为虫。唐人称云："可谓佳句，恐可作云鸟"。[1]

这显然是延历寺及天台宗方面对于奝然的讽刺，不仅说他的才能不能胜任求法的大业，甚至对他的诗文也加以嘲笑。是否真有其事也难说，当时来宋日僧到中国后一般都爱卖弄，相信包括寂照在内也如此。日本南北教派、寺派的这种论争和相互攻击、相互嘲讽越演越烈，以致争论双方无所不用其极，甚至导致相互诋毁和仇恨，根据《帝王编年记卷十七》记载：

> （天元）三年（980）庚辰九月三日，慈惠大僧正供养根本中堂，咒愿宽朝僧正（东寺长者）、道师定昭大僧都（显密兼学，东寺长者，兴福寺别当）。[2]

大僧正慈惠大师竟然使用台密妖法来咒愿南都兴福寺别当、东寺长者（相当于东大寺的别当）死去，这一不仁不惠行为招致天皇的批评。以上这样的相互竞争和攻击在日本南北教派之间延续了几百年。

---

[1]〔日〕大江匡衡编：《江谈抄》，《续群书类丛》第27辑，东京：续群书类丛完成会、平文社昭和五十五年（1980）版，第594页。
[2]〔日〕黑板胜美编辑：《扶桑略记》，第257页。

二、寂照来宋不归与取经求法的失败

对于日本南都不归求法僧,比如灵仙,北岭延历寺是持批评态度的,相反真言宗和南都不仅表示同情并为他们辩护。836年来唐朝的常晓和尚回日本后,特在他的《太元帅缘起奏状》等文章里为灵仙开脱,说他在唐朝遇到了灵仙的两三个弟子,灵仙弟子们告诉他:

> 我等师灵仙和尚,日本国人,为望佛日,早入唐朝。戒珠全莹,惠镜恒照,专为国土之卫护,亦为人天归依,请益究功。拟还之际,官家惜留,敢不许?垂没之时,命吾等曰:"求法之志,为思本国,而大国留我,微志不遂,噫!徒苦苍浪之途,终失素怀之旨。方今佛像圣教,皆渡本邦,但未传者,太元帅之道而已,斯尊则如来之肝心,众生之父母,卫国之甲胄,防难之神方也。此亦唯为国王,专行宫中,辄为黎庶不及城外,是秘重密法也,须待本国求法之人,将属此密深之法耳。故乡之恩,以此为报。汝辈莫失,努力努力者。"吾等深守此人言,久待其人,令得遇子,先师愿足矣。[1]

这里的官家指唐朝廷,如此灵仙的不归乃因唐朝的挽留,从说话语气看,他的几个弟子似乎都是中国人,此言是否为真只有常晓自知,他可能是借灵仙的名气抬高自己。

就在日本北岭寺院和宗派担心奝然不归之后不久,这样的事恰恰

---

[1] 〔日〕觉禅:《觉禅抄》,第1779页。

临到本宗寂照的头上。989年奝然弟子再次入宋并如期回日本不久，寂照在老师源信的支持下申请入宋。概因奝然及其弟子已经两度入宋，日本朝廷感觉暂时没有再次遣僧入宋的必要，一时未批准寂照的申请。尽管源信声名如日中天，但也直到藤原道长控制朝廷之后，寂照才得以启程入宋。

日长保四年（1002）三月十五日，在朝廷新贵藤原道长的支持下，寂照入宋申请得到朝廷批准，他才得以携老师的疑问和大臣、寺院的使命来到宋朝。我们说寂照是为取经求法而来宋朝，其证据可以在藤原道长的日记《御堂关白记》长和四年（1015）七月条中找到：

> 十五日，壬戌。唐僧念求，从唐天台山所求作料物送之。（施物目录略。——原注）家司署名皆书，又送寂照许金百两，是《一切经》、论、诸宗章疏等可送求料也，又所志樒子念珠一连。[1]

这里的"念求"即随从寂照到宋朝的七名弟子之一念救，那时日本人仍然按习惯称宋朝为唐，从此日记可见，寂照自1004年到宋至此仍然没有从宋朝廷得到《一切经》，亦即《大藏经》，所以他也无面目回日本。根据有关记载我们知道寂照没有得到宋朝廷对奝然那样的赏赐，于是他广泛结交当朝的权贵如丁谓、杨亿，但还是不能如愿，因此希望通过寺院这一途径获得。根据杨亿的《武夷新集》卷六中所记，宋太宗至道（995—997）初于婺州开元寺印《大藏经》。值天台山修建寺院之际，寂照派弟子回日本，要求藤原道长回应"唐天台山

---

[1] 转引〔日〕小田切文洋：《渡宋した天台僧達——日中文化交流一斑》，翰林书房1998年版，第19页。

所求作料物"而求《大藏经》，结果还是失败了。我们知道寂照到死也没有得到《大藏经》，失望的藤原道长最后也只好占有了奝然所求回的《大藏经》。

知道了寂照的使命，我们就很容易明白寂照为何滞留宋朝不归了。奝然入宋之前，僧俗友人叮嘱他一定要求法回国，奝然为传法而回国了。寂照来宋前后也有人如此告诫他求法（表面上说是巡礼）回国、兴法护国，但他并没有回日本。《宋史·日本传》中有记载说：

> 景德元年，其国僧寂照等八人来朝。寂照不晓华言，而识文字，缮写甚妙，凡问答并以笔札。诏号圆通大师，赐紫方袍。[1]

寂照是宋真宗景德元年（1004）来到汴梁的，按宋朝规定他是要回日本的。寂照为何不归？原因之一，可以在《杨文公谈苑》的以下记载中找到：

> 丁谓见寂照，甚悦之。谓姑苏人，为言其山水奇，见寂照心爱，因留止吴门寺。其徒不愿住者，遣数人归本国。以黑金水瓶寄谓，并诗曰："提携三五载，日用不曾离。晓井斟残月，春炉释夜澌。鄜银难免侈，莱石易成亏。此器坚还实，寄君应可知。"谓分月俸给之。[2]

---

[1]（元）脱脱等编：《宋史》，第14136页。
[2]（宋）江少虞：《皇朝类苑》，王民信主编《宋史资料萃编》第3辑，台湾：文海出版社1981年印行，第1079—1080页。

又有宋人赠寂照的一首诗，其中对他不归的原因也作了解释：

　　　　沧波泛瓶锡，几月到天朝。乡信日边断，归程海面遥。秋泉吟里落，霜叶定中飘。为爱华风住，扶桑梦自消。[1]

原来不归的原因之一因为有宋朝大臣三司使丁谓的挽留；寂照不归的原因之二是从汴梁返回江浙地区以后，他又爱上了这里的山水，因而留了下来。随从不愿意留吴门寺的，寂照就让他们先回了日本。寂照大概因为出生官宦，和丁谓、杨亿（974—1020）等宋朝官僚士大夫过从甚密。从有限的记载可知，寂照在中国的行历与奝然大不相同，奝然一心求法，似乎除了办理必要的手续之外，往来唯有僧侣。寂照后来任苏州僧录司，住苏州吴门寺。他受到宋朝士人的欢迎或在于他雪中送炭，带来许多天台典籍，或是因他擅长书法，给宋人一个儒僧的印象。许多记载表明，当时日本人的书法已经引起宋朝士大夫的关注，日本朝廷对于本国书法的宣扬更是关注。1034年，寂照以73岁的高龄圆寂，长眠宋朝苏杭清凉山麓，终于没有回到日本。

寂照不归最重要的原因是他不敢回国。我们要注意的是，寂照和日本国内一直保持着书信联系，1015年，藤原道长等在给天台山布施的同时还有这样一封回信[2]给寂照：

　　　　念求来授手札，笔语如面，喜与感生！珍重珍重！夏晚，惟

---

[1]　（宋）《王氏谈录·赠日本僧诗》，载于程毅中主编《宋人诗话外编》，国际文化出版公司1996年版，第60页。诗中"信"或为"心"，"住"或为"好"。
[2]　该信见于《大日本史料》第二编之九长和四年（1015）七月十五日条，《平安遗文》补264号。

也，法体康和。上人一去，西望几迴。虽有归朝之约，如忘顾土之怀、父母之邦。早愿来纪。念求着岸之后，每见潸然。依重大师之信，朝天仮余，托思僧宝，弛恋之至，意马难系。纵乐汉家之风，犹恨周旋不返，今勒回使，不具勤状。

  长和四年六月　日　　　　　日本国左大臣　藤原道长
  圆通大师法前
           谨空[1]

信是道长请藤原行成代笔的。信中摄政大臣藤原道长提到，在寂照入宋之前，他与寂照"有归朝之约"，这当指寂照代替他入宋求取《大藏经》回日本的协约，不是指一般巡礼之后回国的约定。寂照到宋朝之后和道长等在国内的公卿保持着频繁的书信联系，表明他并未"忘顾土之怀、父母之邦"，十余年后藤原道长才在信中明言"犹恨周旋不返"[2]，显然有责备之意，而寂照终于没有回日本。

无论是在寂照离开日本之前，还是他到宋朝以后，日本朝廷要员和他的朋友都叮嘱他问法巡礼之后回日本。其中有天皇的弟弟野人若愚、大臣藤原道长等，他们反复催促寂照，问他"怀土之心，如何再会"？叮嘱他"胡马犹向北风，上人莫忘东日"。这些参考藤原道长的日记《御堂关白记》，以及《杨文公谈苑》、《皇朝类苑》、《善邻国宝记》等的记载可以得到互证。寂照与日本国内公卿相互的书信往来尽

---

[1]〔日〕西冈虎之助：《入宋僧寂照について研究》，载《史學雜誌》第三十四编第十号，第752页。
[2]〔日〕小田切文洋：《渡宋した天台僧達——日中文化交流一斑》，东京：翰林书房1998年版，第20页。

管频繁，但留下的记载有限，而劝说寂照回归日本的书信却不少。尽管有大臣为他开脱，摄政大臣藤原道长似乎也体谅他"乐汉家之风"而以"胡越之身"留在宋朝的心情，但寂照并没有在接到日本贵族的劝归信后回日本，必然有其苦衷，可惜无法见到寂照回信的内容，究其原因也只有无面目见江东父老这一个可能了。

寂照没有奝然那样求法回国开山立宗的誓愿，从他个人来看，可能真的是为巡礼、为自身的修行，但是他却肩负着代源信师求解疑问、为关白道长求取经法的任务，他只送回部分佛法经典未完成全部任务。奝然是为一宗一教而来宋朝；源信的西下九州岛也是如此，他"头陀西海"而不头陀关东，如果是不期而遇宋商，为何还带上师友等几人的文章？寂照和成寻的入宋一样，一半为个人的修行，一半为所出身的寺院、宗派和国家。成寻留在宋朝的同时，也让他的随行僧人携带佛法经典——"真言显密经论典籍"回他出身的大云寺。

三、入宋之争与传法正统之争

求法巡礼之辩与教派优劣（判教）之争、传法血脉之争有着密切的关系。奝然来宋时，有人要他说是当巡礼，不过是有意缩小他入宋的影响；后人说奝然是为巡礼不过是有意淡化他来宋的意义。奝然来宋朝是为个人修行，更是为一宗一寺的发展，他出身日本三论宗，是携东大寺的牒文来宋朝的，是为了东大寺和三论宗的中兴发展，为了东密的深化革新，更是为了东大寺和延历寺的竞争，为了真言宗和天台宗的竞争。早在奈良时代，三论宗非常兴盛，784年以前的日本佛教被认为是"三论宗和法相宗时代"；但是自784年迁都以来，日本的佛教发展进入新的时代，即"天台宗和真言宗时代（784—1192）"。[1]
到平安时代，东大寺远离政治中心，失去了地利人和，迫切需要改变现状。倘若奝然是为了个人的修行而入宋巡礼，他就不必卷入教派的争端，甚至不必回日本了。

奝然来宋朝求法取经，请回一切经——《大藏经》的目的是为开山建寺。经藏乃镇山护寺之法宝，圣地请来之经更为重宝，在仰慕圣迹的日僧看来更具法力。最澄开创延历寺的时候，就长期为本山缺乏镇山的"一切经"而忧虑苦恼。有了"一切经论"或《大藏经》就必须建一切经藏、大藏经藏，建了经藏自然就建成一家像样的寺院，有经必建藏，有佛必安殿，奝然来宋朝请回经、佛就是要求朝廷为它们建立寺院来安置，他自己也顺理成章地成为开山住持、一代宗师。所以，他出发时说"纵归何敢贪职任"[2]也是假的。

奝然自永延三年（989）上奏，要求依准延历元庆寺之例，在清凉山建一有五人阿阇梨大寺，"勤修三密教法"[3]，镇护国家。我们注意到奝然申请建大清凉寺的目的是要和元庆寺拼比，也就是要和延历寺竞争，此元庆寺乃延历寺的分寺，或称"延历元庆寺"，与延历寺同为天台宗，此表明奝然是在与天台宗、延历寺竞争。根据虎关师炼所著《元亨释书》一书，该寺乃清和天皇贞观十八年（876）依敕创建，第二年阳成天皇即位，改年号元庆，因此改称元庆寺，其得名如同延历寺，同时列入定额寺，赐年分度者三人。

东大寺和延历寺、"南都"与"北岭"的竞争，还有真言与天台的

---

[1] 〔日〕村上专精：《日本佛教史纲》，商务印书馆1981年版，目录第2页。
[2] 〔日〕黑板胜美编辑：《本朝文粹》，第334页。
[3] 〔日〕高楠顺次郎编：《入唐诸家传考》，第180页。

论争，空海与最澄个人及两宗门徒之间的恩恩怨怨，由来已久。伴随这一系列论争和竞争的是，各寺各派不断派本寺本门弟子入唐、入宋取经求法。竞争和论争到10世纪中期尤其激烈，激烈的原因是延历寺出了一个良源，使比叡山在经济、政治、精神等各方面对南都各寺各宗形成泰山压顶之势。现代日本学术界关于来宋日僧"求法""巡礼"之辩，从某种意义上说，是983年前后平安僧人们对奝然是为求法入宋，还是为巡礼而入宋这一追问的延续。

10世纪日本僧人关于入宋求法问题的争辩，是与日本南北教派，尤其是真密与台密血脉正统之争、利益争夺纠缠在一起的，原因是任何一派的发展和壮大都关系到它在整个日本佛教界中的领导地位问题，那不是双赢的竞争而是此消彼长的争夺。

由于具有神道、巫术传统的日本民族易于接受密宗的咒语和法术，所以空海的真言密宗易于吸引广大民众。早在809年，嵯峨天皇将高雄山赐予空海，从此空海就登上了日本密教坛主之位；816年、823年又先后取得高野山和东寺这两大法场。830年，空海在《十住心论》一书中作出了真言最高、华严其次、法华第三的"判教"。简单地讲，所谓判教就是对佛所说的各类经典的意义、地位作一个统一的安排和说明，这往往会引起教派争论，空海如此判教对尊奉《法华经》的比叡山一门是一次巨大的打击。于是，最澄不得不以"显密一致"来自圆其说，著《内证佛法相承血脉》强调自己入唐相承"显密戒禅"四宗。我们知道最澄虽然接受了中国密宗，但他不是标准的密宗求法者。不过他的门徒继续扛起"台密"的大旗与空海及其门徒的"真密"对抗，并证明台密同样出自中国的正统，他们开出了"善无畏—义林—

顺晓—最澄—广智—德圆—圆珍"的谱系。[1]

空海判教的目的是强调真言密教的权威性，这一权威也是继承人奝然要继续维护的，所以在延历寺僧日延来华30年之后，奝然为维护本门的传法正统地位而入宋，他来宋朝前后不断强调自己的正统性，其他宗派的其他日本僧侣也是如此。奝然称自己是惠果的第八代弟子，随其后来宋朝的延历寺僧寂照也称自己是青龙寺及空海的弟子。

僧寂照携"金刚胎藏两部传法灌顶的秘印"入宋，也是想拉近日本延历寺弟子与中国长安青龙寺的关系，如同奝然携带致青龙寺的牒文一样。寂照所携印信文的内容如下：

> 为断后代疑令授印信文
> 大日如来、金刚手菩萨、中天竺那阑陀寺达磨掬多、中天竺善无畏三藏、金刚智三藏、不空三藏、青龙寺惠果僧正、日本南岳弘法大师、真雅僧正、源仁少僧都、益信僧正、禅定圣王、第三亲王真寂、延势阿阇梨、睿就阿阇梨、清助阿阇梨、寂照阿阇梨（以上胎藏嫡嫡相传相承也）、皇庆阿阇梨。
>
> 大日如来、金刚萨埵、龙猛菩萨、龙智阿阇梨、金刚智三藏、不空三藏、青龙寺惠果和尚、日本南岳弘法大师、贞观寺真雅僧正、源仁少僧都……寂照阿阇梨（以上金刚界嫡嫡相承也）、皇庆阿阇梨。
>
> 弟子指镇西府发向之间，船中受病，于长门报恩寺，当于病重命迫之时，为怖断种，今以两部传法灌顶秘印而付属之，宜守

---

[1]〔日〕小野勝年：《入唐求法行歴の研究——智證大師円珍篇》，京都：法藏館昭和五十七年（1982）版，序说第19页。

祖业以继佛种矣。(中间真言及梵文咒语略)

长保四季岁次壬寅八月十五日戌寅　大法师寂照[1]

从此内容看，寂照曾经拜在空海真言密教的门下。日本天台宗教徒也是强调延历寺与青龙寺的密教相承关系的，表明是不空、无畏的嫡传弟子。《两部大法相承师资付法记》中圆仁、圆珍等的姓名，是后人加入的。[2]最澄在《显戒论缘起》中也说"方今最澄阇梨，远涉溟波，受不空之贻训，近无畏，常翼此法之有传"[3]。

同样，东大寺也有类似真言宗"显密戒禅"四宗相承的说法，如奝然登天台时说空海曾求"智者教"(参见第二章)。此事是真，空海在归国途中曾于越州谒见华严和尚神秀，于神秀处得《金狮子章》及《缘起六相》一卷[4]。《叡山护国缘起》载空海名刺："僧空海(第一行)奉上(第二行)大同四年二月三日(第三行)右为天台传灯奉问比叡大禅师谨捧名书　敬白(第四行)。"[5]奝然这样说意在拉近日本东大寺与中国天台山国清寺的关系。

由于当时日本密教的兴隆，各寺以修法祈祷的方式影响朝廷和贵族，获取利益，奝然在宋期间自然加紧对密教的研究、对新法术的发掘。我们根据《瑞像造立记》的记载可知，奝然于宋太宗雍熙二年

---

[1] 〔日〕西冈虎之助：《入宋僧寂照に就ての研究》，日本《史學雜誌》第三十四编第九号，第716—717页。
[2] 参考〔日〕《大日本佛教全书·游方传丛书第四》，佛书刊行会大正十一年版，第480页。
[3] 〔日〕最澄：《显戒论缘起》，《续续群书类丛》第12辑，续群书类丛完成会编，昭和四十五年(1970)版，第267页。
[4] 该书有"大唐元和元年沙门空海记"的题识，参见《文镜秘府论校注》第24页注释。
[5] 〔日〕弘法大师原著、王利器校注：《文镜秘府论校注》，中国社会科学出版社1983年版，第9页。

(984)七八月中,在西京洛阳或在东京汴梁"受学清昭三藏,金刚界(胎藏界?)两部、三密大教,五瓶灌顶已了"。[1] 回日本后他又进一步继承了老师元杲的密教,和老师元杲为创立新寺新宗而努力,此可见于大臣藤原实资的《小右记》。

四、奝然立宗的失败与日本佛教的衰落和腐败

在宗派斗争之下,奝然开山建寺、建立一宗一派,弘传自宋朝所求来之法的努力基本上是失败了,但我们不能因此断言他入宋不是求法。他自宋满载佛法而归去,回日本却因弘传法而失败,其原因是多方面的,有主观上的原因,也有客观的原因。既然奝然来宋朝求法巡礼是因日本南北教派围绕法理、寺院利益的斗争而起,他求法归去建一山之伽蓝、立一宗之戒坛仍然需要继续斗争。实际上,奝然师徒回日本后建寺设坛失败的原因也在于南北教派、寺院斗争,在于他们的大胆挑战。奝然是宗教斗争的主角,也是斗争的牺牲品。木宫之彦认为奝然失败的原因是:

> 藤原氏的没落和武士的抬头这一政情,南都佛教和山岳佛教的抗争,及天台、真言二宗的争执这一佛教界当时的混乱,因而毫无结果。[2]

---

[1] 〔日〕塚本善隆:《塚本善隆著作集第七卷·净土宗史、美術篇》,第216页。
[2] 〔日〕木宫之彦:《入宋僧奝然の研究——主としてその随身品と将来品》,东京:鹿岛出版会昭和五十八年(1983)版,第152页。

10世纪日本几乎完全由"都市佛教"转向"山岳佛教",奝然990年申请在清凉寺设立戒坛的时机不成熟。虽然他得到了一部分特权公卿的支持,但比叡山的势力非常强大,而且延历寺自良源大僧正以来也和公卿建立了密切的联系,继良源任延历寺别当的寻禅就是藤原氏的贵公子。实际上藤原道长此时也希望在自己的寺院——法成寺设立戒坛,并且还想占有奝然请来的佛法之宝作镇寺、镇坛之宝。当时比叡山的势力是如此地强大,就连权倾一时、讴歌"'斯世我所有,月满无缺时'的藤原道长在法成寺设戒坛一事上也遇到了比叡山的猛烈反对,最终无法实现"[1],何况平常一僧奝然?

奝然和义藏誓愿的目的就是要克服南都在地理位置上的不利,在京都西山打开局面,和东山延历寺分庭抗礼。989年奝然补任东大寺的别当,对他虽然是很有名誉和脸面的事,也可以借此振兴南都诸宗,但毕竟远离政治中心,从某种意义上说这是比叡山对他体面的"流放"。在宗教理论研究上、传教方式上,南都寺院也处在相对衰落之中,表现为在宫廷辩论中不时处于下风,良源和源信等北岭僧侣的善辩打击了东大寺等三论宗、法相宗僧侣。

奝然虽然因入宋而轰动一时,但在传教方面的影响不大,这在很大程度上也是由于源信的存在。源信给藤原道长提供了"来迎"思想和"净土"世界,引起了许多贵族的皈依,而奝然过于关注事相,在理论上未见建树。

奝然失败的另一个重要原因是,他入宋之时正是日本密教盛行之时,处于台密和真言密教竞争之际,朝廷重视祈祷和流行作法事,无

---

[1] 〔日〕木宫之彦:《入宋僧奝然の研究——主としてその随身品と将来品》,东京:鹿岛出版会昭和五十八年(1983)版,第39页。

论天灾（雨旱等）还是人祸，都希望通过祈祷和作法来解决，因此各宗派和寺院都希望引进新的法术，从而引起朝廷对于本门派的重视。

奝然虽然也引进了大量的密教法术，毕竟不能另立新密，他希望弘扬的新法应该是宋朝正在兴盛的禅宗，因为奝然入宋后所遇到的宋朝佛教界已经和从前大不一样了，神秘术在中国已经不那么流行。相信他交往的大多是禅僧，所遇到的主要是新兴的比较现实主义的禅宗。尽管有关资料不够，但我们可以肯定奝然接触并接受了宋朝的禅宗，并希望借禅宗以改革日本宗教界的现状，从而引进新思想、新宗教。

从有限的记载看，奝然回日本后希望宣扬的也是禅宗，这从12世纪末荣西《兴禅护国论》一书中的有关记载可知。当时有人就禅宗向荣西提出这样一个问题："法桥上人位奝然，入唐归朝，欲建立三学宗。依诸宗诉，被败已毕。此宗同异如何？"荣西把奝然的三学宗和禅宗作了比较之后说："名字已殊，不及鱼鲁欤？且不知奝然之意趣。今之禅宗者，清净如来禅也。无三学名字，梁朝已来，只号禅宗而已，更无别号，无异辙矣。"[1] 奝然到宋朝以后的行为都可以证明他有立宗的打算。

又与《兴禅护国论》大约同时代的《三僧记类聚》也有类似记载：

> 奝然事（忠觉阇梨云）
>
> 奝然法桥，申请传达磨宗，宣旨流布之由沙汰候间，很快被诸宗之人（脱"寻"？）古今之例，以所立宗义不甚分明，结果不被批准立该宗。[2]

---

[1]〔日〕荣西：《兴禅护国论》，第108页。
[2] 转引西冈虎之助：《奝然と三學宗の建立》，载《歷史地理》第四十六卷第一号，第87页。

此"达磨宗"之名比"三学宗"更为明显，但是奝然所在之时，禅宗在日本还难以从其他宗内独立出来，日本接受和理解禅宗的时机还不成熟，禅宗恰恰是受到其他寺院宗派的抵制。从荣西的以上对话可知，奝然的新宗构想被日本各旧有宗派否定。更重要的是，奝然宣扬的禅宗是被他改造的禅宗，可能是三论宗、密教和禅宗的结合，可惜缺少相关资料，没法定其性，他名之为"三学宗"，三学可能是指戒、定、慧，泛泛而论且名不正、言不顺，当时的日本僧界接受不了。

奝然在宋求法期间过于关注事相，缺少理论研究，无法提出立宗的有力理论，如荣西的《兴禅护国论》那样。实际上，在当时就是给日本贵族们提供正宗的禅宗也是难以被他们接受的，只能是让他们多一个失望的"空"、"无"世界，甚至无佛无祖。当时的贵族是希望有一个实在的净土，有可赖以拯救接引的佛和圣众。

禅宗和其他宗派完全不同，所以荣西来宋的时候，宋朝僧人告诉他，要习禅必须抛弃以前的一切修为，从零开始，从空无开始，荣西能归于空，所以荣西终于成功。奝然却无法和旧学决裂，不能不依赖已有的三论宗知识，因而由三论宗而提出"三学宗"这一新鲜名词。

延历寺抵制建立禅宗的原因和理由是，其一以延历寺为本山的日本天台宗是"'圆（天台）、密、禅、戒'四宗相承"[1]的，是"三宗一致的天台宗"，乃"一大圆教"，其三宗即天台宗、密宗和禅宗，实乃"圆教的三谛"，总之是最完善的，不需要改造的。禅宗在延历寺是作为天台宗的从属而存在的，延历寺的天台宗在10世纪的日本佛教界正处于有利的地位，在八宗中影响最强，它希望维持现状，因此不希

---

[1] 杨曾文：《日本佛教史》，第119页。

望有什么改革或新思想的流传，不希望禅宗独立于八宗之外，作为第九宗出现在日本，从而影响和分裂延历寺现在的有利地位。就算源信有如此高的理论水平，他也不敢立净土宗；尽管他已经组织结社，著作了《往生要集》等理论，净土宗的创立也是等到源空（1133—1212）时才实现的。13世纪禅宗已经建立，天台宗早已衰落，而10世纪任何立宗都是天台宗等旧宗无法接受的。其二，兴禅本是慈觉大师未竟之愿望，在慈觉门徒看来，此大任不能由其他宗派的僧侣来完成，此可见于荣西的《兴禅护国论》。

为什么说奝然所兴新教为禅宗？当时的日本对于中国佛教，该吸收的已经基本上吸收了，剩下尚未完整传入日本的也只有禅宗和净土宗了。其实，东寺也曾经从中国输入过禅宗。根据日本《本朝高僧传》第十九《洛阳檀林寺沙门义空传》的记载：橘皇后曾经诏空海问密法，并问空海是否有优于密教的佛法存在？空海回答："唐有佛心宗，乃达磨氏所传，此法最尊无上也。空海虽少闻之，未遑究焉。"这里空海所称的"佛心宗"就是禅宗，即奝然要追随师足迹所求的"三学宗"。橘皇后一听此言，便亲自"裁造绣袈裟并宝幡，遣慧萼法师入唐聘请有道禅师"[1]。慧萼入唐及以后拜师的有关经历如下：

> 萼抵杭州，献袈裟于一时名衲，施宝幡镜奁之具于五台山。寻往盐官县海昌院，谒齐安国师，启曰："吾国经论之宗鼎盛，禅宗未传，愿得国师神足，以为本邦之始祖，国后之志也。"国师感其诚信，命空受请。空与法弟道昉等及萼，泛海著太宰府。萼先

---

[1] 〔日〕师蛮：《本朝高僧传》，第270页。

入京城具奏，皇后大悦，馆于东寺之西院，慰劳勤挚。就诏入宫询禅，奏对称旨，敕住檀林寺，为开山祖，礼问相继。天皇听其道声，宠赐优渥。官僚缙绅参问者多，如中散大夫藤公兄弟是其选也。[1]

但是，许多人只是赶时髦而已，当时的日本尚无法理解禅宗，虽知道有禅宗，"然实参实悟者，橘后一人而已"，义空禅师知道时机"未熟，辞之归唐。语句不传"。只留下纪事碑一尊、"唐人书函十七通，现在羲尾之文库"[2]。奝然此时入宋传禅宗，大概他以为此时时机已熟吧，实际上还是不成熟，所以奝然失败了。也许是宿命吧，义空的檀林寺与奝然时任别当的东大寺于永祚二年（990）同时遭遇大风的摧毁。

来宋日僧求法之艰难，以及新法（主要指禅宗）在日本流传之艰难，都在于当时日本僧界对于日本平安佛教发展的自大乃至故步自封。其表现之一，日本僧界以密宗的神秘法术（求雨、消灾之类）超过中国而骄傲，认为空海得到了惠果的真传，而中国弟子并没有从他的老师那里学到什么，中国密教衰落了就似乎什么都没有了，这从成寻在中国的表现也可看出来。

来宋日僧的自大乃至发表一些自大的言论都是 10 世纪日本贵族社会的自大风气造成的。在空海、最澄时代的日僧本是虚心求教之人，"国风文化"的鼓吹养成了日本人的自满和自大。另外，在唐朝时，日本有一股崇尚求学的风气，出国留学、学习新文化是荣誉的事，凡求

---

[1] 〔日〕师蛮：《本朝高僧传》，第 270—271 页。
[2] 同上书，第 271 页。

法僧都记有日记，取经后还要唐朝官员出具证明书，目的就是证明自己到大陆求法了。因此他也公开说自己是求法的，也就是说自己是学生，这是因为求法荣誉化了。奝然出身于东大寺，弘法大师空海、真如亲王都是与东大寺有关系的重要贡献人物，空海和真如师徒两人都是来中国"求法"或"入觐"的。其中，真如亲王，毫无疑问是为求法而入唐的，并且还想去天竺，因为那时还处在一个谦虚的时代。

到了平安中期，日本舆论要限制求法的次数，于是便出现了求法的资格论，因此产生了有关求法的争议。奝然在牒文中提到"一味同法、师资是亲"，就是强调此行是继承先人的传统，是弘扬中日佛教交流的友好传统。奝然为求法而入宋只有庆滋保胤等少数人公开支持，反对奝然的人可能也有入宋的想法，只不过没有对抗天灾人祸的勇气，从而说一些拖后腿的话。古人的自尊意识加上现代日本学者的自大，今天日本学界自然有了来宋日僧不是为求法而是为修行来中国的论点。近代日本要领导亚洲，现代日本要国际化，要做文化大国，自然不能贴上许多做过中国学生的标签，日本文化自然不能总是归入中国的亚文化。

10世纪日本这些自大的风气，到了荣西的时代才得到了一定的反省。荣西在《兴禅护国论》（下）一书中也指出日本国内的如下自大风气："日本国人常谚云：天竺唐土，佛法已灭，我国独盛也。"他并不认为"天竺唐土佛法已灭"，日本独盛而停止入宋求法，而是指出宋朝佛教兴盛的"二十奇特"[1]。只有丢掉了自大的日本人才可能虚心学习，谦虚明智的荣西在《兴禅》（下）中引《本行经》云："佛不生边

---

[1] 〔日〕荣西：《兴禅护国论》，第119页。

地，必生中国……"不过当时也有日本人过于自卑，说："印度赤县是殊胜之地，果报纯熟之人生于其中；日本是边地也，不善种族生于此，故犹难也！"对于这些责难和疑问，荣西不感情用事，耐心说教，在他传道之后，日本开始拜中国为师，引进新的宗教——禅宗。[1]

第七节　日本学者错误观点的思想根源

一、导致日本学者相关结论的思想根源

在绪论中我们已经列举了一些日本学者关于来宋日僧主要为"巡礼"而入宋的论点，这里我们要指出得出这一结论的思想根源和历史根源。他们掌握的资料并非不丰富、研究并非不勤奋、思维并非不敏捷，结论的错误只能在指导思想和历史教育上找原因。

要说历史教育的影响则可追根于日本 10 世纪以来的"本朝意识"。所谓"本朝"是和唐朝、宋朝相对的一种差别、竞争和攀比意识，在于国风文化所培养起来的民族自尊，乃至自大意识。当时在学术上的表现便是出现了一大批以本朝命名的典籍，如《本朝文粹》、《本朝文集》、《本朝世纪》、《续本朝往生传》、《本朝新修往生传》、《本朝神仙传》等。到近现代，皇国荣誉史观的教育导致日本学者得出并提出以上观点，无视那些来宋日僧们的努力和成就。在古代日本，来中国而不求法的僧人自唐代就有，并不肇自宋时，留学僧辨正到唐朝后便不

---

[1] 〔日〕荣西：《兴禅护国论》，第 120 页。

求法而求爱，不爱三宝而爱美人。如果说整个平安末期的来宋日僧都是只爱异国江山胜地而不爱佛法三宝，只管个人自利修行而不报国利他，的确是难以想象的，事实也并非如此。

若说思想根源恐怕还不能仅从他们的历史观上找原因，他们提出以上历史观点并非在于纯粹的历史学习和学术研究，而是顺从个人的民族感情，在适应国家的政治气候。我们只要从他们所处的时代背景及其政治指导思想与社会根源上去找原因，就一目了然了。我们还可以从以上学者论文发表的年代中看出，日本那个时代的语境希望历史研究得出什么样的结论。他们得出这样的学术观点，其思想根源之一在于当时日本膨胀的民族自尊心和民族荣誉感。下面我们可以关注一下这些论文发表的时间表：

西冈虎之助的《关于奝然的入宋》发表于大正十四年（1925）。第一次世界大战以后的日本正在努力取代英美领导亚洲，将美英法荷的势力排挤出亚洲。亚洲在日本军国主义者看来就是"日本人的亚洲"，这是在模仿门罗主义的"美国人的美洲"。日本具有在政治、军事上控制亚洲的实力，自然要寻找其在智力上、文化上优越的理由。

辻善之助的《日中文化交流》[1]出版于1938年，那时日本在军事上全面侵华，扩大战争，处于胜利的陶醉之中，民众思想正值"日本出现历史上少见的国家意识异常狂热之时"，史学家因此也"需要寻找日本文化的特异性"[2]，强调民族的原文化。

木宫泰彦的《日中文化交流史》一书的前身是《日支交通史》（日文名），分上下二册于1926、1927年出版。早在1931年就有中文译

---

[1] 日文名为《日支文化交流》。
[2] 〔日〕辻善之助：《日支文化の交流》，东京：创元社昭和十三年（1938）版，解题第1页。

本，[1]但他并不满足。据木宫泰彦自己在《日中文化交流史》一书序言中介绍，他本人于昭和十五年（1940）奉日本文部省的命令"经朝鲜、满洲进入中国"，可见他是文化侵略的"笔部队"成员之一，他的文化研究是配合军事征服的，他的进一步研究的成果是在1943年修订整理完稿的，计划于1945年出版，结果因战争失败而延误。[2]这是从学术研究的角度来宣扬日本民族的伟大，鼓舞日本人增强其在中国人面前的优越感。1955年本书得以出版，改名《日华文化交流史》（日文名），此时日本已经度过战后，"五五体制"已经确立，是日本经济开始复兴之时，从他的序言中还可以发现，此时出版的目的之一是对应战后新的中日关系，是在为失败的日本人找回自尊和自信。

森克己对于宋日贸易关系的研究开始于昭和二、三年（1927、1928），有关论文的发表和相关观点的提出主要都是在1945年以前。他在后来结集的序言中表示，其结论是为"日本的海外雄飞"服务的，是在歌颂日本政府"海外雄飞活跃"的传统。[3]

以上研究成果都是特定时代的产物，有其社会根源：西冈虎之助、辻善之助、森克己、木宫泰彦所处的时代是日本军国主义时代或军国主义影响尚未根除的时代，自尊膨胀的时代。此一时代，日本人的民族自尊心和民族荣誉感非常强烈，甚至畸形膨胀。何况在日寇发动侵华战争期间，实行战时统制体制，对佛教等宗教无端扭曲和利用，为了宣传"八弘一宇"和"神国日本"，教典被篡改，佛教研究文章被严格审查，日本佛教界对此政策不得不迎合，这就是当时日本佛教界关

---

[1]〔日〕木宫泰彦著、胡锡年译：《日中文化交流史》，译序第2页。
[2]〔日〕木宫泰彦：《日华文化交流史》，第3页序言。
[3]〔日〕森克己：《新订日宋贸易の研究》，序说第7页。

于中日佛教关系史研究的状况。而且这还可以从这些学者用"支那"称呼中国中表现出来，他们是配合政府的文化侵略政策的，中国政府即当时的"中华民国"早就通过外交渠道抗议使用"支那"称呼中国，要求日本政府用"中华民国"称呼中国，相信这些大学者们是不会不知道这些的。

　　日本通过甲午战争、日俄战争让世界刮目相看了，尤其是中国都已经拜昔日的弟子为师了，日本成为文化输出国家，因此自尊自信的日本人自觉地从历史上寻找证据，要证明日本是一个传统上的文化输出国家。日本在文化上先进于中国，可以炫耀于中国、可以做中国老师的时代也只是在他们明治维新成功之后，吸收了西方文化而丰富起来的日本可以向中国转手西方文化。此后，日本学者的自尊心、国家荣誉感急剧膨胀，怎么能随便承认中国这个被自己打败的民族很长时期以来都在做自己的老师呢？

二、本书的相关结论及其理由

　　最后，我们针对以上日本学者的偏执及其错误，说出自己的结论：日僧来宋朝的目的是以"求法"为主，以"巡礼"为次，是来唐留学僧和求法请益僧的延续。我们得出这一结论的理由和根据不是本书主人翁奝然的那一句话，那是他入宋之前为搪塞时人质问的无奈应对，他到底是为"巡礼"还是"求法"来宋朝？我们在听其言并观其行之后再下结论。我们判定的标准和理由如下：

　　一、求经即求法。本人认为佛教经典即佛法或佛法的文字体现，求法与求经是没有什么区别的，三宝佛、法、僧中，法应当就是指"经藏"。日僧来宋后是否向中国有关方面请求赏赐经藏、抄写购买教籍？若有的话便可以认为这就是"求法"。空海、最澄求得经典、佛具回日本，因此有人说他们是求法，来宋日僧一般都有如此举措，为何奝然携宋版《一切经》回日本便不是求法？宋雕版《一切经》入京之时，日本人如获至宝，从迎接、运输的表现看，他们还是吸收者，是肯定中国文化的。难道空海、最澄以所求得经典、佛具开山立宗成功便是求法，奝然携经典、佛像回日本为建一伽蓝不见结果便不是求法？

二、学法即求法。日本来唐留学僧、还学僧的身份和任务很明确，奝然等来宋日僧虽未有这一身份，但也要看看奝然等在中国巡礼的过程中有无拜师？有无求学？奝然在上呈宋朝的表文中说自己"就三藏而禀学"[1]。从奝然残存至今的日记来看，他是一位虚心求学、热情求法的僧侣，否则他一系列的行为又怎样解释？他广泛学习和询问，他在《瑞像造立记》也说自己"受学清昭三藏，金刚界·胎藏界两部、三密大教，五瓶灌顶已了"，此"受学"便不是"求"法？此"金刚界·胎藏界两部、三密大教"如何不是佛"法"？奝然如此之求法在宋期间处处可见。同样，源信先后送到大陆求教宋僧知礼的《二十七问》、《二十问》、《十问》也是求教、求法，不是假意的考问，《元亨释书》一书的有关观点我们在他书中将给予澄清，我们相信源信是一个诚实不诳的信徒。

三、传法因为求法。奝然等自宋朝回日本后进行了一系列的传法活动，这可以证明他们是来中国求法的。如果仅为巡礼而来，他就不必辛苦地携带那么多的佛典、佛具回日本，那么他也可以像成寻和戒

---

[1]（元）脱脱等编：《宋史》，第 14135 页。

觉一样不必作回国之准备；即使回国之后也不必为兴所传来之法而奔波，不必为建清凉寺而鞠躬尽瘁、死而后已。奝然回日本以后积极推动建立新寺、树立新宗、传播新法，就因为他求得了法，实现了入宋的计划，尽管他的日本五台山清凉寺直到他死后才正式建成。其后人也清楚地知道奝然回日本后所计划建立的新宗，即他名之为"三学宗"的禅宗，荣西在《兴禅护国论》一书中也承认："法桥上人位奝然，入唐归朝，欲建立三学宗。"[1] 这些是否都与求法无关？奝然所求回日本的《大藏经》是否为大法宝？至少摄政大臣藤原道长是这么认为的，他也在求购宋版《大藏经》，最后他占有奝然的成果作为他的氏寺法成寺的镇寺之宝。此外各种曼荼罗、仪轨无一不是密教之法宝。

四、独善还是普度。巡礼可以说是独善其身的自利行为，是个人修行，而求法是普度众生的利他行为。奝然在《瑞像造立记》中也说志愿"阐扬正法，兴显大乘"，"普度众生"，希望佛像回到日本后"人心喜悦、少长无灾"[2]，此是否为利他行为？此"阐扬正法，兴显大乘"的誓愿说明奝然来宋朝的目的是为求法，学大乘教。再例如成寻，他在延久四年六月初一日上神宗皇帝"乞天恩，巡礼五台并天兴善寺、青龙寺等圣迹"的申请书中，虽然开始说是为巡礼而来，目的是"专求现证，更期极乐"，但在结尾处却说"至于真言经、仪轨，持参青龙寺经藏，纠其讹谬"[3]，这表明他是为求法而来，有着和奝然一样去长安的打算。他们都是为求法而来中国的。

---

[1] 〔日〕荣西：《兴禅护国论》，第108页。
[2] 〔日〕塚本善隆：《塚本善隆著作集第七卷·净土宗史、美術篇》，第216页。
[3] 〔日〕成寻撰：《删补参天台五台山记》，《大日本佛教全书·游方传丛书》（第四），东京：佛书刊行会大正十一年（1922）版，第38页。

第四章
来宋日僧与宋日政治关系

第一节 宋朝与日本的文书往来

一、宋朝的外交政策与送达日本的"国书"

北宋与日本是怎样的政治与宗教交流关系，宋日两国当时有无政治联系，若有又是什么样性质的联系？日僧是否因公来宋，为日本国家求法？这些问题历来备受关注。

纵观两千年的中日交流史，政治关系和文化经济总是若即若离，非常暧昧。这种暧昧的政治关系很容易让人感觉两国的政治和文化、政治和经济是分离的。这种暧昧是由政治关系来定位和决定的，因为两国都有着很强烈的政治意志。我们认为，国与国之间的文化交流是难以独立于政治关系之外的，即使在政治体制尚不完善的古代，文化经济的交流也摆脱不了政治的参与和引导。宋朝是以继承中华正统而面对外国的，尽管受到北方少数民族（契丹、女真等）的攻击，甚至在军事上并不占上风，但宋朝是从传统华夷思想出发来处理和发展对外关系的，在外交礼仪上极力维持正统和大国的尊严和地位，确定尊卑等级和国际秩序。

宋朝在军事力量不足的情况下尤其重视发展对外关系，希望建立广泛的中外关系——非对称的朝贡关系，取得外交上的主动权，从而树立大国权威。朝贡和册封对于中国皇帝来说，往往注重的是其政治功能和象征意义，尽管从实际利益上来说它是一种政治负担，但中国帝王尤其是宋朝皇帝非常重视它，非常主动地发展同其他民族的关系，促进往来，其理论根据是"远人不服，修文德以来之"这一儒家政治理念，它已经形成中华政治文化传统，以"怀柔"和"羁縻"的旧法抚远或怀远，建立和恢复中华册封体系，推行"王道"政治。怀柔的方式主要是通过各种途径赏赐四夷酋长中华文物，以确立名分。朝廷的赏赐一般都附有文书，可以视为国书，其格式一般都是宗主国对于属国、上级对于下级的形式，可以视为"敕书"或者劝诱朝贡的文牒，虽然其内容有时很温和。

在此宗旨下，宋朝对包括日本在内的周边国家和民族颁发了不同形式的"国书"，鼓励或者暗示他们来朝贡。当然这些国书并不都是通过派遣使节来送达的，一般是利用外国来华僧人和商人来传递。这些僧人或商人一旦得到宋朝皇帝的接见，在他们回国的时候，皇帝一般会让他们传递国书及皇帝给他们国王的赏赐。也有通过中国外出商人和僧侣来送达的，例如《续资治通鉴长编》开宝元年（日安冷泉天皇安和元年，968）条载："先是，僧行勤游西域，上（太祖）因赐大食国王书以招怀之。十二月，乙丑，遣使来贡方物。"[1] 相信宋朝廷通过活跃在东海上的中国商人也给日本送达了某种形式的"国书"，日本

---

[1]（宋）李焘撰：《续资治通鉴长编》第2册，第213页。

朝廷于982年批准僧人奝然来宋朝可以说是一次应答，日本朝廷希望新兴的宋朝承认日本是一个文明的国家，并与其平等交往，日本想在保持独立国家身份的条件下参与由宋朝确立的亚洲政治新秩序，但不加入其册封体制。因此，奝然的来宋可以看作是日本平安朝廷的一种政治试探。这次交往促进了中日两国政治体制和政治理念等的相互了解。对于日本来说，虽然通过奝然宣传了其"国王以王为姓"，一姓相传，传袭到当时已经达"六十四世，文武僚吏皆世官"的政治体制，[1]而且，这种后来被鼓吹为"万世一系"的政治体制当时也确实得到了宋朝君臣的认可，并夸奖说"此盖古之道也"，但是宋朝并没有接受其与中华帝国宋平起平坐的愿望，依然暗示其国王必须来朝贡。因此，宋太宗对于奝然"存抚之甚厚"，对于日本国则特赐"印本《大藏经》"[2]。日本的这次"遣使"，文化上的收获远远大于政治上的期望。986年奝然等回国的时候，宋太宗给日本丰厚的赏赐是出于招抚的目的，按照历代的惯例，赏赐越丰厚，政治要求就越高，可惜我们无法找到宋朝廷委托奝然传递致日本国王的国书。

从现有记载看，宋朝通过来宋日僧传递致日本国王的国书只有一例，宋神宗熙宁五年（日本后三条天皇延久四年，1072）日僧成寻来宋，宋神宗曾要求他传递国书致其国王，具体经过如下：1072年，日僧成寻偷渡来宋朝巡礼求法，按宋朝的习惯，外国人来中国最终是要督送其回国的，但成寻反复申请要求滞留宋朝，而让弟子赖缘、快宗、惟观、心贤、善久五人回国。宋朝神宗皇帝最后同意了他的请求，并

---

[1] （元）脱脱等编：《宋史》，第14131页。
[2] 同上书，第14134页。

"赐预大宋皇帝志送日本御笔文书"[1]，以及赠给日本朝廷金泥《法华经》等物，让成寻的五位弟子乘宋朝商人孙忠的船于延久五年（宋神宗熙宁六年，1073）六月返回日本，同行的还有新近受戒的宋朝僧人悟本。悟本也是成寻的弟子，他的出家和到日本又都得到宋朝廷的批准，并被委托为使节。

这封大宋皇帝的"御笔文书"成功送达了日本。至于该"御笔文书"是否够格称之为"国书"，现在学界产生了争论，日本学者木宫泰彦认为其是"非正式国书，可能只是附在礼物上的简单清单"[2]。其内容与格式到底如何，日本现存史书中未见抄录具体内容。目前仅供参考的还有一件，这是日本鸟羽院元永元年（宋徽宗重和元年，1118）宋国附商客孙俊明、郑清等带到日本的，日本《善邻国宝记》中载其国书内容如下：

> 书曰："矧尔东夷之长，实惟日本之邦；人崇谦逊之风，地富珍奇之产。曩修方贡，皈顺明时。隔阔弥年，久缺来王之义，遭逢熙且，宜敢（恐'敦'之误）事大之诚。"云云。[3]

从该记载看，宋朝是以属国或朝贡国来要求日本的，并且对自奝然983年、弟子988年，以及寂照1004年先后来宋朝贡之后，日本"久缺来王之义"表现表示出责备之意。可以肯定，成寻弟子这次所携

---

[1]〔日〕平林文雄：《〈参天台五臺山记〉校本并に研究》，第289页。
[2]〔日〕木宫泰彦著、胡锡年译：《日中文化交流史》，第251页。
[3]〔日〕西山塞马闲人书：《善邻国宝记》，《续群书类丛》第30辑（上，杂部），东京：昭和三十四年（1959）订正版，第334页。

国书的内容与它差不多。实际上，成寻在宋朝期间就被宋朝君臣多次质问"久缺来王"之事，如熙宁五年（日延久四年，1072）十月十四日，勅使御药问成寻："日本自来为甚不通中国，入唐[1]进奉？"成寻不得不委婉地回答："沧波万里，人皆固辞，国[2]之久绝也。"[3]到十五日又被神宗皇帝追问："日本距明州至近，因何（或作'何以'）不通中国？"成寻不得不再次为日本开脱说："本国相去明州，海沿之间不知几里数，或曰七千余里，或曰五千里，波高无泊（或作'治'），难通中国。"[4]

木宫泰彦根据《百炼抄》、《水左记》、《玉叶》等日本古典中的记载，说成寻弟子所携回日本的文书中有"回赐日本国"的字样。尽管"不拘怎样，宋帝致书日本朝廷，却不能不说是值得大书特书的事情"，而日本史家未予记录，显然悟本和成寻弟子们此番带给日本朝廷的国书，其内容给日本朝廷出了难题，让他们为回复之事犯难，因为这"牵涉到日本国国家名分的问题"[5]。成寻送回佛法典籍之后滞留不归也许与此有关。此后，日本朝廷为是否该回书、是否答礼、送何种物品为好等进行了多年的激烈争论，而且找有关人士调查研究，日本公卿的日记《水左记》中就有对此的记载：

> 承保三年六月二日，未时，右大殿（源师房）御供参内，大宋国方物使等，悟本与孙思（当为忠）文告，对问之由。或云：

---

[1] 此处的"唐"字当理解为"宋"字，成寻是按照日本的习惯来记笔记的。
[2] "国"当为"因"字，平林文雄的《〈参天台五台山记〉校本并に研究》对原件的判读有误。
[3] 〔日〕平林文雄：《〈参天台五臺山记〉校本并に研究》，第117页。
[4] 同上书，第120页。
[5] 〔日〕木宫泰彦著、胡锡年译：《日中文化交流史》，第251页。

"火取玉、水银、美乃长绢、真珠。"或云:"长绢、细布、金银类。"或云:"被和琴相加。"何事有哉![1]

到日本白河天皇承保三年（宋神宗熙宁九年，1076）已经是宋朝国书送到日本三年之后了。《百炼抄》也载:"承保三年六月二日，诸卿于殿上，定申大宋国返信物等。或云:可遣和琴。或云可遣金银类。或云:可遣细布，阿久也玉。先于阵唐人孙忠、悟对问事。"据《百炼抄》所载，承历元年（宋神宗熙宁十年，1077）二月廿八日，日本朝廷又"引见大宋国客商所献之羊三头"，可见当年又有宋朝商人到日本了，此礼物似乎有催促其答复之意。五月五日，日本朝廷才通过宫廷会议（即"阵定"）确定"请印"，决定"大宋国返信官符"由长季朝臣撰写，用黄纸，装入螺钿笞；同时赠送"六丈织绢二百匹、水银五千两"作为答礼。[2] 宋元丰元年（日承历二年，1078）正月二十六日，朝廷让通事僧仲回携带以上回信和赠品搭乘宋商孙忠的船赴宋，此事《宋史》有载:

> 元丰元年，使通事僧仲回来，赐号慕化怀德大师。明州又言得其国太宰府牒:"因使人孙忠还，遣仲回等贡絁二百匹、水银五千两。"以孙忠乃海商，而贡礼与诸国异，请自移牒报，而答其物直，付仲回东归。从之。[3]

---

[1]〔日〕细川润次郎编辑：《古事类苑·外交部》，东京：吉川弘文馆昭和五十三年（1978）版，第888页。
[2] 同上。
[3]（元）脱脱等编：《宋史》，第14137页。

由于仲回获得宋朝赏赐"慕化怀德大师"的封号,木宫泰彦因此说他"完成使命",这未免过誉。日本通事僧仲回因只携带了日本地方政府的文件——太宰府的牒文,用印估计也是大宰府的,依照明州地方政府的请示,宋朝廷并没有承认仲回的使节身份,尽管仲回有可能强调了这样的身份,但对于他带来的所谓朝贡物,宋朝廷仅以"答其物值"的贸易方式打发了,他的贡物似乎也未运送至宋京。

据《善邻国宝记》记载,这一年,仲回随宋商孙忠的船东归日本时,又带来宋朝"赐日本国太宰府令藤原经平"的牒文[1],这显然是明州的"自移牒报"。对于明州"答其物直"之物,《百炼抄》中也有记载:

> 二年十月廿五日,诸卿定申大宋国贡物事,锦、唐黄等也。此事已为朝家大事。唐朝与日本和亲久绝,不贡朝物,近日频有此事,人以成狐疑。四年五月廿七日,诸卿定申大宋国进物、送文有疑,并大贰加和市直遣宋朝事等。闰八月十三日,诸卿定申大宋皇帝付孙忠献锦、绮事,不可遣答信物者。[2]

以上可见,仲回携回的国书又让日本朝廷犯难了。"二年"即日本承历二年(1078),经过反复讨论,到承历四年(宋元丰三年,1080)闰八月才最后决定不送答礼给宋朝,理由是宋朝的"送文有疑"。何以有疑?实际上是宋朝以属国的地位对待日本,让日本接受不了。

---

[1] 原文为:"承历二年,宋人孙吉所献之牒曰:'赐日本国太宰府令藤原经平'。"孙吉大概为孙忠之误?
[2] 〔日〕细川润次郎编辑:《古事类苑·外交部》,第888页。

如此看来，986年奝然等回国的时候，我们相信宋朝廷一定委托他传递国书了，如同成寻弟子回国时一样，可能因为内容和格式的问题，使奝然无法向日本朝廷交代，机灵的奝然于是便隐匿了，如同隋朝时小野妹子隐藏隋炀帝给日本的国书一样。不过，为了回复宋朝皇帝，奝然还是让弟子于988年回呈了宋朝一篇虔诚的启，这篇启作为"国书"全文收录在《宋史·日本传》中。寂照自1003年来宋朝拜见皇帝、天台求法、五台巡礼之后，尽管日本国内摄政大臣等来信催促，但他最终埋骨异乡不归日本，可能也有这一原因。

我们相信北宋朝廷发出的、要求日本来朝贡的国书不止以上这两件，因为日本朝廷极力回避这种不平等的国交，因而回避来自宋朝的国书，包括一般的地方牒文，所以传递国书的"使者"也尽量搪塞遮掩，而日本历史学家遇到这样有损国家尊严的事件更是不予记载。实际上整个隋唐两朝，中日两国使节往来如此频繁，保存下来的国书也只有一两件，从其内容来看，也是事出有因。

二、来宋日僧出面答复的"国书"和"贡献"

尽管日本朝廷极力回避中国皇帝在外交上对日本的不平等待遇，但中华文化、经济的魅力却又使他们无法回避去吸收，去与宋朝打交道，于是日本方面设法暧昧地处理这件事，所以隋唐以来中日关系史中有许多暧昧的地方，来宋日僧的公私身份难以分明就在于此。因为中国方面的正史记录一直认为奝然等日僧是来宋朝朝贡的，因此本书断定他是因公而来宋朝，是为国家求佛法的。认真研究了中国历史和政治的奝然肯定知道，按照中国封建王朝的惯例，如果没有国书、牒文这些东西，宋朝廷和历代朝廷一样，一般是不会接受他入境和巡礼的，更不用说为其提供方便。事实上，在史书中我们就可以找到宋朝对日本国来客因其无国书而拒绝接待的事例，"天圣四年（1036）十二月，明州言日本国太宰府遣人贡方物，而不持本国表，诏却之"[1]。

按照汉唐以来的惯例，我们可以肯定，983年奝然来宋朝时是携有国书或类似的东西（如表启）的，其格式和内容肯定很暧昧，这从他来宋朝时贡献的物品可以看出。可以肯定他所携贡品都是经过认真准备和慎重挑选的，具有一定的象征意义，983年奝然来宋携带的贡品是"铜器十余事，并本国《职员今（令）》、《王年代纪》各一卷"[2]。值得关注的是作为贡物的日本国《职员令》和《王年代纪》这两卷书，具有表示臣服的象征意义，类似附属国上呈宗主国的版籍图册。日本方面的考虑是，通过这些献品的政治象征意义取代正式的朝贡和册封，维持日本皇家的体面。日本学者多说这两卷书是奝然临时之作，本书认为，奝然不可能在临时，或者在宋太宗接见奏对的时候如此准确地作这样详细的说明，两卷书既有众多的官制和地名，又有大量的具体年代和数字，没有人具有如此高超的记忆力，所以必然是奝然事先准备好了的，而且是得到日本朝廷审核批准的；日本朝廷不可能在批准奝然入宋之后，对于他的一切准备工作、贡献物品不闻不问，甚至不说明朝廷的意愿。

根据现有的资料，奝然只是带了日本东大寺和延历寺致中国长安青龙寺和天台山国清寺的两份牒文，这只能算是一般的身份证明文书，或查阅资料的介绍信、推荐信。而中国的正史中，《宋史·日本传》只

---

[1]（元）脱脱等编：《宋史》，第14136页。
[2] 同上书，第14131页。

是记录了奝然于988年派弟子代替自己第二次入宋时的一篇"表启",这次还是搭乘宋朝商人郑仁德等归国的便船,奝然"遣其弟子喜因奉表来谢"[1]。那封表启的内容具体如下:

日本国东大寺大朝法济大师、赐紫、沙门奝然启:

伤鳞入梦,不忘汉主之恩;枯骨合欢,犹亢魏氏之敌。虽云羊(半)僧之拙,谁忍鸿霈之诚。奝然诚惶诚恐,顿首顿首,死罪。

奝然附商船之离岸,期魏阙于生涯。望落日而西行,十万里之波涛难尽;顾信风而东别,数千里之山岳易过。妄以下根之卑,适诣中华之盛。于是宣旨频降,恣许荒外之跋涉;宿心克协,粗观宇内之环奇。况乎金阙晓后,望尧云于九禁之中;岩扃晴前,拜圣灯于五台之上。就三藏而禀学,巡数寺而优游。遂使莲华回文,神笔出于北阙之北;贝叶印字,佛诏传于东海之东。重蒙宣恩,忽趁来迹。季夏解台州之缆,孟秋达本国之郊,爰逮明春,初到旧邑。缁素欣待,侯伯慕迎。

伏惟陛下惠溢四溟,恩高五岳,世超黄轩之古,人直金轮之新。奝然空辞凤凰之窟,更还蝼蚁之封,在彼在斯,只仰皇德之盛;越山越海,敢忘帝念之深?纵粉百年之身,何报一日之惠!染笔拭泪,伸纸摇魂,不胜慕恩之至。谨差上足弟子传灯大法师位嘉因、并大朝剃头受戒僧祚乾等拜表以闻。

永延二年岁次戊子二月八日。[2]

---

[1] (元)脱脱等编:《宋史》,第14135页。
[2] 同上书,第14135—14136页。为了尽量恢复原表的本来面目,引用时在结尾略有变动。

该表称"启"，在形式上非常暧昧，为了维持日本的自尊，落款处用日本年号"永延"，永延二年即宋太宗端拱元年（988），未用中国年号"端拱"，表示不奉中国正朔。从第一段和第三段的内容来看，文字非常恭顺、诚恳，大概考虑到格式上的暧昧，所以语言上以示归顺；第二段为奝然自己来宋求法、在宋经历及返回日本整个经过的汇报。据此也可以推定，奝然第一次来宋朝时也有表启，而且更为暧昧地暗示自己朝贡使节的资格，中国学者编写史书时可能认为其不合礼仪而未予记录。但从"永延二年，岁次戊子，二月八日"的落款日期我们可以断定，此次表文得到日本朝廷的审议和批准。因为，奝然特为此次来宋向日本朝廷提出了申请，要求派自己的弟子"传灯大法师位嘉因"担任再次入宋的使节，派遣嘉因来宋的理由是：还自己在宋朝五台山寺院未遂的"财施供养之愿"、感谢宋朝赏赐《大藏经》等的恩惠、"兼请度新译经论等"。这一遣使申请恰恰是在永延二年（988）二月八日得到日本朝廷的批准，并下官符牒文，该官符由太政官特下至大宰府，文件名为"应为使传灯大法师位嘉因重发遣大唐，令供养五台山文殊菩萨兼请度新译经论等事"[1]。日本朝廷的批准，是因为感觉以僧侣为使节，以奝然个人的身份上表，不会损害日本的国体与尊严。

嘉因奉奝然的表启，携带大量贡物表示"不忘汉主之恩"之意，淡化了朝贡的成分。为了照顾宋太宗的尊严，奝然在这次表启中措词非常恭敬谦卑，贡献物品的数量和质量也反映出奝然的诚恳之意。奉献这些贡物应该也是得到日本朝廷认可的，其内容如此丰富，《宋

---

[1] 〔日〕黑板胜美编辑：《续左臣抄》，第3—4页。

史·日本传》对此有详细的记载（此略），可见这不是个人力量能够筹备得到的。就是这样一封国书，奝然还被日本后人一直唾骂，以致其后的寂照申请入宋花了近二十年才被朝廷批准。

从事件的结果和《宋史·日本传》的记载看，宋朝廷对于奝然这次暧昧的朝贡感到很不满，根据日本现已发现的有关资料，也未记载说嘉因得到特别的赏赐与收获，而且嘉因回日本后似乎也在历史中消失了。1003年被派遣来宋朝的寂照也是如此，宋朝拒绝了他求《大藏经》的请求，所以寂照后来没有回日本，尽管日本摄政大臣不断来信催促他。

日僧来宋朝之后，只有对宋朝廷和皇帝表达了一定的臣属态度之后，才能得到许多优待，才有助于他们从中国输入佛法。从成寻的来宋日记中我们发现，他在宋期间或主动，或出于宋朝大臣的要求而无奈，多次上表神宗皇帝，成寻日记《参天台五台山记》第四卷熙宁五年（1072）十月十一日条所载以下表文，从文书内容和贡物选择上看，他的应对更加巧妙。其表曰：

> 祝圣寿表：
>
> 沙门成寻，谨修密法，奉祈圣寿。顾智者大师者，以莲华香炉、水精念珠献隋炀帝，表延祝焉。今日域鄙僧者，以纯金香炉、五种念珠献今上圣主，祈请万岁，玉体弥明固日月，宝寿殊远长天地。谨上表以闻。
>
> 熙宁五年十月　日，日本沙门赐紫成寻上表。[1]

---

[1] 〔日〕敬雄等编：《天台霞标》，第107页。

智者大师本为南朝陈国人，他以表献的方式表示臣服于隋，成寻这里依照前例也是暗示称臣。奝然曾称宋太宗为"汉主"，这里成寻称神宗为"今上"，我们知道最后成寻也确实留在宋朝为子民，并在有关表文中自称为"臣"。成寻的入宋尽管没有得到日本朝廷的批准，没有相关文书，他甚至把二十多年前的有关文书拿来作身份证明，强调其担负的政府使命。他这种暧昧的做法，后来还是被宋朝皇帝识破了。元丰六年（1083）三月，成寻弟子快宗等第二次来宋朝时，身穿紫方袍于延和殿朝见宋神宗，见此装束一时忘却的神宗便问左右大臣："衣紫方袍者何日所赐？"都承旨张诚一对答说："熙宁中，从其国僧诚寻对见被赐，今再入贡。"宋神宗立即指出："非国人入贡也，因其瞻礼天台，故来进见耳。"但神宗并未计较，再次赐日僧快宗紫方袍。[1]

出于维护国家荣誉和尊严的考虑，日本对于发展和宋朝的政治关系非常谨慎，基本上是消极和被动地应对，采取的是一种回避政治的政治手法，这是出于引进中国文化和输入宋朝商品的需要。宋朝作为中华大国，政治和军事的实力又并不强大，对周边国家的影响力，对外国的招抚和宽厚都是有限度的，因此在北宋时期，中日双方在外交政策的技术处理上都是比较暧昧的。由于没有找到双方都能够接受的方式，中日政治关系是游离的，是一种半官方半民间的外交。日本为了在外交礼仪上使本国的自尊避免受到伤害，限制日本人来宋朝，但也因此牺牲了佛法等中国文化的引进和吸收。

---

[1]（宋）李焘撰：《续资治通鉴长编》第2册，第8031页。

第二节 宋日两朝廷对来宋日僧的管理

一、日本朝廷严格日僧外出批准制度

森克己等日本学者认为,"在宋日交通的初期,入宋日僧的目的不包含任何政治的、物质的性质"[1],似乎是一种纯粹的私交;而平安末期日本的历史记录告诉我们,10、11世纪的日本朝廷对于其国人出入境的管理非常严格,这种锁国外交恰恰基于强烈的政治理念,具有非常浓烈的政治意味。

日本平安朝廷对于其国人出入境的管理基本上是宽进严出,何以如此?宽进是为了便于从宋朝输入佛法等文化,是出于文化经济发展的需要;而严出的原因主要如下:

到平安末期,日本的律令制度已经遭到严重的破坏,天皇朝廷的权力被摄关家及地方大臣所侵蚀,外交权也许是最后一个堡垒了,朝廷想通过锁国外交表现自己的权威和存在。

967年,藤原实赖任关白,摄关制度在日本正常化。摄关政治就是反对天皇亲政,到1086年白河法皇开始院政为止,这一时期被日本历史称为摄关时代。这一时期的日本政治混乱、外交权力分散,贵族在对外关系方面自我主张。从一系列的历史事件和表现来看,当时日本朝廷已经不再是大化改新以来的中央集权政府和律令国家,在作为经济基础的班田制瓦解以后,朝廷财政收入越来越紧张,朝廷强调自己对外交(出境管理)批准权还与维持"唐物"专买权有关,朝廷因

---

[1]〔日〕森克己:《日宋文化交流の諸問題》,第35页。

此可以获得巨大利益，朝廷要借此体现自己权力的存在。

10世纪的日本，僧人是唯一被允许出国到宋朝的，这是为引进佛法的需要。准许宋朝商人来日贸易与批准日僧入宋求法相连，这种准入权和出国批准权意味着外交的主导权和皇室的尊严所在。而平安公卿们从经济利益上来考虑，却要分朝廷皇室的最后一杯羹，他们如果得到了宋朝商人的奢侈品和珍奇的贿赂，便主张接纳宋商来日甚至入京；而那些没有收到贿赂或没有建立自己的走私渠道的公卿，自然借口国家主权与皇室的尊严反对宋日贸易，要撤台。

另一方面，地方政府也越来越走向与中央的对立，尤其是在财政和外贸税收方面，这种商业税收对于当时经济不发达的日本来说是非常重要的。

从已经发现的资料看，平安中后期的日本对于外交和国民的外出管理非常严格，有着严格的审批手续。政府是不允许国民（包括贵族高官）出国的，即使是那些被网开一面的僧人出国入宋也必须先有申请，经朝廷宫廷讨论批准之后才能获取牒文出国。有关牒文或官符的下达往往要经过紧张而激烈的御前会议的争论，甚至会出尔反尔。例如1004年天台宗的延殷和尚随寂照法师入宋的时候，"管家有议，下牒拘留延殷"，日本《名匠略传》一书解释拘留的理由是"惜其伟器也"[1]，这不过是后人的托辞，实际上他可能只是得到了摄政大臣藤原道长的支持，而未得到朝廷和其他公卿的同意，结果朝廷只是批准了寂照一人（随从人员可能不在此论）可以入宋。

10、11世纪日本人出国的审批权力形式上还掌握在朝廷手中，虽

---

[1]〔日〕承澄抄写：《名匠略传》，第491页。

然批准文书一般由太宰府发给，但必须是得到朝廷批准官符之后太宰府才敢具文，这可以从下面成寻在后三条天皇延久二年（宋神宗熙宁三年，1070）提出的出国申请书中看出来：

圣人申渡唐

阿阇梨传灯大法师位成寻诚惶诚恐谨言：

请特蒙天裁，给官符于本府，随大宋国客商归乡，巡礼五台山并诸圣迹等状。

右成寻伏寻往迹，先贤入唐之辈，本怀各以相分，或为决法流之奥旨，或为礼圣迹之灵胜，互请天裁于本朝，方遂地望于异域，回兹探赜讨深，究学显密之教文；跋山涉水，巡礼幽邃之名地。而某聊开法门之枢键，才见数家之传记。

五台山者，文殊化现之地也，故《华严经》云：东北方有菩萨住处，名清凉山，过去诸菩萨，常于中住，彼现有菩萨，名文殊师利，有一万菩萨眷属，常为说法。又《文殊经》云：若人闻此五台山名，入五台山，取五台山石，踏五台山地，此人超四果圣人，为近无上菩提者。

天台山者，智者大师开悟之地也，五百罗汉常住此山矣，诚是炳然经典文，但以甲于天下之山，故天竺道猷，登华顶峰而礼五百罗汉，入清凉山而见一万菩萨。

某性虽愚，见贤思齐，巡礼之情，岁月已久矣。

加之天庆宽延、天历日延、天元奝然、长保寂照，皆蒙天朝之恩计，得礼唐家之圣迹。爰龄迫六旬，余喘不几，若无遂旧怀，后有何益？宿缘所催，是念弥切也。以六时六行道，一生斋食，常坐不卧,勇猛精进,凝一心诚,及三个年。于戏!航海之樟非不畏也,偏任残涯于迭浪之风;怀土之泪非不落也,唯寄恳望于五峰之月。师迹之遗室,兴隆之思岂废;母老今在堂,晨昏之礼何忘?然而先世之因,欲罢不能;今世之望,又思何事?

望请天裁,给官符于大宰府,随商客返向之便,遂圣迹巡礼之望。某诚惶诚恐谨言。

延久二年正月十一日,阿阇梨传灯大法师位成寻。[1]

从以上申请书中可知,只有经过朝廷"天裁,给官符于大宰府"之后,太宰府才能发牒放行。尽管成寻列举了许多先例,此申请未获批准。该申请显示,在此之前日延、奝然、寂照、嘉因等来宋朝时,肯定都事先提交过类似的申请书。另一例可见于988年奝然申请派遣嘉因入宋获批准的官符,他们来宋都是得到了日本朝廷御前会议讨论批准的。

倘若没有得到朝廷批准的官符而私自出国,在当时会受到处罚,日本朝廷对于私自出国者的处罚非常严格。例如,后冷泉天皇永承二年(宋仁宗庆历七年,1047)十二月,筑前人清原守武因私自赴宋一事败露,货物没官,本人流放佐渡岛,党徒五人处以徒刑。再如太宰府权帅藤原伊房,以权谋私,自日崛河天皇宽治三年(宋哲宗元祐四年,1089)至嘉宝元年(宋哲宗绍圣元年,1094)凡五年间,私自遣

---

[1] 〔日〕《朝野群载》(卷第二十·异国),第461—462页。篇名当为后人所加,成寻不会自称"圣人"。为便于分析和理解申请书内容,作者在格式上作了如上分段。

僧明范等远至契丹交易货物，[1] 此事被发觉后，"诸卿一再审议他的罪行"[2]，结果伊房被贬一级，降为从二位，且停其权中纳言的官职。从后来的事实可知，尽管成寻有部分贵族大臣的支持，但他的入宋申请一直未获朝廷批准，所以1072年他不得不躲开太宰府官员的监视而偷渡来宋。因有前车之鉴，成寻再也没有回日本，尽管他得到了一些贵族的同情。日本官僚贵族们对于成寻这样不归者在中国的活动还是非常关注的，此足见日本国家对输入佛法的迫切要求和朝廷外交管理上的复杂环境。

等到强力的武家政权兴起之后，朝廷和公家进一步衰落，几乎完全失去控制能力，日本僧界便兴起了入宋的高潮，影响显著的有1167年东大寺高僧重源的来宋，1168年荣西的入宋，1171年觉阿的入宋等。他们可能都得到了平赖盛的支持，赖盛当时担任太宰大贰。

二、从来宋日僧的地位和职位来看其政治性

983年奝然出发来宋之前，早就在不同场合公开表明了他的愿望，从当时日本僧界对他的各种批评看，他可能也多次向平安朝廷提出入宋申请，朝廷及部分贵族也充分研究过，考虑过在外交上不同的可能性，一时不能定夺，后来出于引进宋朝佛法的考虑，最后还是批准了他的入宋申请。

---

[1] 《辽史》卷二十五《本纪第二十五·道宗纪五》载："（大安七年）九月丙申还上京，己亥日本国遣郑元、郑心及僧应范等二十八人来贡。""（八年）九月乙巳，驻跸藕丝淀，丁未，日本国遣使来贡。"这两次可能都是伊房派遣的。
[2] 〔日〕木宫泰彦著、胡锡年译：《日中文化交流史》，第245页。

从日本朝廷对如何答复宋朝国书的反复讨论看，对于日僧入宋后可能遇到的外交礼仪、国体尊严等问题，日本朝廷是充分给予考虑了的，而且是在研究了大陆政治制度之后才作出一系列的决定。例如，奝然来宋之前的地位并不太高，而且僧阶一直很难得到提升，982 年，45 岁的奝然在获得批准入宋的同时获传灯大法师位，此时得以再升一级当与入宋有关。僧阶太低可能不被宋朝重视，所以在他的地位上作此考虑。奝然 983 年以传灯大法师位来宋朝说明他在日本是有身份的僧人，圆仁来唐之前日本朝廷敕封他传灯大法师位也应该是出于同样的考虑。对于这一点，宋朝是非常清楚的，赞宁在《大宋僧史略》"赐僧紫衣"条中就特别提到："后蛮士（土？）有上者赐金钵，犹中国赐银鱼也。倭国则赐僧传灯法师之号；高丽赐僧紫衣，则以金银钩施于纫上，甄别高下也。"[1] 在日本，传灯大法师位是怎么样的一种地位呢？

清和天皇贞观六年二月十六日癸酉，制定僧纲位阶。诏曰："国典所载，僧位之制，本有三阶，满位、法师位、大法师位是也。僧纲凡僧，同授此阶，位号不分，高卑无别，论之物意，实不可然。仍依彼三阶之外，更制法桥上人位、法眼和尚位、法印大和尚位等三阶，以为律师以上之位。宜法印大和尚位为僧正阶、法眼和尚位为僧都阶、法桥上人位为律师阶。"[2]

---

[1] （宋）赞宁：《大宋僧史略》，第 249 页上。
[2] 〔日〕黑板胜美编辑：《类聚国史》（后编），《新订增补国史大系》第 6 卷，东京：吉川弘文馆 2004 年版，第 291 页。

753年鉴真和尚到日本之后得到的也不过是传灯大法师位。贞观六年（864）距奝然来宋约100年，也不能否认日本朝廷此时对给予僧人僧纲（或僧位）的授受标准可能放低了、放松了。与前代来唐日僧相比，奝然的僧阶还是很高的。

但是奝然并不满足于以这样的身份入宋，他到宋朝后伪称自己的俗家出身是贵族藤原氏，同时强调自己的父亲是五品官，这是为什么？可以肯定，编订过《百家姓》的宋朝皇帝对周边国家的贵族政治、大姓贵族肯定是非常关注的，肯定了解藤原氏在日本所有姓氏中的地位，知道当时日本的行政大权掌握在藤原氏之手，这从宋朝委托本国商人给日本的一些文书中也反映出来了，吴越王朝、宋朝的许多政府信件是送给藤原家的。"俗姓秦氏"的奝然来宋后，在宋太宗面前伪称自己出自藤原氏，乃藤原真莲之子，"真莲在日本是五品官"等是因为他担心对于无身份地位而且无国书的外国人，大宋朝廷不仅不接待，甚至会驱逐出境。藤原氏的出身无疑会抬高自己的身份，引起宋朝廷的重视，这也是日本文化、日本式思维方式的表现，从以后丰臣秀吉的姓氏问题中也可以得到证明。奝然自称藤原氏虽有弄虚作假之嫌，但和藤原氏并非毫无瓜葛。奝然生于京都以西爱岩山一带，此地长期以来是渡来人秦氏的根据地。秦氏与藤原氏之间有一定的关系，无疑是有相互利用的价值，秦氏希望借藤原氏复兴，而地头蛇秦氏的所处位置也被权贵藤原氏看中，得到秦氏的支持有利于藤原氏控制京都地区。

宋朝注意到奝然所穿衣服为绿，此非一般和尚的服色。实际上奝然更是注意到这一点，他穿绿衣也是有预谋的。大陆封建朝廷对于各阶级穿着礼服用何种服色、图案是非常认真的，日本自称自唐以来

"衣冠唐制度",自然注意这一点。关于朝服,"《事物纪原》曰:……六位深绿衣、七位浅绿衣、八位深缥衣、初位浅缥衣……袋从服色"。[1] 可见和中国一样,日本着装颜色显示着社会等级,深绿在日本为六品(日本称"位")官的服色,浅绿为七品官服色。奝然如此也是强调自己的身份和官方性质。他父亲是五品官,他的传灯大法师位相当于六位(即古代中国的"六品",法眼位、律师为准五位)。从奝然有的五六人的随从看,他的地位还是较高的。

成寻的入宋尽管没有得到日本朝廷的批准文书,但他却携带有"阇梨牒"作身份和使命的证据,成寻称之为"阇梨官符"。该官符的内容在成寻《参天台五台山记》第四卷熙宁五年(1072)十月十四日条中有记载:

大政官牒延历寺,应补阿阇梨传灯大法师位成寻事。
　　右得阿阇梨大僧正法印大和尚位明尊今年三月十八日奏状称:成寻者故法印大和尚文庆入室弟子也……久习一乘之奥义,频飞词华于清凉殿之春风……望请天恩延历寺,分阿阇梨释照之阙,赐官符将授传法灌顶,不胜镇国弘宗之诚者。
　　正二位行权中纳言兼中官权大夫藤原朝臣经辅宣。奉敕依请者,寺宜承和(知?——引者),依宣行之,牒到准状,故牒。
　　天喜二年(1053)十二月廿六日,正五位下行大炊头兼左大史算博士小规宿称(弥?——引者)孝信牒。

---

[1] 〔日〕《装束集成》,《新订增补故实丛书》,东京:明治图书出版会社、吉川弘文馆昭和二十六年(1951)版,第37页。

左少辨正五年（年为衍文？——引者）位下藤原朝臣定成。[1]

天喜二年即1053年，阇梨牒中所提及的日本"清凉殿"相当于中国皇帝的金銮殿，这是成寻的身份暗示。把二十多年前的文书拿来作身份证明，确实无奈，在成寻的日记中我们不断看到，他在上呈宋神宗皇帝的文书中反复说明自己在日本的职位和僧纲地位，"为大云寺主三十一年，护持左丞相二十年"，"大日本国延历寺阿阇梨大云寺主传灯大法师位"[2]。不管怎样，完全否认日僧行为的政府性质是不合理的，纵然是"私渡"，他们也在中国强调官方身份，甚至不惜以欺瞒手段达到目的。

三、绿衣换紫袍和护送巡礼的条件

根据奝然等来宋日僧所遗留的历史记载看，他们来宋后一般都得到宋朝皇帝的接见和优待，甚至被当作公使来接待。太平兴国八年（日永观元年，983）十二月十九日，奝然一行达到北宋首都汴梁（今河南开封市），先停泊于邮亭，等待宋朝廷的有关安排。十二月二十一日于崇圣殿拜谒宋太宗，奝然贡献了书籍、铜器等贡品，宋太宗礼遇甚隆，御赐其紫衣及例物。《宋史·日本传》记载了当时的情景："奝然善隶书，而不通华言，问其风土，但书以对。"[3] 朝见之后，奝然一行七人被安置于京城左街明圣观音院。奝然自己对此也有记载：

---

[1] 〔日〕平林文雄：《〈参天台五臺山记〉校本并に研究》，第116—117页。
[2] 同上书，第38页。
[3] （元）脱脱等编：《宋史》，第14131页。

到廿一日，朝勤（觐）"应运统天睿文英武大圣至明广孝皇帝"，于崇政殿奏对，蒙宣赐紫衣并例物，随侍僧四人嘉因、定缘、康诚、盛算，各授青褐袈裟及锡赉等。奉传圣旨于观音院安下，供须繁盛，不可具陈。[1]

来宋日僧何以受到如此优待？按照宋朝的外交惯例，外国国民以属国臣民的身份来中国，听从宋朝廷有关官员的安排，他们往往得以觐见皇帝，皇帝因此通过他们及其搭乘船的商人对其主君的诚意给予赏赐。据《续资治通鉴长编》载：

> 礼宾院言回纥僧哈尚贡奉赴阙，乞赴五台山瞻礼。上曰："戎羯之人，崇尚释教，亦中国之利，可给粮，听其请。"[2]

这就是说，外国人接受中国流行的佛教也就是接受中国的意识形态，这符合中国的政治需要（同化、安抚），既可以减少不同民族之间的文化冲突，又可以粉饰太平。对于日本来客也是如此，但是他们必须要提出申请，这从成寻的经历中可以找到证据。在成寻《参天台五台山记》延久四年（宋熙宁五年，1072）六月二日条中有如下"奉文"：

> 大日本国延历寺阿阇梨大云寺主传灯大法师位臣厶（"某"之略写。——引者，下同）。

---

[1] 〔日〕塚本善隆：《塚本善隆著作集第七卷·净土宗史、美术篇》，第215页。
[2] （宋）李焘撰：《续资治通鉴长编》第2册，第1643页。

> 欲乞天恩巡礼五台并大兴善寺、青龙寺等圣迹。
>
> 右厶从少年时有巡礼志。传闻：江南天台，定光垂迹于金地；河东五台，文殊现身于岩洞。将欲寻其本处，巡礼圣迹。而为大云寺主三十一年，护持左丞相二十年。如此之间，不遂本意，令（今之误？——引者）龄满六旬，余喘不几，若不遂鄙怀，后悔何益？因之得谢商客船所参来也。就中天竺道猷登石桥而礼五百罗汉，日域灵仙入五台而见一万菩萨。厶性虽顽鲁，见贤欲齐。先巡礼圣域，次还天台修身，修行法华秘法，专求现证，更期极乐。所随身天台、真言经书六百余卷，灌顶道具三十八种，至于真言经仪轨，持参青龙寺经藏，纠其讹谬。伏望天恩，早赐宣頭（？），将遂素意。臣厶陈表以闻。
>
> 熙宁五年六月　日，大日本国延历寺阿阇梨大云寺主传灯大法师位臣厶上表。[1]

成寻在此称臣上表，自然令宋神宗欣然接受。在中华封建君主看来，远人不服，若不能兴干戈以伐之，则修文德以来之。对于得其地不足以为奉的日本，肯定是"其来之，则安之"。来华的外国人不外乎"归化"和"入贡"两大类，所以施恩惠让其感化，以显大国风范。宋初来华的奝然等人几乎都因此得到了皇帝的热情接待，可以说是享受到了国宾的待遇。宋朝是按照招待属国朝贡使的规格来接待他们的，如寂照、成寻、快宗、戒觉、仲回等都被赐见，他们肯定也类似成寻这样上表称臣了。

---

[1] 〔日〕平林文雄：《〈参天台五臺山记〉校本并に研究》，第38页。

日本学者大多因此认为，一个外国的游历僧侣，居然蒙皇帝赐见，这不能说是一个特例。其实这并非什么特例，从前文可知，奝然以后的来宋日僧在宋朝期间，只要他们向宋朝廷提出了申请，皇帝从招抚的角度都会给予方便。这不仅不是特例或是非常奇怪的事，更不是因为他们具有非凡的魅力，而是惯例，以致让大宋皇帝一厢情愿地向日本和尚献殷勤。

  宋朝之制，凡外国使至，及其君长来朝，皆宴于内殿，近臣及刺史、正郎、都虞侯以上皆预。……（太平兴国三年）十月十六日，宴宰相、亲王以下及契丹使、高丽使、诸州进奉使于崇德殿，以乾明节罢大宴故也。是后，宴外国使为常。[1]

倘若说让宋朝皇帝佩服，成寻倒是做到了，但在他成功求雨打动神宗皇帝之前，皇帝就召见过他。接见外国人，演习礼仪，是中国帝王借以强调皇权的手段。来宋日僧们之所以受到了作为朝贡者所应享受的待遇，得到大宋皇帝的接见，并被赐封号和大量赏赐，按照国宾的规格招待于国宾馆，而不是视为来中国旅游的普通一和尚，这并不奇怪。在军事上受到北方契丹挤压的宋朝，自然希望在外交上开拓更广阔的空间，宋朝皇帝对建立与周边国家（包括日本）的联系是积极的，因此接见奝然时，"存抚之甚厚，赐紫衣，馆于太平兴国寺"[2]。太平兴国寺当为宋朝的外交场所。从皇帝的温情来看，此次接见规模很大，因为有许多大臣陪同接见，并相互议论日本政治制度的优劣。

---

[1] （元）脱脱等编：《宋史》，第 2803 页。
[2] 同上书，第 14134 页。

现宋朝对外国朝贡一事很重视，这是国家强盛、教化远被的标志。

奝然在宋期间，多次被皇帝宴请，这是日本人引以为荣的一件事。关于宋朝宴请外宾的宴会，这里有必要作个简单的交代。宋朝每年都有专门的招待宴会，或为庆祝皇帝的生日，或为接待外宾讲排场，如太平兴国"三年正月十六日，宴刘铱、李煜、契丹使、诸国蕃客于崇德殿，以契丹使来贺正故也"[1]。若有"诸国蕃客"恰逢在京，一般都被宴请。《宋史》又载：

> 诸国朝贡。其交州、宜州、黎州诸国见辞，并如上仪。惟迂劳宴赍之数，则有杀焉。其授书皆令有司付之。又有西蕃喁氏、西南诸蕃、占城、回鹘、大食、于阗、三佛齐、邛部川蛮及溪峒之属，或比间数岁入贡。层檀、日本、大理、注辇、蒲甘、龟兹、佛泥、拂菻、真腊、罗殿、渤泥、邈黎、阇婆、甘眉流诸国入贡，或一再，或三四，不常至。[2]

既然自太平兴国三年（978）以来，每年乾明节罢大宴，"宴外国使为常"[3]。雍熙元年（984）十月七日为宋太宗的生日，即"乾明节"，奝然自六月从洛阳求法巡礼归来之后正在宋京城汴梁，或观摩寺院，或寻访天竺高僧问法，因此被作为外宾宴请赴会。机灵的奝然乘机收了祈乾、祈明二弟子，分别为他们受具戒，正式为僧，二人的法名即来自乾明节，他以祈祷皇帝圣寿的方式来报答皇恩，不仅冠冕堂

---

[1] （元）脱脱等编：《宋史》，第 2803 页。
[2] 同上书，第 2813 页。
[3] 同上书，第 2803 页。

皇而且得到皇帝的优待。到宋太宗雍熙二年（985）三月二日奝然告辞金殿，他得以再次面见太宗，这次"面对龙颜，蒙宣赐师号"，师号为法济大师，同时获赐"《大藏经》四百八一函五千四十八卷、新翻译经四十一卷"，此经典为奝然请求而赐，宋朝原本不轻易赏赐外国的。此外还有"御制回文偈颂"，即莲华心回文偈颂，以及"绢帛、例物等"一应宝物。[1] 好处还不止这些，一应赏赐宋太宗还命令由"京中差人、船部送，仍赐口券驿料。及累道州县，抽差人夫传送"，直到台州。六月二十七日，奝然等在宋朝廷的关照之下再次到达浙江台州，"于旧处处止"，仍然停留在开元寺，寺院对他们的招待"二时所赡，四事无断"。加上台州知州行左拾遗郑元龟"奉佛恭勤，禀宣安堵"，"州民以之昕睐，僧侣以之接延"，特别是"台州管内都僧正监坛选练兼开元都团寺主赐紫沙门景尧[2]，承廉使之指南，以同道之见待，往还如一，终始不移"[3]，奝然一行非常感激。奝然此次在台州停留，[4] 可能大多数时间住在开元寺，一边雕刻释迦牟尼真身佛像，一边进行佛教的相关研究。

宋朝廷对于日僧来境内巡礼的要求也不是随便接受的，从《宋史》"熙宁五年，有僧诚寻[5]至台州，止天台国清寺，愿留。州以闻，诏使赴阙"的记载看，[6] 宋朝政府对于外国人的入境管理有一定审批手续的。

研究来宋日僧的日本学者对于宋朝皇帝赐与日僧紫衣、大师号等

---

[1] 〔日〕塚本善隆：《塚本善隆著作集第七卷·净土宗史、美术篇》，第215页。
[2] 根据李国玲编著：《宋僧录》（下）第728页，景尧号明智大师，曾任台州宁海县都僧正。
[3] 〔日〕塚本善隆：《塚本善隆著作集第七卷·净土宗史、美术篇》，第215—216页。
[4] 台州州治在临海县。
[5] 熙宁五年即公元1072年，诚寻即成寻。
[6]（元）脱脱等编：《宋史》，第14137页。

举措也很感兴趣,并以此作为来宋日僧佛学高深、征服宋朝君臣的证据。不仅是现代的日本学者,当时的奝然等来宋日僧也认为入宋获此待遇是非常荣誉的事,此待遇就连入唐日僧和遣唐日使也难得到,实际上他们也以此自居自傲。他们在中国时获得了荣誉,回到日本后便可进一步获得日本朝廷的荣誉。日本第一个从中国获赐紫衣的是来唐朝西明寺的留学僧圆载,他辞朝回本国的时候,唐朝赐紫遣还。

赐紫、封号本是帝王对于高僧大德的褒奖,一般来说,只有佛教界的领袖人物、国家大寺院的住持才有幸得到。在宋代,朝廷对国内甚至有出卖紫衣、大师号之举,"入宋以来,紫衣、师号也成了买卖品,至南宋愈烈"[1]。中国是一个非常重视职称和品位的国家,因此一种职称由于广泛地授予很快被贬值。宋朝到理宗时(1225—1264年在位),岳珂建议,凡无紫衣、师号者不能任住持,就像没有一定品位不能任职一样。这样,紫衣、师号不再仅仅是一种荣誉,而是成了一种必要的资格,所以引起许多僧人的反对。

对外国僧人赐紫、封号是外交上的一种手段。封号并赐紫给来宋日僧,或是对他们来宋献书的奖励,或是以怀柔之举鼓励他们的国家来朝贡,这在赞宁《大宋僧史略》"赐僧紫衣"一条中说得很清楚:"若偏霸诸国,赐与亦同。伪蜀时,云南国遣内供奉崇圣寺主,赐紫、银钵,僧充通好使焉。"[2] 所以,五代时随宽建来宋的宽辅等日僧后来都得到大师号,宽辅获赐"弘顺大师"、澄觉得赐"资化大师"。寂照在宋期间也得到宋真宗的"召见",并获"赐紫衣束帛,其徒皆赐以紫

---

[1] 杜继文、魏道儒:《中国禅宗通史》,江苏古籍出版社1995年版,第460页。
[2] (宋)赞宁:《大宋僧史略》,第249页。

衣，复馆于上寺"[1]。因"寂照愿游天台山，诏令县道续食"[2]。寂照后来获得了"圆通大师"号，随从他来宋的元灯，根据有关记载可知也得到了宋朝的赐紫和大师号[3]，寂照的其他弟子，念救、觉因、明莲三人和其他不知名的三人，若留在宋朝未归，想必都会获得紫衣和大师号。1078年来宋的日本通事僧仲回尽管被确认是非正式使节，也获得"慕化怀德大师"的封号。

这种赏赐和赠与也不光是针对日本，偏爱日本人，对高丽等外国僧侣也是如此。

> （端拱）二年（989），遣使来贡，诏其使选官侍郎韩蔺卿、副使兵官郎中魏德柔并授金紫光禄大夫，判官少府丞李光授检校水部员外郎。先是，治（高丽成宗）遣僧如可赍表来觐，请《大藏经》，至是赐之，仍赐如可紫衣，令同归本国。[4]

至于对于印度僧人赐紫与大师号的例子更是举不胜举了。中国方面一般认为来宋日僧是来朝贡的，是来求法的，其次才是来修行的。有关史书和笔记也是如此记载的。如《螺溪振祖集·查庵法师赞》论宋高僧义寂（919—987）时说："忆昔昏霾万里开，德星一点耀南台；修身名自神州起，慕法僧多日本来。"[5]此间从日本来的众多慕法僧可

---

[1] 程毅中主编：《宋人诗话外编》，国际文化出版公司1996年版，第43页。
[2] （宋）江少虞：《皇朝类苑》，第1079页。
[3] 〔日〕木宫泰彦著、胡锡年译《日中文化交流史》，第263页。
[4] （元）脱脱等编：《宋史》，第14039—14040页。
[5] （明）觉岸编：《释氏稽古略》，载《大正藏》第49卷，台北：佛陀教育基金会1990年，第927页。

见于记载的只有日延、转智、奝然等，想必他们都到过天台山国清寺及传教院，拜访过义寂。日本等外国僧人慕法而来正说明宋朝招抚外交的成功。

第三节 佛寺在平安祭政体制中的地位

我们说奝然师徒为日本国家而入宋求法，首先是因为他们的来宋获得了平安朝廷的批准；进而获得宋朝对于其朝贡使者身份的承认，这是来宋日僧得以在中国求法和巡礼的必要条件。我们说奝然师徒是为日本国家而入宋求法，重要证据之一就是《应为使传灯大法师位嘉因重发遣大唐令供养五台山文殊菩萨兼请度新译经论等事》这一官符，这是当时由日本朝廷下达的，我们先看其内容：

太政官符大宰府

　　应为使传灯大法师位嘉因重发遣大唐，令供养五台山文殊菩萨兼请度新译经论等事。

　　　　从僧二口、童子二人。

右 得入唐归朝法桥上人位奝然奏状称：奝然为遂宿愿，去天元五年蒙允许宣旨，渡海入唐，适参五（台字缺文。——引者）山，巡礼文殊之圣迹，更觐大宋朝，请来折本一切经论一藏矣。抑是，虽致巡礼传法之功，未遂财施供养之愿。归朝之后，虽驰愿心于五台清凉之云山，系供养于一万文殊之真容，未遂件愿心，因之差嘉因法师，重欲发遣。今件嘉因，久住东大寺，苦学三论无相之宗教，同往西唐国，共受五部秘密之灌顶。非啻学显密之法，兼以解汉地之语，然则足为译语者也。望请天恩，下给宣旨于大宰府，随郑仁德等归船，发遣大唐，令供养文殊菩萨，兼请度新译经论等，将奉祈圣皇宝祚，且遂宿愿遗余者。

　　左大臣（雅信。——旁注）宣。奉　勅，依请者。府宜承知，依宣行之，符到施行。

　　右中辨正五位上兼行大学头平朝臣（惟仲。——旁注）　正六位上行右少史穴太宿祢

　　永延二年二月八日[1]

此文收入日本《续左臣抄》一书，这是一部文件档案集。可见983年奝然师徒一同入宋时得到了日本朝廷的批准，即"蒙允许宣旨，渡海入唐"。这次奝然再度申请派弟子入宋，理由直接就是供养文殊菩萨和"请渡新译经论"到日本，是"将奉祈圣皇宝祚"[2]，他的行为获得了宋日两朝廷的认可，所以我们说奝然师徒入宋是为日本国家求法，是代表官方的。

我们从奝然的其他奏状，以及日本朝廷的各种批准官符中还可以找到这样的证据，这在前面已经涉及了，这里不再重复列举。

日本自称神道皇国，天皇就是国家的大祭师，为"奉祈圣皇宝祚"而求法就是为国家求法。日本是一个祭政一体的国家，在日本输入中国佛法的历史中，我们不能不关注其各大寺院在宋日交往中的政治地位和社会作用。

---

[1]〔日〕黑板胜美编辑：《续左臣抄》，第3—4页。
[2] 同上书，第4页。

自从日本从"律令政治"进入"摄关政治"（自10世纪中期到11世纪末期）以来，日本政治进入多元政治，或者说多头政治时代。王权与神权的关系，在日本不完全等同于中国。虽说神权在两国同样为皇权服务，但在中国神权是绝对受皇权制约的，没有哪个宗教的教义和教徒敢怀疑皇权、挑战朝廷，纵然有也会被消灭于萌芽之际；而在日本却不同，挑战朝廷特权的除了公卿之外还有寺院僧团。有时寺院和特权贵族联合在一起对抗朝廷和王权。平安中后期的寺院，其特征是寺院贵族化，尤其是北岭的天台宗和真言宗，南都的东大寺等寺院略有不同，也只在于其贵族化稍微迟一步而已。当时日本出现了许多氏寺和个人寺院，所谓氏寺就是一族的寺院，如藤原氏的兴福寺，个人寺院如道长的法成寺，他们只为家族和个人的幸福而祈祷。

日本寺院比中国的寺院更有特权。在经济上，日本的寺院拥有大量的山林和田产，如同大庄园主，它一般具有很大的经营自主权，并可免于纳税，此即所谓的"不输不入"的特权。在政治上，日本的佛教虽然强调以佛法镇护国家，宣扬佛法护国论，然而寺院却可以拥有相对独立的僧兵组织，即所谓的"山法师"，寺院可以用"强诉"的方式胁迫朝廷，实际上在日本历史上也曾经发生过多次僧人集体紧逼世俗政权妥协的事件，朝廷在政治斗争不利之时还要请求寺院和僧兵的庇护。寺院僧兵的产生和跋扈促进了武家力量的兴起和发展，朝廷本来想借北面武士来对抗南都僧兵（奈良法师），结果最终被挤入两大武装势力的夹缝之中。

本书特别关注的是，日本寺院在外交政策上，尤其是在对华政策上的特权。当时天皇家、各公卿家、各寺院以及后来的地方庄园主和武家，在输入中国文化上没有严格的政治对立，只有不定的倾向性，对积极外交和入宋交往贸易等的批评只不过是打击政治对手的借口，中央和地方外交上表现的分歧，其产生的原因在于经济利益，不在于政治理念。

来宋日僧主要是得到了寺院的支持，对他们的入宋行动，寺院的支持比政府的支持更重要。请求日本朝廷给予支持主要是考虑到宋朝廷是否接待和提供方便的问题，如果没有本国政府的许可——即发给证明书（牒文），宋朝可能不接待，因此在某种意义上说，还是决定于宋朝等中国皇朝的承认与否，中国皇帝一般倾向于与其国王的直接联系。

自唐朝以来，日本各寺院与中国寺院之间建立了传统的联系，如同为天台宗的中国天台山国清寺与日本比叡山延历寺，日本奈良东大寺与中国长安西明寺、日本京都东寺与唐长安青龙寺。从奝然来宋时特意携带相关寺院的两通牒文来看，有以寺院牒文代替朝廷牒文的倾向，而日本朝廷对此采取默认的方式，其一是因为日本朝廷出于维护国家政治自尊的需要，若由朝廷为他们出具证明文书，用什么样的格式、什么样的级别都是一件棘手的事；其二许多日僧在没有得到批准的情况下毅然出国（如成寻），这说明他们感觉，在得到寺院支持的情况下可以无视朝廷，有寺院出具的各种文书可以搪塞宋朝官府。而宋朝因为鼓励外国人归化的原因，对于他们携带什么样的国书或身份证明，要求尚不严格，对于外国人只要有官方文书，对于其级别并不计较，该国地方政府出具的亦可，寺院等有关团体出具的亦可，主要看他们到宋朝以后的表现，一般都根据具体情况给予了适当的接待，只是一些不值得宣扬的私人朝贡没有详细记录在案、建档保存而已。例如寂照和成寻、成寻弟子快宗等的来宋，则因为他们没有日本政府的许可（发给牒文），因视为非正式的外交，正史未给予详细的记载。总之，因为平安时代的日本是一个主权分散的宗教国家，佛教是当时日本的国教。纵然他们是为寺院集团的需要而来，来宋日僧的求法本身也是为公的。

国与国之间外交往来上"公"与"私"、"政府"与"民间"是相对而言的，其界限难以划清，只有一定程度上模糊地认定，即使在现代社会也是如此，如1952年至1972年的中日关系、人员往来。绝对的私交必须是双向的，任何一方的政府都不加以管理，或没有机会管理，如果一方是私人的行为，而另一方政府却参与了管理，都不能算是私交。例如日僧偷渡来中国，中国政府实施了管理，再如中国商人走私到日本，日本地方和中央政府对他们加以管理了，这都不能说是私交。日僧源信通过宋朝商人积极与国清寺建立学术联系，宋杭州奉先寺的源清也将自己的文章寄给日本延历寺僧源信等请求批评，在清冷的政治环境中，两国民间进行着火热的文化交流，以致日本朝廷后来也参与，并组织了有关佛法交流。

求法护国于公是来唐留学僧空海以来的传统，于私是日本僧人扬名显家的最好门径。说巡礼一般是私人行为、个人行为，为所在寺院、教派而入宋便是集体行为了，为集体求法可以视为替国家求法，尤其是在这个国家的政治外交权力还不统一的时候。北宋时期的来宋日僧都带有许多随从，具有一定的身份，这一身份是他们在宋人面前反复强调的，这应当是与日本政府或一些集团有关的行为，而不是个人的行为，我们可以肯定地说来宋日僧许多是集体行为，或为政治派别，或为寺院势力。奝然来宋朝时带了许多随从，《宋史》说是五六人，这可以说是一个代表团。奝然的后面有东大寺，此后的来宋日僧（如寂照、成寻等）基本上也都是代表集团势力的行动，寂照是代表延历寺、老师源信以及大臣藤原道长等人的，成寻则代表着他出身的大云寺以及支持他的大臣藤原赖通。来宋日僧他们的那种师徒关系不是绝对的主从关系，更像一个组织，他们要建立各种联系，有与日本朝廷和公卿的，有与在九州岛各港口宋朝商人的。他们需要搜寻各种信息，有来自日本朝廷的，有来自宋朝民间的。

奝然等的来宋可以说代表了中日宗教集团之间（东大寺与青龙寺、延历寺与国清寺）的交流，是团体之间的交流，而非个人的结缘和修行，因而他们的行动才得到了寺院或朝廷（天皇）或公卿们的支持。同样，中国天台宗国清寺搜集散佚书籍（至日本或朝鲜）也先后得到了吴越地方政府和统一的宋朝廷的支持。宋朝寺院在对外交流方面是没有日本寺院那样的自主权的，但他们的行动一般都得到了朝廷和地方政府的许可，退一步说，他们尽管是中日民间团体的交流，却是政府默许的。寂照和成寻的来宋是半官方的，他们得到了宋朝的承认，也得到日本一些当权者的默认。

日僧来宋行为的政治性还可以从他们代表的不同政治集团权力斗争的需要中体现出来，如日本南都与北岭的寺院（或者说"僧团"）在与宋朝交流方面也存在着竞争，拿寂照来比较奝然，说奝然不是人才的并不是宋朝人，而是比叡山、延历寺的人，他们借宋人之口贬低奝然和南都僧侣。日僧的入宋之行分别得到了寺院僧团和众多贵族的经济支持，这至少说明他们入宋不是为个人的目的——巡礼，他们分别是为了一个实力集团"现当二世"的利益。他们至少是代表政治性集团的行为，可以认为是教团的政治行为。

第四节　来宋日僧背后的平安贵族

一、日本平安贵族输入佛法的目的

日僧来宋朝到底是因私来宋还是为国入宋？是单纯的文化宗教交流，还是与国家政治挂钩的全面交流？他们的行动与日本朝廷到底有多大的关系？对于这些问题，我们还可以从他们的入宋行动与其政府相关掌权人物的关系上来研究。

10世纪以后的日本政治控制在以摄关家为核心的平安贵族手中，他们的家室几乎就是朝廷。而且，当时的日本火灾不断，宫廷大内屡被焚毁，天皇不得不在藤原氏的家院办公。在发展对外关系上，与朝廷皇室的消极态度相比，藤原氏等公家表现得相对积极一些，可以说，来宋日僧是以藤原氏为首的日本贵族和大宋皇帝之间的政治和文化使者，在决策不统一的情况下，是亲华的部分朝廷派遣来宋朝参与东亚册封体制的代表。日本朝廷在外交上的消极也是借机维护自己的权威，日僧来宋朝的一切活动一般都是要向朝廷申请的，朝廷过问是因为它体现了权力的集中和自己的存在。然而，即使日僧没有得到朝廷的批准，倘若得到了某个掌握实权的公卿贵族或寺院的认同，日僧（如成寻）也是敢于出发入宋的。

平安贵族支持日僧来宋朝求法的原因，首先在于他们的文化修养和天下意识。尽管宋日两国没有建立正常的政治联系，唐朝以来引进和模仿中国生活方式的风气在日本贵族社会中却丝毫没有减弱。例如969年，藤原在衡模仿白居易的做法举行"尚齿会"等。与皇室抗衡的一些日本公卿，如藤原实资、摄政大臣藤原道长等，都非常关注宋朝政治文化发展动态。例如寂照弟子念救自宋回日本后，实资就将念救叫到自己家中，向念救了解宋朝的情况。除了来宋日僧外，实资还与周文裔等入日宋商建立密切的联系，通过宋朝商人了解中国。再如宋真宗大中祥符元年（1008）九月，日本治部卿源从英草成致寂照的书信，其中说：

> 所谘唐历以后史籍，及他内外经书，未来东国者，因寄便风为望。商人重利，惟载轻货而来，上国之风绝而无闻，学者之恨在此一事。分手之后相见无期，生为异乡之客，死会一佛之土。[1]

从这封书信中我们可以看出，首先日本贵族基本上默认日僧入宋是合法的，一些睁开眼睛看世界的日本人希望日僧去宋为日本国家输入文化典籍，使国家尽快赶上世界先进学术潮流。因为在平安时代贵族不能像几个世纪前奈良贵族那样担当遣唐使亲自入宋，所以，僧徒成为日本贵族入宋的代表。

其次，日僧来宋朝纵然是来"巡礼"，也并不完全是为自己的修行，很大程度上是为日本公卿贵族们祈祷、结缘，是他们的修行替身。日本贵族在当时的中日国交环境之下是不便亲自、或派代表来中国的，公家和朝廷官员则更困难了，但是他们结缘净土、往生净土的要求和欲望，对中国灵山圣地的崇拜却又如此强烈。贵族如藤原氏建立寺院及所作的一些祈祷活动也并不都是为日本国家，似乎更多的是为自己的幸福和家族的兴旺发达，为个人和为家族的祈祷在当时非常流行，

---

[1]（宋）江少虞：《皇朝类苑》，第1080—1081页。

因为那毕竟是摄关政治的时代。

第三是由于佛教的社会功能被夸大。尤其在密教流行之后，天皇希望借助佛教和神道来镇护国家，保持皇室权力，摄关家等贵族的这一要求一点也不比皇家弱。日本皇室、贵族们都在建立和利用不同的渠道来祈祷与西方圣迹结缘，同时借助神佛的力量战胜对手，在这种背景下，佛教似乎成了蛊惑之术。因此，日本平安贵族都在建立自己与宋朝的联系渠道，输入佛法，获得法术之神奇力量，藤原兼家和藤原实资等是通过奝然，藤原道长是通过源信、寂照师徒达此目的的。

平安贵族对于僧侣求法活动的支持是多方面的。对入宋日僧来说，贵族的支持主要体现在经济上，因为远去宋朝是一项费用巨大的活动，寂照来宋后结交权臣就是因为后面有一大批日本贵族的财力支持。贵族支持日僧入宋肯定是有所求的，寂照来宋之后帮助沟通了藤原道长及其氏寺法成寺与宋朝天台山各寺院的联系，所以1015年，天台山通过寂照派遣念救回日本请求左大臣布施。道长立即根据天台山大慈寺的书信作了回复：

> 本朝僧念救至，分诸德和尚之书札三缄，一事披览而具之。虽无鱼兹之面亲，各懽鸟篆之归指，抑大慈寺是智者之遗风，谁不感于万里？推草创于盛陈，请华构之颠越，今有重营之议，遥翘助念，既谓道场，何别远近？仍以任土之有，聊充满山之求。夏热，伏惟，诸德道体兼胜，然而间以云天，奈驰恋何？行李难通，问松容而欎陶；浪鲸为镇，复鳌背之眇望。不遑旁报，旨趣一揆，勒念救还。不宣谨言。
>
> 长和四年六月　日　　日本国右大臣　　藤原道长

大宋国天台山诸德和尚　庵下　　　谨空[1]

此事藤原道长在日记《御堂关白记》中有记载，日长和四年（宋真宗大中祥符八年，1015）七月，藤原道长托寂照的弟子念救施入宋朝天台山如下物品礼单：

　　日本国左大臣家
　　　　施送
　　木楼子念珠陆连（四连琥珀装束，二连水精装束）；螺钿莳绘二盖厨壹双；莳绘笥贰合；海图莳绘衣箱壹双；屏风形软障陆条，奥州貂裘叁领（长二领、一领）；七尺氍壹流；砂金百两（入莳丸营印）；大珍珠五颗；橦华布十端（在印）。
　　右依大宗（宋？）国天台山大慈寺传疏施送如件。
　　长和四年七月七日
　　知家事右卫门府生从七位上秦忌寸贞澄
　　令从五位下行修理少进良峰朝臣行政从大主铃正六位上诸公高世
　　别当　　大书吏
　　　　知家事[2]

从这篇施物文书看，左大臣家犹如一个小朝廷，该文书完全是一个官样文章。这些物品无疑使寂照在中国显得更风光一些，得到更多

---

[1]〔日〕西冈虎之助：《入宋僧寂照について研究》，第753—754页。
[2] 同上书，第754—755页。

的尊重。道长在给大慈寺的施物外,还委托念救给寂照带去了黄金百两等物。

以上可见,公卿各家都在通过日僧来宋朝建立自己与宋朝联系的渠道。例如前面所提到的成寻,他是护持左丞相藤原赖通家二十年的护持僧。从来宋日僧的日记等记录看来,他们来宋朝时一般都携带有大量资金或物品,主要用于船资、在中国的日常日用,或人情交际、寺院布施等,还有一个重要的部分恐怕就是给中国皇帝的贡献物了。例如船资,日僧成寻于日延久四年(宋熙宁五年,1072)三月来宋朝的时候,就在自己十五日的日记中写道:

> 船头等皆悦给物,密密相构也。志与物,米五十斛、绢百疋、褂二重、沙金四小两、上纸百帖、铁百穐、水银百八十两等也。[1]

中国商人无疑希望这些搭乘者交船费的,在难得的沧海一行,并难得被太宰府和日本朝廷接纳一回的情况下,这是不轻的负担。来宋日僧在中国的日常生活及日用方面的费用也不少,例如,成寻在宋神宗熙宁五年(1072)四月廿日的日记中写道:

> 廿日,巳巳。辰时,惟观取金银,如员持来。巳时以快宗供奉为首六人遣问官市。申时沙汰了,如员以小船运来,问官之恩义不可思议也。小船赁金三百文钱与了。七时法了。[2]

---

[1] 〔日〕平林文雄:《〈参天台五臺山記〉校本并に研究》,第3页。
[2] 同上书,第13页。

成寻等每饭必酬，每茶必谢，宋朝官民往往对他们给予优待宽免，如成寻在熙宁五年五月十三日就有这样的记载："次过五里至陈七叔家休息。诸人吃茶，虽与钱家主不取。"[1]他们经常与中国人交换礼物，购买书籍。这些财物、购书资金不是他们个人的积累，是在日本化缘而得，而且对象都是些大施主——平安大贵族。我们所见到的《奝然系念人交名帐》（参见后文）也就是奝然得到施舍的账簿，上面记录的人物可以说都是他的施主，而且都是平安朝廷当时的政治核心人物，包括天皇。

来宋日僧即使是回日本之后，他们依然需要寻求贵族们的施舍。施舍是他们获得资金的重要来源，奝然入宋的目的之一是借此活动获得在京都开山建寺创教的资金。

日本平安贵族们对于中国寺院的施舍，其目的一是积累功德，以便往生净土；二是因为他们知道朝贡中国总是有得赚的，可以获得回赐。寂照来宋朝时所上贡的物品，如中国因战乱遗失的经典，"金字《法华经》"，以及"无量寿佛像"、"水晶念珠"等，主要是由后援的公卿们装备的，[2]用于公卿们与中国佛教灵山圣地结缘的施舍。

二、从来宋日僧背后支援者看平安政治

首先我们来了解来宋日僧奝然的支持者及其目的。奝然的来宋并非完全为自己个人，至少是为摄关家的利益，他的支持者就是下面在《奝然系念人交名帐》中开列的这些人：

---

[1] 〔日〕平林文雄：《〈参天台五臺山记〉校本并に研究》，第22页。
[2] 转引〔日〕佛教刊行会编纂《大日本佛教全书·天台霞标》初编卷之四，第106页。

我今卢遮那、方坐莲华台、周币千华上，复现千释迦，一华百亿国，一国一释迦，各坐菩提树，一时成佛道。十方恒沙界、分身释迦文、乃至同名释迦、三世三千佛、无量十方、三世诸佛、菩萨声闻缘觉、三界天人。

大朝（宋）赵烱[炅]、日本守平王、东宫太子、皇后康子、一品女亲王、赖忠大臣、兼家大臣、为光臣、朝光臣、实资、道隆、道兼、诸僧俗系念人、男女一切、父亲母六亲，皆守护现当益利。[1]

此《帐》是985年雕刻释迦牟尼生身瑞像，舍入五脏的时候所抄。前半部分是依据《梵网经》之偈颂而写，按照《梵网经》所述，莲花藏世界的教主毗卢舍那佛是宇宙之本，由这尊卢舍那佛化成上千的大释迦，再由上千的大释迦化成百亿的小释迦，分置于百亿佛国的中心，向芸芸众生布道说法。而奝然所在的东大寺正安置着卢舍那大佛像，奝然这里是为施主们祈祷佛祖，为他们守护"现当"二世的利益，就因为这些人是支持和帮助过他的人，而且他需要继续仰赖他们的支持。这里，我们对以上名单中宋太宗赵炅之外各人作个简单分析：

日本守平王即第64代圆融天皇，959年生，969年11岁即位，984年退位出家，法名金刚法，991年死。在大宋国，奝然以朝贡身份而来，只能称自己国家的元首为"王"。

东宫太子即师贞亲王，冷泉天皇第一皇子，968年生，984年17岁即位称花山天皇，宽和二年（986）六月二十三日夜在道兼的鼓动下

---

[1] 释迦牟尼瑞像胎内文书，参考石井正敏：《入宋巡礼僧》，载《アジアのなかの日本史Ⅴ・自意識と相互理解》，第278页。

出家，子一条天皇7岁即位。

皇后即圆融皇后藤原遵子，藤原遵子乃赖忠之女，978年入内里，981年被册封为皇后。

康子一品女亲王即资子内亲王，为日本国公主。

赖忠大臣即藤原赖忠（924—989），藤原实赖的第二子，40岁任参议，后为藤原氏长者，不久被关白兼通取代，但兼通死后，978年他继任关白——太政大臣，989年死。可见，奝然来宋之时他正任摄政，奝然的出国肯定主要是得到他的帮助。

兼家大臣即右大臣藤原兼家（929—990），其女诠子与圆融天皇生一条天皇，兼家986年因一条的践祚而成为摄政大臣。990年由于疱疮之病辞去摄关之职并出家，法名如实，同年7月2日死去。

为光臣，即权大纳言藤原为光（942—992），是藤原师辅的第九子，藤原兼家的异母弟，29岁任参议，991年任太政大臣，次年死去。

朝光臣即藤原朝光（951—995），兼通之子，974年以24岁任权大纳言，后死于瘟疫。

实资即藤原实资（957—1046），齐敏之子、实赖之孙，实赖与藤原道长的祖父师辅乃兄弟。实资于981年任藏人头。他与后来成为藤原家族长地位的道长乃堂兄弟，也是很少能够与道长对抗的实力派人物之一。

道隆即右中将藤原道隆（953—995），藤原兼家的长男，986年任权中纳言，989年任内大臣。990年继任父亲"关白"一职，995年初夏以43岁死于关白任上。

道兼即弹正少弼藤原道兼（961—995），藤原兼家的第四子。

除了皇族之外，他们都是藤原氏在朝廷的实力派人物，奝然被批准入宋，与这些人的援助是分不开的，988年奝然携带佛经回国，在上京路途中所遇到的困难也是在拜访藤原实资后得到解决的（参见本书第三章第四节）。

尽管奝然与这些权贵建立了密切的关系，但他与藤原道长的联系并不深，我们注意到前面《奝然系念人交名帐》没有藤原道长的名字，因为道长当时只有18岁，并不引人注目。从对以上名单的分析可知，自990年藤原兼家、995年藤原道隆父子关白死去后，继任的藤原道兼做了"七日关白"之后也以35岁死去，权大纳言藤原朝光也于同年死去，使奝然失去了一片靠山。

藤原道长（966—1027）在兄关白道隆、道兼死后成为藤原氏长者，于长德二年（996）七月顺利出任左大臣。999年长女彰子成为一条天皇的女御，1000年以后的日本是新贵藤原道长的天下。风雅的道长也要建立自己与宋朝联系的渠道，以便获得自己所需要的"唐物"，正好此时源信、寂照师徒的表现引起道长的注意，因为源信的学问似乎在宋朝有着很大的影响，并且有亲自或派徒弟入宋的意愿，源信、寂照与藤原道长的关系于是越来越深，源信后来成为道长的守护僧。也就是这一人脉关系的建立，打破了东大寺、延历寺和摄关家这一"三角关系"的平衡，导致了奝然的失败和源信的成功。

我们从现在所能看到的到达宋朝以后的寂照和日本国内的通信中可以断定，寂照的入宋是得到了许多朝廷大臣尤其是藤原道长的支持的，当时和寂照交往的宋朝官吏也是这样看的。日本贵族之间存在着不同的利益集团，例如源氏、橘氏和藤原氏不同氏族的争夺，即使同为藤原氏，其兄弟之间（如兼家和赖忠）也存在着争夺。道长对于寂照入宋的支持肯定遭到了朝廷和部分嫉妒他们的公卿的反对，所以，关于寂照是否得到批准留下了不同的史料记载，成为一个疑点，其原因是他可能只是得到了道长的批准和帮助。

我们这里必须关注的是，在宋的寂照和在日本的关白等权贵之间频繁的书信往来，这对于寂照所接触的宋人来说是公开的，这从《杨文公谈苑》的相关记载中可以看出。寂照把他们的书信让和他熟悉的士大夫们（如丁谓、杨亿）传看了。寂照到宋之时杨亿29岁，却是著名的才子，因他是四明知礼法师的在家弟子，而寂照来中国的目的就是代他的老师源信向知礼求教27个问题，他们自然有很多机会见面。我们结合日本公卿们当时的日记，如藤原道长的日记《御堂关白记》，可以知道当时寂照和日本朝廷大臣保持联系的具体情况：

日本一条天皇宽弘二年（宋真宗景德二年，1005）十二月十五日，寂照的书信达到藤原道长手中，道长非常感动，"可怜万里往来书"[1]。宽弘四年（宋景德四年，1007）九月，具平亲王致寂照的一封书信，托宋商送至中国。该书信的末尾如下几句颇引宋人关注。此即：

> 嗟乎！绝域殊方，云涛万里。昔日芝兰之志，如今胡越之身，非归云不报心怀，非便风不传音问，人生之限（恨），何以过之。[2]

这封书信的落款是"野人若愚"，此人是圆融天皇之弟，据说该信是朝廷委托书法名家的他"草成"的，寂照向宋人解释说他是"国王弟"，定然有其用意。实际上寂照也不止一次这样做。大概在此后不

---

[1] 《大日本古记录·御堂关白记》（上），岩波书店昭和五十二年（1977）版，第168页。
[2] （宋）江少虞：《皇朝类苑》，第1080页。

久，寂照又收到来自日本的两封信，落款日期都是宽弘五年（宋真宗大中祥符元年，1008）九月，都是日本大臣托宋商送至宋朝的。其中一封是左大臣藤原道长于七月所草成致寂照的书信，这封信大概就是该年十二月五日藤原道长让藤原行成撰写给寂照回信封题的那封。道长在书信中说：

> 商客致通书，谁谓宋远？用慰驰结，先巡礼天台，更可攀五台之游，既果本愿，甚悦甚悦！怀土之心，如何再会？胡马犹向北风，上人莫忘东日。[1]

另一封日本治部卿源从英[2]的书信即前面所载，委托寂照在宋朝购买书籍的那封信。源从英在九月草成的致寂照的书信中相约："分手之后相见无期，生为异乡之客，死会一佛之土"[3]。还告诉了寂照俗家及坟墓之事，足见他们都在关注寂照归国问题，也足见寂照的特殊身份，以及他和这些大臣们的特殊关系。宋朝官吏们也注意到这一点，《杨文公谈苑》特别强调说，"左大臣乃国之上相、治部九卿之列"[4]，这肯定是得自寂照的解释，寂照这样解释也就是强调自己代表日本官方的身份。

日本长和元年（宋大中祥符五年，1012）九月二十一日，有关大臣上报宋朝商人来日本的"解文"，藤原道长因此收到入宋日僧寂照的

---

[1] （宋）江少虞：《皇朝类苑》，第1080页。
[2] 治部卿源从英或为源俊房之误，这在日本学界引起异说，这里不作讨论。
[3] （宋）江少虞：《皇朝类苑》，第1081页。
[4] 同上。

书信一封,"并所送天竺观音一幅、《大辽作文》1卷"等,道长称此信为"家书"[1]。

长和二年(宋大中祥符六年,1013)九月十四日,入宋日僧念救再次以宋天台山大慈寺再建"知识使"(负责筹资的职务)的身份回日本。念救是随寂照一同入宋的七名弟子之一,念救顺便带回寂照、元灯及天台山僧人致道长的书信。念救入京都后,九月十四日向藤原道长献上折本《白氏文集》、"并天台山图"。藤原道长"召前问案内",得以"览从天台山送延历寺物,天台大师形,存生时袈裟、如意、舍利壶等"及"牒等"。[2]

九月二十三日,念救拜访藤原实资、藤原道长,二十四日再次拜访实资,可见念救回日本是为寂照在宋朝的活动寻求经济支持。念救返回宋朝后,大约是在1015年再次携寂照致道长的书信回日本,目的是为宋朝天台山建寺化缘,日本左大臣藤原道长等人因此给天台山寺院大量捐赠,道长另外还送寂照金百两,并附有一封表达深切怀念的回信(参见本书第三章)。

不知寂照何时回此信的?根据现存的资料,宋天圣五年(日后一条天皇万寿四年,1027)寂照有一封书信致藤原道长,因为此年七月十四日,有宋朝商人陈文佑、章仁昶等到达日本肥前国柏岛,同行的还有这一年入宋的志贺社社司某。此见于藤原实资的《小右记》八月二十五日条等的记载。

日本长元五年(宋仁宗明道元年,1032)十二月二十三日,寂照

---

[1] 〔日〕藤原道长:《御堂关白记》,转引《渡宋した天台僧達——日中文化交流一斑》,第19页。
[2] 同上。

有书信再次达于藤原道长手中，道长此日让关白藤原赖通代替回复。直到 1034 年，寂照入灭，享年 73 岁，长眠在杭州清凉山麓。

　　从以上书信的交往看，寂照来宋并非为个人的目的，并非与日本朝廷无关，他实际上是担负着朝廷、寺院和教派的求书使命。日本贵族文人、朝廷公卿们都会叮嘱入宋日僧完成使命以后返回日本，如奝然来宋朝之前，僧俗友人如庆滋保胤叮嘱他一定要回国；寂照入宋以后，和日本国内的公卿，包括摄政关白藤原道长等保持着书信联系，他们反复致信请寂照回国，因为寂照是为日本国家和朝廷大臣的信仰而入宋的。奝然取经成功而寂照只能购买有限的佛法经典送回，所以寂照自觉无颜面回日本。成寻在宋朝期间也和国内的公卿、寺院保持着书信联系。成寻的后援是藤原赖通，可惜赖通很快退居二线，乃至隐居，所以成寻没有得到朝廷批准。又僧寂照等和关白藤原道长等人之间频繁的书信往来都是通过宋朝商人转送的，这是官民之间的交流。总之，这些日本贵族们以他们的朝廷高级命官身份参与了来宋日僧的派遣活动。

第五节　宋初中日文化交流与情感交流

一、日本对宋朝的文化外交与文化宣扬

　　公元 894 年，日本停止了遣唐使的派遣，中断了和中国政府的外来，但三百年来遣隋、遣唐的事大政治和引进外国先进文化、输入佛法的政策是不可能长期中断的。两国外交的中断、政治关系的降温

可以取决于菅原道真（845—903）等某个政治家个人的判断，日本内政可以随外部局势而变化（因大唐凋敝，使他们感到无继续事大的必要），但国家文化的进步和国民知识的增长是整个民族永远的需要，外交要服从于这一大局。当大陆中国的政治文化在激烈变化、日新月异的时候，岛国日本不能一直闭关而夜郎自大，日本毕竟有许多睁开眼睛看世界的人，他们要走向世界。

对于古代日本而言，走向世界就是要走向中国大陆，但是10世纪以后的日本要迈出这一步并不轻松，因为大陆宋帝国依然一如既往地设置了一个政治上的障碍，那就是要他们接受华夷之别、等级之差，它最深刻的作用是在文化上、心理上。而日本民族的政治自尊和文化自信随着国风文化的兴起而更加强烈了，他们不能直接从政治上跨越这一障碍，那么就只能从文化上寻找突破口，先改变中国人的日本观，从而改变中国的文化等级观念（即华夷之辨）。

平安末期的日本，对宋开展文化外交的目的有二。其一，继续吸收和引进大陆先进文化思想（以佛教为中心，佛教典籍被称为"内典"，其他则被视为"外典"）和新兴技术产品。其二，宣传日本的国风文化，提高日本在东亚国际社会中的文化地位，从而提高日本的政治地位，和中华帝国平等交往，改变宋朝对日本的政治态度。在开展对宋"文化外交"的过程中，既有日本朝廷组织的官方活动，也有民间人士（几乎全部是僧侣）自发的私下交流，令人赞叹的是奝然、寂照、成寻等来宋日僧，他们在宋的言行尽管有一些夸张，却显示了日本人的那种爱国热情，民族自信。尽管当时日本对宋的文化外交活动空间很有限，中国要维持和重建华夷秩序，宋人基本上继承了先人对于倭人、日本风俗等的文化轻视，但日本开展的文化外交还是取得了一定的成绩。作为日本平安贵族的代表来宋的日僧，在宋朝的文化活动还是为他们的国家赢得了几声赞叹：有太宗皇帝对日本所谓"万世一系"政体的赞扬，有朝野士大夫和文士对日本书法等艺术的赞赏，有宫廷内臣对成寻修求雨秘法灵验的钦佩。

日本平安朝廷也是非常期望通过宗教交流提高日本的学术文化水平，扩大日本在中国的影响的，希望为日本赢得中国人的尊重。每当听说中国人首肯日本文化的时候，日本朝野各方面对于中日交通便表现出异常的积极。虽然日本朝廷消极对待宋日之间的人员往来交流，以及与此相关的国家之间的政治交流，但是，如果这些交流能让日本朝廷得到自尊和荣誉，他们也是非常积极推动和参与的。最有代表性的事例就是：对于日本汉学水平的宣扬，10世纪的日本主要在汉诗方面比较自信，因为日本人对此已经模仿很久了。

926年，宽建等来华时，日本朝廷在他的提议之下，精选菅大臣（道真）、纪中纳言（长谷雄）、橘赠中纳言（广相）、都良香等的诗文九卷来中国"流布"（参见本书第二章第一节）。日本朝廷对于日本人所作诗文的炫耀并没有就此结束，来宋日僧对于日本诗歌创作的张扬，使宋朝皇帝有了日本人爱做诗的印象，中国史书中记载了这样一件事："建州海贾周世昌遭风飘至日本"，经过7年之后，于咸平五年（1002）与日本人滕木吉一起返回宋朝，因为印象中的日本是一个"君子之国"，所以宋真宗"皆召见之"。周世昌"以其国人唱和诗来上"，但在当时的宋人眼里，日本人的文章"词甚雕刻肤浅无所取"[1]，滕木吉现场的卖力也未讨好。

---

[1]　（元）脱脱等编：《宋史》，第14136页。

对于日本书法艺术的宣扬相对成功。在唐朝文人墨客的影响下，日本的公卿贵族爱好风雅，其表现之一就是爱好模仿中国书法艺术，当自觉取得一定成就之后，更要在中国人面前显示。宽建等来华之时，日本朝廷让他们携带代表当时最高水平的小野道风的书法作品来炫耀。988年奝然来宋时，一应文书都是特意请当时的日本大书法家藤佐理等缮写的，这在奝然上献宋朝贡品清单中清楚地注明了："又一合，纳参议正四位上藤佐理手书二卷、及进奉物数一卷、表状一卷"。[1]藤佐理是何人物？日本《公卿补任》有如下介绍：

> 藤佐理者，左近少将敦敏第一之子。天历五年正月七日叙从五位下，廿八日升殿时岁十八；贞元二年八月二日叙正四位下，为书殿门额赏；三年十月十七日任参议（此间叙位缺）正历二年正月廿七日任太宰大贰……《东斋随笔》曰：佐理手书感鬼神。太宰秩满归路，历伊豫三岛，风浪恶不能发船，梦三岛神告曰：乞书社额。觉乃书之，应时海上稳。榜曰：日本总镇守大山积大明神。[2]

书法不过是一般的艺术，如果在学术上得到中国的肯定，那是最令日本人激动的。一个明显的例子就是，听说源信的书籍送到宋朝，在中国流传并产生所谓的积极影响，"乃至大唐皇帝降宣旨，安置影像及《往生要集》，授大师号（谥圆通大师，闻度度唐人传语），恭敬礼

---

[1]（元）脱脱等编：《宋史》，第14136页。
[2]〔日〕松下见林：《异称日本传》，《改定史籍集览》第20册（新加书通纪类第三），东京：近藤活版所明治三十四年（1901）版，第74页。

拜本朝，称其住所及讳号，瞻仰侍奉矣"[1]。日本举国闻风震动，大受鼓舞。日本朝廷速命丹青高手巨势广贵描画源信的肖像，托付宋商周文德送往中国。在此事的激励之下，当995年宋僧源清将五部著作送达延历寺，并谦虚地请求批评的时候，日本朝廷急于炫耀国学，召集北岭硕学回复所谓的"破文"。

从这些记载看，日本朝廷在特殊情况下的表现就非常积极，它推动中日交流有一个前提，那就是看是否能够为日本争得面子。在那种文化陶冶之下，日僧来宋朝之后非常注意维护日本的面子。实际上，日本是比中国更要面子的民族，这也是日本民族的传统。自唐以来"其人入朝者，多自矜大"，而且对于中国方面的各种提问往往"不以实对"[2]。其实宋朝人也有如此感觉，来宋日僧总不自觉地说假话夸大日本。

日本国民的这种自尊而自大的浮夸风到平安时代在日本人之中已经相当普遍，所以连不能说大话的僧人也难以例外。在奝然来宋之前，日人攻击他，"定知表我朝无人也"，这是因为担心奝然入宋后显示出日本的无人，招致国家的耻辱。迫于此种舆论的压力，奝然只好公开许诺说，到宋朝后一定要在中国人面前说自己"为求法不来，为修行即来"，说自己"是日本国无才无行一羊（半）僧"[3]，在日本不算什么能人。入宋后他果然自大又吹牛。

再如寂照，在宋人鼓吹说延历寺有"寺僧三千"，如果包括杂役和寺田的农夫，偌大的寺院集团3000人是有的，平安时代很多日本平民为了逃避国司等地方官及贵族豪强的苛捐杂税，抛弃百姓（良民、公

---

[1] 〔日〕源信：《惠心僧都全集》，东京：同朋舍昭和四十六年（1971）版，第658页。
[2] （后晋）刘昫：《旧唐书》，中华书局标点本1975年版，第5340页。
[3] 〔日〕黑板胜美编辑：《本朝文粹》(《新订补国史大系》第29卷下册)，第334页。

民）身份而削发为僧，当时已被称为滥僧。寂照肯定以这些滥僧充数了，主要的意图是表明日本的佛教事业是如何地壮大。成寻在宋朝的求雨表演和成功后的大言比奝然、寂照更高明。木宫之彦因此便说奝然为"国体宣扬"而入宋，[1] 为传播日本文化而见宋朝皇帝。

二、小中华意识成为日本佛法输入的障碍

中日之间所谓政府和民间交流的区分自古暧昧，这一暧昧的原因是由于日本人的暧昧心理和暧昧做法，而这种暧昧的表达方式和张扬的潜意识又来源于文化上的自卑、性格上的自尊。两国之交，在政府之间不便往来的情况下便利用民间渠道，政治上不便往来就开拓文化渠道。来宋日僧对于中日文化交流的作用、贡献和影响是很大的，首先是担负着两国政府之间的间接联系。其次是推动民间宗教团体之间的交流，尤其是促进了中日天台宗的交流，为日本引进了新兴的禅宗。宋朝的朝贡制度以及其指导思想——华夷观念是影响中外关系发展的重要政治和文化因素，它容易伤害作为一个主体的国家的荣誉感和自尊心，对宋日两国来说，它阻碍了外交和文化交流的进一步发展，从日本这一侧面来看，它影响了日本对于新兴宗教和佛法（禅宗与净土宗）的引进。

随着唐风文化的国风化，日本国风文化的形成激发了日本民族的自尊心和文化的自我认同感，而且中日两国在10世纪早已形成一个汉字文化圈了，具有共同的价值观，在国际交往中有着类似的民族荣誉感、爱国心和自尊心，有政治大国追求的日本在与中华帝国交往中很

---

[1]〔日〕木宫之彦：《入宋僧奝然の研究——主としてその随身品と将来品》，第44页。

容易产生这种感情。中国的朝贡体制和华夷思想主要不是从军事上征服周边国家，而是从文化上感化周边民族，但当周边某个民族的文化发展到一定水平的时候，它更容易激发这个国家的民族意识和抵抗心理。因此，若没有绝对的力量差距，想在两国之间建立政府关系，使人民相互往来自如，必须抛开各种大民族主义思想。否则，他们都要求对方入境人员表达某种形式的臣服，或强制要求，或暧昧暗示，如日本僧人来宋朝、中国商人去日本，在当时的情况下都受到这种情况的困扰。在无法跨越政治障碍的情况下，日僧与日本朝廷为了引进宋朝的佛法文化都在外交技术上寻找突破。同样，宋商与日本朝廷公卿贵族之间的关系也很暧昧，他们为了获利也尽量满足日本人的自尊心理，甚至不惜被国人看作"汉奸"。

从日本朝廷对于宋朝商人采取的矛盾态度也可以看出其营造"小中华"的复杂心理，接受宋朝商人，"在日本天皇和朝廷看来，中国海商的来航正好象征了自己的德化不仅施及国内而且远及国外"[1]；其抵制大概是由于政府财政的紧张，因为日本不能展现出大国的风度来安置商人，如同他们是朝贡使节一样。

日本人的这种自尊心可以从以下其大臣的两首诗中反映出来：

《仲秋释典：赋万国咸宁》

　　勘解相公

明王孝治好君临，天下和平感德音；
草遍从风南面化，葵遥向日左言心。

---

[1] 〔日〕山内晋次：《奈良平安期の日本とアジア》，东京：吉川弘文馆2003年版，第184页。

山抛烽燧秋云暗，海熊波涛晓月深；
请问来宾殊俗意，茫茫天外远相寻。
——近日大宋温州、洪州等人频以归化，故有此兴。

《仲秋释典：听讲古文孝经，同赋天下和平》
源为宪

万国咸宁仰圣君，便知王德及飞沈；
苞茅镇入朝天贡，葵藿斜抽向日心。
栈远都无云锁色，航忙岂有浪警音；
中华弥遇堂堂色，想象遐方各献琛。[1]

以上诗收录自982年到1008年的日本汉诗集《本朝丽藻》。诗里的"明王""圣君"指日本天皇，"中华"不是指中国而是指日本，"来宾"是指高丽、新罗等半岛国家，以及琉球、虾夷等周边民族，可见其中也包括宋朝商人。作为日本贵族和皇室自尊的突出表现就是所谓"延喜、天历圣世观"的流行，日本朝廷回避中日国交的政治本身就说明日僧入宋的政治意义和政治考虑。在极力维护自尊心的约束下，来宋日僧是日本吸收中国文化的唯一渠道。

三、公私之争与华夷之辨

纵观10世纪以来日本公卿大臣在其朝堂的言论和来宋日僧在中国

---

[1] 〔日〕山内晋次：《奈良平安期の日本とアジア》，第184—185页。

的一系列表现，以及现代学者的相关评价，我们认为：日本平安王朝皇族与贵族的一些成员回避与宋朝建立公交——政府往来，实质上是回避被置于属国、夷国的地位，回避在不对等的册封体制中的尴尬处境，回避华夷秩序中的差别对待，实乃由于日本民族自尊心的成长和自卑心理在作怪，由于神道思想观念等引起的歧视其他民族的心理在滋长。

对于在中日两国文化交流史中日本所处的地位，日本人一直很敏感，近现代以来更抱有一种特殊的感情。的确国家和民族之间人员的交往也是感情的交流，人与人之间的交往一般分主动和被动两种，人与人之间只有在不断的交往中才感觉到自卑和自尊，国家与民族之间也是如此。在利益的驱动下，华夷之辨、狭隘的民族自尊被淡化，否定朝廷和太宰府，建立自己与宋朝的贸易渠道成为各公卿、各寺院，以及各武家势力、地方庄园主的追求。

自隋唐以来，日本在与中国的交往之中自尊意识越来越强烈，这种强烈的自尊越来越发展为病态的自大，养成了日本人妄自尊大和虚荣、好面子的坏风气。由于时代风气的影响，自唐末以来日本在与中国的交往中越来越拘泥于面子的争取和维护，甚至不惜篡改历史纪录，或者修改历史纪录，或者编造神话故事作为真实的历史来信奉。古代来宋日僧这些自大的语言正好被现代日本学者拿来当作证明他们入宋非为求法而是巡礼的理由，而木宫泰彦恨不得说成寻是为"传法"而来宋的。他强调说，在成寻的日记中，关于他向宋僧请教的事"完全不见记载，反而甚至以法花法传授给大相国寺东经藏戒律院座主圆则"[1]。

---

[1]〔日〕木宫泰彦著、胡锡年译：《日中文化交流史》，第268页。

日本贵族的政治自尊，对于日本国风文化的自信，致使有人认为其佛教水平超过了唐末五代以来经历反复废佛弃法的中国宋代佛学。来宋日僧在此思想支配下而发的自大言行，在日本大正时代和昭和初期，被法西斯政府、军国主义御用文人们发现和利用，在现代日本学者的诠释下，其自大的心态更加明显，现代日本学者的心态也正是当时的日本学者心态的反映，是古代自尊而自大传统的继承和发扬。

　　平安中期，日本舆论要限制派遣僧人来华求法的次数，于是便出现了求法的资格论，产生了有关求法的争议。荣西为"兴禅护国"而入宋求法无可争辩，他们的入宋是奋然的继续，是唐代公派留学僧求法的继续，现日本求法学习的历史唐宋是连续的。

　　古代文人的自尊意识加上现代日本学者的自大，就有了日僧"为求法不来，为修行而来"中国的观点，自然日僧的入宋便"不包含任何政治的、物质的性质"[1]。不论公私、政府与民间的区别，只要有往来就应该认为是有国际交往。来宋日僧如果是担负着朝廷委托的使命而来，则可视为公，全为私则为一般巡礼僧。对日僧渡海来宋其行为性质的判断，现在分歧很大很多，包括当时舆论与现在评价的不同、中国与日本的分歧等等。在 10 世纪，中国人认为他们是来朝贡的，从日本大臣的态度来看是暧昧的；在现今，日本学者由于甲午战争以后流行的蔑视中国论的影响，由于日本文化优越论的鼓动，多认为他们是因私巡礼。现代中国学者或因不够关注，或因资料的缺乏，大多默认，未给以回应。

　　本书认为，来宋日僧的行为带有政府性质，首先宋朝廷是如此看

---

[1] 〔日〕森克己：《日宋文化交流の諸問題》，第 35 页。

待和要求他们的，10世纪的宋朝尽管没有足够地影响外国（或者说番夷）来朝贡的政治和军事能力，但它却有着这样的强烈要求。《宋史·礼志》中关于宾礼的内容非常庞杂，凡朝仪、参仪、上表仪、相见仪等皆列其中。制度上一拟唐朝"番主奉见仪"，虽"不过是纸上谈兵"[1]，难以有付诸实践的机会，但是从宋朝的许多外交接待来看，他们的确在努力付诸实施，对于来宋日僧也是如此。宋朝所重视的外交国也并不限于日本，也并不是日本才让宋朝看重，宋朝开拓的是全方位的外交，哪怕是远在西亚的大食国。"乾德四年（966），僧行勤游西域，因赐其王书以招怀之。开宝元年，遣使来朝贡。四年，又贡方物"[2]。大食国乃重商之国，对于同样商业发达的宋朝，自然要与之保持良好的交往。其次因为那个时候（摄关政治时期）的日本朝廷是一个二元政府，天皇家、摄光家都可以视为政府，他们的交往行为都具有政治性。关于如何区分其政府民间之别和公私之性，本书在否定日僧来宋仅具有巡礼的私人目的的基础上，分析他们的国家使命和国民责任，认为他们绝不是仅仅为消灭个人罪障的巡礼而来，他们的"巡礼"在一些时候只是借口，更多的是为国家"求法"。我们认为宋日政治关系影响了两国的佛教交流，尤其是影响了日本对于宋朝新佛法的吸收。

---

[1] 李云泉：《朝贡制度史论：中国古代对外关系体制研究》，新华出版社2004年版，第207页。
[2] （元）脱脱等编：《宋史》，第14118页。

余论
宋日文化交流史的评价及研究态度

木宫泰彦等现代日本学者承认唐朝文化高于日本，来唐日僧的目的是为求法和学习：

> 入唐僧的最大目的怎么说也是求法。他们一到彼地（唐），首先是历访硕德学习新教，力求带回新法门，将它于日本传播，大概他们是为了不让我国（日本）落后于中国佛教界的发展，他们是作为国家的留学生被特地派遣去的。[1]

因为来唐日僧无论是口头还是在牒文中自称求法、留学，无论是在日本还是在中国都不回避拜师求法说，他们自然无法否认这一点。而来宋日僧恰恰相反，翕然出发来宋前公开说"为求法不来"，于是日本学者们便否认日僧来宋朝也是求法学习的，认定宋朝文化水平，尤其是佛教研究的水平低于日本，说它衰落了，没有值得日本学习的地方了。木宫泰彦断言："北宋时代的入宋僧，却不是为了国家众生的利

---

[1] 〔日〕木宫泰彦：《日华文化交流史》，第285页。

益前去求法，而是为了消灭自己的罪障、为成菩提正果而巡礼朝拜圣迹的。"[1] 同样是来华，一个旗帜鲜明且大张旗鼓，一个是支支吾吾又遮遮掩掩；一个以求学为荣，一个以拜师为耻。这是因为日本民族的自尊心开始膨胀并走向极端，使自己走向封闭和保守，走向对他国他民族的轻视和藐视。

　　本书研究的目的不是扬宋抑日，对于10、11世纪日本佛教和文化发展中进步的，应该给予恰如其分的评价。我们不能带着感情去研究历史，或为政治服务，或宣扬自己的民粹主义。在中日文化交流历史的长河中，到宋朝开始出现了一股逆流，即日本学术和典籍回流大陆，这是有其积极意义的，值得肯定。来自日本的这股逆流对于宋代宗教文化研究具有促进作用，遗憾的是它还是涓涓细流，未若千年以后明治时代末震撼中国的那样滚滚洪流。

　　我们认为奝然这样的来宋日僧，和源信那样虽未来宋而积极与中国交流的，都是日本僧界中的佼佼者，正因为他们佛学造诣深厚、眼界高远，才委托宋朝商人或亲自将《往生要集》这样的著作送来宋朝，或多或少地影响了中国同行，他们自己也因这一传播活动而流芳千古。日本僧人将本国著述赠献给宋朝，无疑是两宋时期宋日佛法交流中的闪光点。

　　宋、日僧侣和商人在往返两国的旅行中，飞舟传书，交流各自的佛学新作，交流各自的学术思想，弥补双方研究资料的不够，尤其是弥补了中国自唐末五代以来散佚的佛学、儒学经典，奝然、寂照、成寻来宋之时都携带有中国散佚的典籍，是宋文化发展的功臣。但补充

---

[1]〔日〕木宫泰彦：《日华文化交流史》，第285页。

不足是彼此的、相互的，日本更加需要，其在唐开元年间传入日本的数千卷《大藏经》手抄本不少，难免出现错、漏、误讹等处。宋太宗所赐日本的《大藏经》对提高日本宗教水平的作用更突出。宋源清等的新作如《法华示珠指》等赠送日本，激发了日本同道的思考，佛学著述的交流和互相切磋琢磨，促进了双方对佛学的研究。而世俗化、中国化的宋朝佛教通过旅日商人、通过一般结缘的家庭妇女影响了他们所接触到的日本人（包括奝然等日僧），更显示出宋朝文化作为主流文化对于日本的影响。

所以，这一时期日本依然不断送来疑问请求决疑，送来著作请求评价，因为他们无论怎样的自信都不能不关注中国作为权威的评价。纵然是来宋巡礼，日僧们不畏艰难险阻接踵而至，不正说明中国依然是日本人心灵的故乡、向往的净土、朝拜的圣地，甚至五台山之石到日本尚且成为众生崇拜的对象，何况其山之僧、其国之经呢？宋僧新译佛经不是反复有日本人来求吗？奝然之后不是接踵成寻吗？10世纪的日本虽然什么都在与中国争胜，正说明他们缺乏自信，害怕落后，还需以中国的研究为标本和楷模。

附录一
《奝然入宋求法巡礼行并瑞像造立记》

本愿文在本书中简称《瑞像造立记》，因篇幅太长，在本书研究中被反复引用而不便在某一处全文录出，故在此补充以供查考，标点为本人所加。

日本国东大寺法济大师赐紫奝然，

　　右奝然稽首和南

　　十方诸佛、天龙八部、一切灵祇。仰回照烛之恩，俯降感通之力。切以奝然爰从托质，已至成身，捐弃荣华，礼离父母，遂投大寺，获偶名师，受戒为僧。日来月往，粗守如来之禁制，微知持犯之毗尼，内慎外修，循涯揣已，欲报劬劳之德，欲酬水乳之恩，未证苦空，徒镌肌骨。粤有五台胜境、天台名山，虽传录标题，奈沧溟隔阔，常悬思想，志愿礼瞻，遽发私心，寻问公府。值台州之商旅泊帆樯于日东，因假便舟，来入唐土。

　　以癸未岁八月一日离本国。其月十八日到台州，安若陆行，骇之神速，驻迹于开元寺。止九月九日巡礼天台，访智者之灵踪，游定光之金地。山奇树秀、溪浚泉澄。渡石梁瞻四果之真居；登桂岭睹三贤之旧隐（丰干、寒山、拾得）。栖心莫及，行役所牵。

十月八日发离天台。十一日到新昌县，心礼南山澄照大师、三生所制百尺弥勒，石像梵容奇特、灵阁巍峨。以十二日前进，经过杭越，涉沥数州。十一月十五日到泗州普光王寺，礼大圣。

十二月十九日到汴京，泊于邮亭。朝勤（觐）"应运统天睿文英武大圣至明广孝皇帝"，于崇政殿奏对，蒙宣赐紫衣并例物，随侍僧四人嘉因、定缘、康诚、盛算，各授青褐袈裟及锡赉等。奉传圣旨于观音院安下，供须繁盛，不可具陈。

洎甲申岁三月十三日离京，往五台山瞻礼文殊化境，蒙宣给一行裹缠，逐处津送。以四月七日至岱州五台山大花严寺菩萨真容院驻泊，寻而礼谒，得不虔诚！其日申时，菩萨右耳上化出白光，移时不散，僧俗三百来人悉皆瞻睹。至其月十四日，至金刚窟礼拜而退。登东台，有倏忽间闻雷声震响，逡巡，飘雪降雹，其雹大如鸡子。至十五日凌晨，于东台见一老人，约年八十，须鬓俱白，身被紫裳三山帽，着靴，手携数珠，领侍从二人绕龙池而行。其侍从各年二十来许，一人着青衣裹头巾手执香炉；一人着白衣裹头巾手执柱杖，踟躅而去，不知所在。当日游中台，有五色云现。同日游西台，有瑞鸟灵禽现。二十三日游南台，夜至三更，时有圣灯二炬现。勤搴知悉，归命不任，豁此日之神魂，副当年之心愿。盘桓两月，澄息诸缘，其何乡国须还？瓶囊是举。

以五月二十九日发离五台。至六月二十四日戴朝京阙，圣情宣问安慰如初。其年十月七日干明节，弟子二人祈干、祈明各受具戒。至乙酉年三月二日，告辞金殿。面对龙颜，蒙宣赐师号及《大藏经》四百八一函五千四十八卷、新翻译经四十一卷、御制回文偈颂、绢帛、例物等。京中差人舡部送，仍赐口券驿料，及累道州县，抽差人夫传送。六月二十七日重届台州，于旧处虔止。二时所瞻，四事无断，而以台州知州行左拾遗郑公名元龟奉佛恭勤，禀宣安堵。州民以之眄睐，僧侣以之接延，台州管内都僧正监坛选练兼开元都团寺主赐紫沙门景尧，承廉使之指南，以同道之见待。往还如一，终始不移。

奝然自庆多生，叼逢像运，因闻往昔优填国王于忉利天雕刻释迦瑞像，显现既当于西土，写邈或到于中华，以日域之遐陬，想梵容而难进睹，奝然遂舍衣钵，收买香木，召募工匠，依样雕镂。七月二十一日起功，八月十八日毕手。

奝然所意者，奉酬父母养育、师主训持、国王荫庥、诸佛救度。凭斯巨善，先报四恩，恭愿唐土帝皇丕业等无疆之化，本国国主崇基延不朽之期，当朝大人、此郡太守各承余庆，俱叶长年。

奝然又于今月一日发心转读《大藏经》，以皇帝干明节，上扶圣寿，仍答鸿恩，然烛焚香，开函展卷；其次，愿三世父母、曩劫亲缘、一切有情、无边含识，生生世世休轮回于六趣三途，念念心心速断绝于十缠五善；仍愿奝然阐扬正法，兴显大乘，还家而海道平宁，龙神垂助，到国而人心喜悦，少长无灾。碎摧我慢之幢，增添智慧之海，年牙更永，行解相应。脱或大限有期，寂灭为乐。如入禅定，勿诸难缘，上品上生，了空了性，恒将妙用，普度众生。然后苞括十方，该罗三界，但有见闻之者，俱超解脱之程。既满愿心，是所幸矣。今因瑞像圆就，入五藏次，聊书来意，以序其由。

时皇宋雍熙二年太岁乙酉八月十八日记。（别笔。——原注）

僧鉴端为书。

去年六月十八日，参洛京龙门，礼拜善无畏三藏真身。

又同七八月中，受学清昭三藏，金刚界·胎藏界两部、三密大教、五瓶灌顶已了，以此功德，平安渡海，归到本国，兴隆佛法，利益王民。[1]

按：根据日本京都国立博物馆1982年展的报告书《释迦信仰と清凉寺》第91页该文图片（只有前半部），篇名为后人所加，虽被名之为"记"，从内容和形式上看实际上是一篇愿文，且为雕刻佛像的法事而作。根据丁福保《佛学大辞典》的定义，"'愿文：为法事时述施主愿意之表白文也。'这是专就僧徒为人祈愿所用之文而言的，实际上愿文的用途要广得多，并不局限于和尚做法事这个单一场合。和尚可作愿文，道士也可作愿文，世俗之人也同样可作愿文；做法事时可读愿文，做'俗事'时也可读愿文，做亦法亦俗之事也同样可读愿文。"[2] 从以上愿文中"僧鉴端为书"及补注"别笔"二字可见，这篇愿文是请宋朝僧人端鉴代笔的，端鉴虽代奝然捉刀，显然是根据奝然的日记而作的，"别笔"以下几句为奝然的补笔。本文录入时格式尽量依原文，因示敬而抬头者除外，以上正文段落划分依文章内容而重断。

该愿文内容可以肯定是根据奝然的日记撰写而成，可以视为日记的摘要。

又按：来宋日僧奝然在宋的经历在《宋史·日本传》中略有记载。他模仿先辈圆仁、圆珍等来唐求法留学生记日记之先例，在宋朝游历

---

[1]〔日〕塚本善隆：《塚本善隆著作集第七卷·净土宗史、美术篇》，第214—216页。
[2] 黄征、吴伟校注：《敦煌愿文集》，岳麓书社1995年版，前言第1页。

期间,将在中国的见闻与感想都详细记载下来了,全部《入宋日记》一共有四卷。根据《大日本佛教全书》所引日本高野山龙光院《古书目录》,该院曾经藏有《奝然入唐记》六卷,另有《奝然入唐条状》一卷,《真如入唐记》一卷,今散佚。现存《奝然日记》残篇,因不同人引用的关系,名称不一,或称《奝然在唐记》,或名《奝然记》,或作《奝然法桥在唐记》等,参见正文。本文引用时以《大日本佛教全书·觉禅抄》等与《入唐诸家传考》互证。

附录二
奝然年表

938年（后晋高祖天福三年，日朱雀天皇承平八年）正月廿四日，奝然出生。

942年（后晋天福七年，日朱雀天皇天庆五年），奝然4岁。这一年源信出生。

950年（后汉隐帝干佑三年，日村上天皇天历四年），奝然12岁。同学义藏出生。

959年（后周世宗显德六年，日村上天皇天德三年），奝然22岁。与源信同年受戒。

960年（宋太祖建隆元年，日村上天皇天德四年），奝然23岁。弟子盛算生于本年。本年八月九日，奝然的老师之一观理任权律师，奝然从他学三论宗。

963年（宋太祖乾德元年，日村上天皇应和三年），奝然26岁，延历寺僧良源以才辩著名。此年空也僧在京都供养《大般若经》。

967年（宋太祖乾德五年，日村上天皇康保四年），奝然入三十而立之年。当时日本兴起各种讲，本年四月良源开始四季讲。藤原实赖任关白，摄关制度在日本从此正常化。

968年（宋太祖开宝元年，日冷泉天皇安和元年），日本东大寺与兴福寺为争田而交兵。

969年（宋太祖开宝二年，日冷泉天皇安和二年），奝然的老师观理本年任东大寺别当，俗别当之一为从三位守大纳言兼左近卫大将藤原朝臣赖忠。

971年（宋太祖开宝四年，日圆融天皇天禄二年），宋雕刻《大藏经》。

972年（宋太祖开宝五年，日圆融天皇天禄三年），奝然35岁。与同学义藏于诸佛前共同宣誓、结缘，并写下了《现当二世结缘状》，或称《义藏奝然结缘手印状》。

974年（宋太祖开宝七年、日圆融天皇天延二年），奝然37岁。五月初七日，宫廷举行法理讨论，五月八日奝然代表南都第三轮出场与代表北岭的源信辩论失利，遭遇打击。

977年（宋太宗太平兴国二年、日圆融天皇贞元二年），奝然40岁。奝然的老师宽静与源信的老师良源同时升任僧正，东大寺和延历寺的竞争也越来越激烈。

978年，吴越王钱氏献地北宋，取消吴越国号，宋朝完全统一南方。

982年（宋太宗太平兴国七年、日圆融天皇天元五年），奝然45岁。获传灯大法师位。

六月到七月在常住寺五日十讲，供养演说，为慈母作七七日之"逆修"，并请求庆滋保胤代自己作成《奝然上人入唐时为母修善愿文》。

七月，奝然参与了由元杲主持的在神泉苑修请雨经法的活动。

八月十五日、十六日，奝然先后得到东寺致书宋青龙寺，延历寺致书大宋国清寺的牒文。

十一月，庆滋保胤召集文人特为奝然饯行。

983年（宋太宗太平兴国八年，日圆融天皇永观元年），奝然46岁。宋《大藏经》出版。

八月一日与弟子六人从九州岛出发离开日本，于八月十八日到达中国浙江台州。

九月驻迹于台州开元寺，九日巡礼天台山，登石桥礼拜罗汉，参拜智者大师真身及影像。在台州奝然通过地方官申请入京。

十月获得准许进京的圣旨，由台州出发进京，十月十一日至新昌县，礼拜弥勒石佛。

十月十二日继续北上，道经杭州、越州数州。十八日到达淮南扬州开元寺，并于龙兴寺拜佛牙。

十一月十五日，到达河南道泗州普光王寺，礼拜大圣僧伽。

十二月十九日，奝然一行到达北宋首都汴梁，十二月二十一日，于崇圣殿拜谒宋太宗，贡献书籍等贡品，宋太宗礼遇甚隆，御赐其紫衣及例物，馆于京城中左街明圣观音院。

984年（宋太宗雍熙元年，日圆融天皇永观二年），奝然47岁。

正月巡礼汴梁京中大小寺院，礼拜了优填王所造二传释迦像。

三月北上朝拜五台山，于四月七日到达代州五台山大华严寺（现在的显通寺），十四日礼拜金刚窟，十五日游中台、西台，二十三日游南台。

五月二十九日离开五台山前往洛阳巡礼。

六月经山西太原到达洛阳白马寺、龙门石窟等圣迹巡礼，参拜善无畏真身及坟塔等。二十四日返回宋都汴京，再次受到大宋朝廷的款待，"圣情宣问安慰如初"。

985年（宋太宗雍熙二年，日花山天皇宽和元年），奝然48岁。

三月，告辞金殿，蒙宣赐法济大师号并《大藏经》及新翻译经、绢帛、例物等。

六月二十七日再次回到浙江台州，停留在开元寺。

七月二十一日开雕释迦牟尼佛像，于八月十五日雕刻完成，装入五脏。

986年（宋太宗雍熙三年，日本花山天皇宽和二年），奝然49岁。

七月一日，携释迦雕像、十六罗汉绘像、宝塔及折本《一切经》到达日本九州岛。

八月二十五日，朝廷下达官符至太宰府，命令运佛像、一切经论进京。

987年（宋太宗雍熙四年，日一条天皇永延元年），奝然50岁。

二月十一日，护送佛像、佛经回到日本平安朝廷首都京都，朝廷举行了盛大的迎接仪式。

三月十一日，奝然因出使并求法之功荣升，获得法桥上人位。

八月十八日，奏请以京都西部的爱岩山号五台山，建立一处伽蓝，号清凉寺，安置释迦佛像和佛经等。他的申请立即得到朝廷批准，但很快因多方反对一时未能实现。

988年（宋太宗端拱元年，日一条天皇永延二年），奝然51岁。

奝然派遣弟子嘉因入宋贡献，感谢宋朝的恩惠，兼请度新译经论，上五台山施财还愿。

989年（宋太宗端拱二年，日一条天皇永延三年，同年八月改永祚元年），奝然52岁。

担任日本著名大寺原来的总国分寺旧都奈良东大寺的第五十一任

别当，十月一日正式上任。正月二十八日，弟子祚一求得《药师如来仪轨》抄本回日本。

990年（宋太宗淳化元年，日一条天皇正历元年），奝然53岁。

七月，东大寺下属的长谷寺为兴福寺平传律师所押收，此事为东大寺别当奝然的一大挫折。

992年（宋太宗淳化三年，日一条天皇正历三年），奝然55岁。辞去东大寺别当，隐居。

999年（宋真宗咸平二年，日一条天皇长保元年），奝然62岁。

闰三月十三日，上奏朝廷，申请弟子盛算任阿阇梨未获批准，此后奝然的活动不见记载。

1016年（宋真宗大中祥符九年，日三条天皇长和五年），三月十六日奝然以79岁的高龄圆寂。次年六月十日源信往生（圆寂）。

1019年（宋真宗天禧三年，日后一条天皇宽仁三年），三月十五日，朝廷改嵯峨栖霞寺为清凉寺，奝然、义藏兴建五台山清凉山的愿望大体上实现了。

主要征引文献

（一）中文出版图书

B

（宋）罗濬等：《宝庆四明志》，收入中国地志研究会印行《宋元地方志丛书》第 7 册，台北：1978 年版。

C

李云泉：《朝贡制度史论：中国古代对外关系体制研究》，新华出版社 2004 年版。

于谷：《禅宗的语言和文献》，江西人民出版社 1996 年版。

〔日〕最澄：《传教大师将来目录》，载《大正新修大藏经》第 55 卷。（以下载自《大正新修大藏经》出版年代略，简称《大正藏》），台北：佛陀教育基金会 1990 年版。

D

（陈）慧思：《大乘止观法门》，载《大正藏》第 46 卷，台北：佛陀教育基金会 1990 年版。

（宋）赞宁：《大宋僧史略》，载《大正藏》第 54 卷，台北：佛陀教育基金会

1990年版。

黄心川：《东方佛教论：黄心川佛教文集》，中国社会科学出版社2002年版。

（明）张燮著，谢方点校：《东西洋考》，收入《中外交通史籍丛刊》第5卷，中华书局2000年版。

黄征、吴伟校注：《敦煌愿文集》，岳麓书社1995年版。

F

（宋）源清：《法华龙女成佛权实义》，《卍续藏经》第100册。台北：新文丰出版公司1993年版。

（宋）源清：《法华十妙不二门示珠指》，载《卍续藏经》第100册，台北：新文丰1993年版。

（唐）湛然述：《法华文句记》，载《大正藏》第34卷，台北：佛陀教育基金会1990年版。

方广锠：《佛教大藏经史》，中国社会科学出版社1991年版。

刘建：《佛教东渐》，社会科学文献出版社1997年版。

吴焯：《佛教东传与中国佛教艺术》，浙江人民出版社1991年版。

阮荣春：《佛教南传之路》，湖南美术出版社2000年版。

（宋）志磐：《佛祖统纪》，载《大正藏》第49卷，台北：佛陀教育基金会1990年版。

G

（梁）释慧皎撰：《高僧传》，中华书局1992年版。

（唐）慧祥撰：《古清凉传》，《大正藏》第51卷，台北：佛陀教育基金会1990年版。

（唐）善道集记：《观念阿弥陀佛相海三昧功德法门》，收入《大正新修大藏经》
　　第47卷（诸宗部四），台北：新文丰出版公司1990年影印版。

H

（宋）江少虞：《皇朝类苑》，收入王民信主编《宋史资料萃编》第3辑，台湾：
　　文海出版社1981年印行。

J

〔日〕镰田茂雄著，力生译：《简明中国佛教史》，上海译文出版社1986年版。
（宋）道原纂：《景德传灯录》，载《大正藏》第51卷，台北：佛陀教育基金会
　　1990年版。
（后晋）刘昫：《旧唐书》，中华书局标点本1975年版。
（宋）薛居正：《旧五代史》，中华书局标点本1976年版。

K

（宋）梅应发等撰：《开庆四明续志》，收入中国地志研究会编《宋元地方志丛书》
　　第8册，台北，1978年。

R

陆晓光主编：《人文东方：旅外中国学者研究论集》，上海文艺出版社2002年版。
杨曾文：《日本佛教史》，浙江人民出版社1995年版。
〔日〕永田广志著，刘绩生译：《日本封建意识形态》，商务印书馆2003年版。
〔日〕村上专精著，杨曾文译：《日本佛教史纲》，商务印书馆1981年版。
〔日〕木宫泰彦著，胡锡年译：《日中文化交流史》，商务印书馆1980年版。

〔日〕道端良秀著,徐明、何燕生译:《日中佛教友好二千年史》,商务印书馆1992年版。

S

(晋)陈寿:《三国志·倭人传》,中华书局1982年标点本。

(明)觉岸编:《释氏稽古略》,载《大正藏》第49卷,台北:佛陀教育基金会,1990年。

(宋)宗鉴集:《释门正统》,载《卍续藏经》第130册,台北:新文丰1993年版。

(宋)宗晓编:《四明尊者教行录》,载《大正新修大藏经》第46卷。又载藏经书院版《卍续藏经》第100册,台北:新文丰出版公司1990年版。

(元)脱脱等编:《宋史》,中华书局标点本1977年版。

(清)徐松辑:《宋会要辑稿》,中华书局1957年影印版。

(清)徐松辑:《宋会要辑稿补编》,全国图书馆文献缩微复制中心影印本。

(宋)赞宁撰,范祥雍点校:《宋高僧传》。收于《中国佛教典籍选刊》,中华书局1987年版。

李国玲编著:《宋僧录》,线装书局2001年版。

程毅中主编:《宋人诗话外编》,国际文化出版公司1996年版。

(唐)魏征:《隋书·倭国传》,中华书局标点本1973年版。

郭朋:《隋唐佛教》,齐鲁书社1980年版。

汤用彤:《隋唐佛教史稿》,中华书局1982年版。

T

〔日〕真人元开著,汪向荣校注:《唐大和尚东征传》,中华书局2000年版。

周一良著，钱文忠译：《唐代密宗》，上海远东出版社1996年版。

〔日〕最澄：《天台宗未决》，载《卍续藏经》第100册，台北：新文丰1993年版。

W

〔日〕弘法大师原著，王利器校注：《文镜秘府论校注》，中国社会科学出版社1983年版。

X

（宋）潜说友等：《咸淳临安志》，载中国地志研究会印行《宋元地方志丛书》第7册，台北，1978年版。

（宋）李焘撰：《续资治通鉴长编》第2册，中华书局标点本1979年版。

（宋）欧阳修：《新五代史》，中华书局标点本1974年版。

〔日〕圆珍著，白化文、李鼎霞校注：《行历抄校注》，花山文艺出版社2004年版。

Y

〔日〕源信：《因明论疏四种相违略注释》，载《大正新修大藏经》第69卷（续论疏部七），台北：新文丰出版公司1990年影印版。

（宋）杨潜：《云间志》，台湾商务印书馆发行《宛委别藏》丛书。

（宋）王应麟撰：《玉海》（卷一百五十四），台湾：台湾商务印书馆发行《文渊阁四库全书》第947册。

〔日〕空海：《御请来目录》，载《大正藏》第55卷，台北：新文丰出版公司影印版。

Z

（元魏）瞿昙般若流支译：《正法念处经》，《大正新修大藏经》第17册（经集部四），台湾台北：新文丰出版公司影印版 1990 年版。

杜继文、魏道儒著：《中国禅宗通史》，江苏古籍出版社 1995 年版。

高令印：《中国禅学通史》，宗教文化出版社 2004 年版。

蒋维乔：《中国佛教史》，上海古籍出版社 2004 年版。

任继愈主编：《中国佛教史》第三卷，中国社会科学出版社 1988 年版。

杨曾文：《中国佛教史论》（杨曾文佛学文集），中国社会科学出版社 2002 年版。

赖永海：《中国佛教与哲学》，宗教文化出版社 2004 年版。

吕澂：《中国佛学源流略讲》，中华书局 1979 年版。

潘桂明、吴忠伟：《中国天台宗通史》，江苏古籍出版社 2001 年版。

陈杨炯：《中国净土宗通史》，江苏古籍出版社 1995 年版。

徐吉军等：《中国风俗通史》（宋代卷），上海文艺出版社 2001 年版。

白寿彝总主编：《中国通史》11（第七卷），上海人民出版社 1999 年版。

柳诒征编著：《中国文化史》（下册），中国大百科全书出版社 1988 年版。

王晓秋：《中日文化交流史话》，商务印书馆 1996 年版。

梁容若著：《中日文化交流史论》，商务印书馆 1985 年版。

王勇、大庭修主编：《中日文化交流史大系 9·典籍卷》，浙江人民出版社 1996 年版。

周叔迦：《周叔迦佛学论著集》（上、下），中华书局 1991 年版。

（二）日本出版汉文著作[1]

B

黑板胜美编辑：《本朝文粹》，收入《新订补国史大系》第 29 卷（下），东京：

---

[1] 本栏日本典籍国内读者可以查找、参考、阅读、使用并不困难，故用现代汉语简体介绍。

吉川弘文馆平成十一年（1999）新装版。

师蛮：《本朝高僧传》，收入《大日本佛教全书》，日本：佛书刊行会大正二年（1913）版。

C

黑板胜美编辑：《朝野群载》，收入《新订补国史大系》第29卷（上），东京：吉川弘文馆平成十一年（1999）新装版。

D

佚名：《东大寺要录》，京都：明治四十年（1907）版，收入《续续群书类丛》第11辑（宗教部）。

《东大寺别当次第》，快园抄写，东京：经济杂志社明治二十六年（1893）版，收入《群书类丛》第3辑。

《东大寺丛书第二》，日本：大日本佛教全书刊行会昭和十一年（1936）版，收入《大日本佛教全书》。

《东寺王代记》，佚名，京都：续群书类丛完成会大正十五年（1925）版，收入《续群书类丛》第29辑（下，杂部）。

《东寺要集》，佚名，京都：续群书类丛完成会大正十四年（1924）版，收入《续群书类丛》第26辑（下，释家部）。

《东寺长者补任》，续群书类丛完成会编，东京：平文社昭和四十四年（1969）版，收入《续续群书类丛》第2辑（史传部）。

《帝王编年记》，黑板胜美编辑，东京：吉川弘文馆2003年新装版，收入《新订增补国史大系》第12卷。

F

《扶桑略记》，黑板胜美编辑，东京：吉川弘文馆2003年新装版，收入《新订增补国史大系》第12卷。

G

《古事类苑·外交部》，细川润次郎编辑，东京：吉川弘文馆昭和五十三年（1978）版。

H

《弘法大师年谱》，金刚峰寺纂校录，东京：真言宗全书刊行会昭和八年（1933）版，收入《真言宗全书》。

《惠心僧都全集》，源信，东京：同朋舍昭和四十六年（1971）版。

J

《江谈抄》，大江匡衡编，东京：续群书类丛完成会、平文社昭和五十五年（1980）版，收入《群书类丛》第27辑。

《觉禅抄》，觉禅，东京：佛书刊行会大正四年（1915）版，收入《大日本佛教全书》。

L

《类聚国史》（后编），黑板胜美编辑，东京：吉川弘文馆2004年版，收入《新订增补国史大系》第6卷。

M

《名匠略传》，承澄抄写，东京：经济杂志社明治二十六年（1893）版，收入《群书类丛》第4辑。

N

《南都叡山戒勝劣事》，〔日〕佚名，东京：名著普及会平成二年（1990）版，收入《大日本佛教全书》第105册《戒律传来记（外十一部）》。

R

《入唐记》，心觉撰，东京：讲谈社昭和四十七年（1972）版，收入铃木学术财团编《大日本佛教全书》第68卷。

《入唐五家传》，高楠顺次郎编，东京：讲谈社昭和四十七年（1972）版，收入铃木学术财团编《大日本佛教全书》第68卷。

《入唐诸家传考》，高楠顺次郎编，东京：讲谈社昭和四十七年（1972）版，收入铃木学术财团编《大日本佛教全书》第68卷（史传部七）。

《日本极乐往生记》，庆保胤撰，东京：经济杂志社明治二十六年（1893）版，收入《群书类丛》第4辑。

S

《三代实录》（后编），黑板胜美编辑，东京：吉川弘文馆平成三年（1991）版，收入普及版《新订补国史大系》第6卷。

《僧纲补任》，深贤记，东京：经济杂志社明治二十六年（1893）翻刻版，收入《群书类丛》第3辑。《大日本佛教全书》亦收录。

《善邻国宝记》，西山塞马闲人书，东京：昭和三十四年（1959）订正版，收入《续群书类丛》第30辑（上，杂部）。

《删补参天台五台山记》，成寻撰，东京：佛书刊行会大正十一年（1922）版，收入《大日本佛教全书·游方传丛书》（第四）。

T

《天台霞标》，敬雄等编，日本：名著普及会平成四年（1992）版，收入佛书刊行会编《大日本佛教全书》第 125 卷、126 卷。

W

《往生要集》，〔日〕源信著，石田瑞麿注，东京：岩波书店 1970 年版《日本思想大系》6。参考台北新文丰出版公司影印版《大正新修大藏经·往生要集》，及《大日本佛教全书·往生要集》

X

《显戒论缘起》，最澄，续群书类丛完成会昭和四十五年（1970）版，收入《续续群书类丛》第 12 辑。

《兴禅护国论》，荣西，东京：岩波书店 1970 年版，收入《日本思想大系》16。

《续本朝往生传》，江匡房撰，东京：经济杂志社明治二十六年（1893）翻刻版，收入《群书类丛》第 4 辑。

《续弘法大师年谱》，东京：真言宗全书刊行会昭和八年（1933）版。

《续日本后纪》，黑板胜美编辑，东京：吉川弘文馆昭和四十九年（1974）普及版，收入《新订补国史大系》。

《续左臣抄》，黑板胜美编辑，东京：吉川弘文馆平成十一年（1999）新装版，收入《新订补国史大系》第 27 卷。

《血脉类集记》，真言宗全书编，真言宗全书刊行会昭和九年（1934）版。

Y

《延喜式》，黑板胜美编辑，东京：吉川弘文馆平成四年（1992）版，收入《新订增补国史大系》普及版。

《异称日本传》，松下见林，东京：近藤活版所明治三十四年（1901）版，收入《改定史籍集览》第20册（新加书通纪类第三）。

《元亨释书》，虎关师炼撰，黑板胜美编辑，东京：吉川弘文馆2004年版，收入《新订增补国史大系》（新装版）第31卷。

《游方传丛书第一》，铃木学术财团编，东京：佛书刊行会大正四年（1915）版，收入《大日本佛教全书》。

《游方传丛书第四》，铃木学术财团编，东京：佛书刊行会大正四年（1915）版，收入《大日本佛教全书》。

《优填王所造栴檀瑞像历记》，铃木学术财团编，东京：讲谈社昭和四十七年（1972）版，收入《大日本佛教全书》第51卷（图像部一）。

Z

《装束集成》，东京：明治图书出版社、吉川弘文馆昭和二十六年（1951）版，收入《新订增补故实丛书》。

（三）日文专著[1]

あ

《アジア仏教史・日本編Ⅱ平安仏教—貴族と仏教—》，中村元他監修・編集，东京：佼成出版社1974年版。

《アジアのなかの日本史Ⅴ・自意識と相互理解》，荒野泰典、石井正敏等编，

---

[1] 书名与人名保持日语原貌，为了国内读者阅读方便，其他一律翻译并用简体。

东京：东京大学出版会 1993 年版。

か

《講座日本史》2，历史学研究会、日本史研究会编，东京：东大出版社会
1970 年版。

さ

《〈参天台五臺山記〉校本并に研究》，平林文雄著，东京：风间书房昭和五十三年（1978）版。

《释迦信仰と清凉寺》，京都：京都国立博物馆 1982 年展。

《新訂日宋貿易の研究》，森克己，东京：国书刊行会昭和五十年（1975）版。

《図説：日本仏教の歴史・平安時代》，速水侑编，东京：佼成出版社平成八年（1996）版。

《続日宋貿易の研究》，森克己，东京：国书刊行会 1975 年版。

《続々日宋貿易の研究》，森克己，东京：国书刊行会 1975 年版。

た

《大日本史料》，东京：东京大学史料编纂所昭和四十三年（1968）版。

《塚本善隆著作集第六卷・日中仏教交渉史研究》，塚本善隆，东京：大东出版社昭和四十九年（1974）版。

《塚本善隆著作集第七卷・净土宗史、美術篇》，塚本善隆，东京：大東出版社昭和五十年（1974）版。

《传教大师研究》，天台学会编，东京：早稻田大学出版部昭和五十五年（1980）复刊版。

《渡宋した天台僧達——日中文化交流一斑》，小田切文洋，东京：翰林书房1998年版。

な

《奈良平安期の日本とアジア》，山内晋次，东京：吉川弘文馆2003年版。
《奈良·平安期の日中文化交流》，王勇、久保木秀夫编，东京：农文协2001年版。
《日华文化交流史》，木宫泰彦，东京：冨山房1987年版。
《日支文化の交流》，辻善之助，东京：创元社昭和十三年（1938）版。
《日宋文化交流の諸問題》，森克己，东京：刀江书院昭和二十五年（1950）版。
《日本名僧论集第四卷：源信》，井上光贞等编，东京：吉川弘文馆昭和五十八年（1983）版。
《日本の社会史第1巻——列島内外の交通と国家》，朝尾直弘等编，东京：岩波书店1987年版。
《日本佛教史1》（古代篇），家永三郎监修，京都：法藏馆昭和四十二年（1967）版。
《日本佛教史》第一卷，辻善之助，东京：岩波书店昭和四十九年（1974）版。
《入宋僧奝然の研究—主としてその随身品と将来品》，木宫之彦，东京：鹿岛出版会昭和五十八年（1983）版。
《入唐求法行歴の研究——智證大師円珍篇》，小野胜年，京都：法藏馆昭和五十七年（1982）版。

は

《8—17世紀の東アジア地域における人物情報の交流》，村井章介编，东京：

东京大学教材出版平成十六年（2004）版。

《平安贵族の生活と文化》，赤木志津子，东京：バルトス社平成五年（1993）复刻版。

《佛教传道史》，小松雄道，东京：刀江书院昭和十三年（1978）版。

主要参考文献

一、汉文专著

《晨钟暮鼓——佛教礼仪》，冯修齐，四川人民出版社 2004 年版。

《佛教学》，李富华、张风雷等，当代世界出版社 2000 年版。

《佛教与佛教艺术》，李涛，西安交通大学出版社 1989 年版。

《佛光大词典》，北京图书馆出版社 2005 年版。

《巨赞集》，巨赞著，黄夏年主编，中国社会科学出版社 1995 年版。

《汉化佛教与佛寺》，白化文，北京出版社 2003 年版。

《日本汉学史》，李庆，上海外语教育出版社 2004 年版。

《日本近现代佛教史》，杨曾文主编，浙江人民出版社 1996 年版。

《日本演剧史概论》，〔日〕河竹繁俊著，郭连友等译，文化艺术出版社 2002 年版。

《日本哲学史》，朱谦之，人民出版社 2002 年版。

《日中交流两千年》，〔日〕藤家礼之助著，张俊彦、卞立强译，北京大学出版社 1982 年版。

《中国佛教史论：杨曾文佛学文集》，杨曾文，中国社会科学出版社 2002 年版。

《中国佛教史》，蒋维乔撰，邓子美导读，世纪出版集团、上海古籍出版社 2004 年版。

《中国佛教思想资料选编》，杨曾文，中国社会科学出版社 2002 年版。
《中国佛性论》，赖永海，中国青年出版社 1999 年版。
《中国思想史》（第二卷），葛兆光，复旦大学出版社 2001 年版。
《中日关系史考》，王勇，中央编译出版社 1995 年版。
《中日文化交流史论文集》（第三卷），石峻、楼宇烈等编，中华书局 1990 年版。
《中日文化交流史大系 10 · 人物卷》，王勇、中西进主编，浙江人民出版社 1996 年版。

二、日文专著

《增補史料大成 · 權記二、帥記》，临川书店，昭和五十年（1975）版。
《增補史料大成 · 小右記》，临川书店，昭和五十年（1975）版。
《增補史料大成 · 左經記》，临川书店，昭和五十年（1975）版。
《增補史料大成 · 歷代宸記》，临川书店，昭和五十年（1975）版。
《大日本古記錄 · 御堂関白記》，岩波书店，昭和五十二年（1977）版。
《大日本古記錄 · 權記》，岩波书店，昭和五十二年（1977）版。
《圖書寮叢刊 · 玉葉》，宫内厅书陵部，平成七年（1995）版。
《日本文德天皇实录》，黑板胜美编，东京：吉川弘文馆昭和五十九年（1984）普及版。
《本朝世纪》，黑板胜美编，东京：吉川弘文馆平成十一年（1999）新装版。
《日中交流二千年》（改定版），东京：藤家礼之助，东海大学出版会 1988 年版。
《日本の歴史》（第 6 卷），东京：勉诚出版 2002 年版。
《岩波講座：日本歷史 4（古代 4）》，东京：岩波书店 1962 年版。
《日本の歴史》（第 6 卷）《摄関時代》，坂本賞三，东京：小學館 1974 年版。

《日本の歴史》(第7卷)《院政と平氏》,安田元久,东京:小學館1974年版。
《日本の歴史》(第6卷)《皇朝貴族》,村井康彦,东京:小學館1974年版。
《大系日本の歴史》(4)《王朝社会》,棚橋光男,东京:小學館1992年版。
《図説日本文化史大系》4《平安时代》(上),井上光贞编集,东京:小學館昭和四十一年(1966)版。
《図説日本文化史大系》5《平安时代》(下),山崎庸之编集,东京:小學館昭和四十一年(1966)版。
《源信》,速水侑,东京:吉川弘文馆昭和六十三年(1988)版。
《奈良平安期の日本とアジア》,山内晋次,东京:吉川弘文馆2003年版。
《中世日本の内と外》,村井章介,筑摩书房1996年版。
《宋元佛教文化史研究》,竺沙雅章,汲古书院2000年版。
《禅宗史の散策》,荻须纯道,思文阁出版1981年版。
《成寻の入宋とその生涯》,伊藤春树,吉川弘文馆2003年版。
《西岡虎之助著作集第3卷·文化史の研究Ⅰ》,西岡虎之助著作集委员刊行会编,东京:三一书房1984年版。
《宋代の日中交流史研究》,王丽萍,东京:勉诚出版社2002年版。

三、日文论文

《入宋僧の型:北宋期の三人の入宋僧を中心として》,有馬嗣朗,《東海仏教》42号,1998年。
《大宰府鴻臚館の終焉:8世紀·11世紀の対外交易システムの解明》,田島公,《日本史研究》389号,1995年版。
《〈奝然入宋求法巡礼行并瑞像造立记〉考》,《佛教学会纪要》创刊号,1993年。

《奝然之入宋与上表文》,山口照,《佛教大学佛教文化研究所年报》第九号,1991年。

《戒覺の〈渡宋記〉》,小野勝年,《龙谷大学论集》第400、401合并号,1973年3月。

《入宋僧奝然のこと：歴史上の人物の評価をめぐって》,石井正敏,《古文書研究》第47号,1998年。

《日宋交渉と南都浄土教》,岡玄雄,載《佛教史学》第8号,1959年。

《入宋僧奝然の事績》,木宮之彦,載《日本歴史》133、134号,1959年。

《一〇～一三世紀の東アジアと日本》,三浦圭一,載《講座日本史／第2巻：封建社会の成立》,東京大学出版会1970年版。

《平安時代の国際意識》,保立道久,載村井章介等編《境界の日本史》,山川出版社1997年版。

《日本古代における国際意識について：古代貴族の場合》,石母田正,《日本古代国家論》,岩波書店1973年版。

《成尋の齎した彼我の典籍：日宋文化交流の一齣》,藤善真澄,《仏教史学研究》23巻1号,1981年。

后记

2003年春，我有意来杭州应试，有幸被浙江大学日本文化研究所王勇教授错爱并录取，于是开始了在浙大的三年学习。此乃我一生之又一转折，不亚于当初被大学录取而跳出"农门"。首先在专业学习上从世界地区史、国别史转入中国古代史，尽管主攻方向还是日本历史与文化相关的部分。我历来好读书不求甚解，主要是从事中学与本科历史教学的缘故，以前在中国史方面博涉而浅得。实际上白纸正适合作新画，入学伊始我便按照王勇老师的建议探索宋代的中日"书籍之路"，到第二年初忽然得王老师的推荐，作为浙江大学与日本大阪IBU的交流生到日本留学一年。临行之前，在王老师的指导下将研究题目定为《入宋僧奝然研究》。2004年4月到日本，进大阪四天王寺国际佛教大学后，学校为我指定了一位导师，古泉圆顺教授。在古泉教授的指导下，我将有关资料收集完备，整理成册，初具论文之规模。2005年3月底回国，迷茫了几个月之后，到6月再投束景南导师门下，之后一年中聆听了束老师的三门课程。在束老师的指导下，我终于将原来日本式的史料集整理成中国特色的论文《奝然与宋初的中日佛法交流》，今天呈现于诸君的眼前。

这篇论文如果能够得到诸位读者的首肯，是因为得到了三位知名教授指导的缘故；其中的不足实在是作者的不成器，有负三位老师的厚望。此外还在于作者的浮躁、生活的压力、世事的变故，在这三年的千个日夜之中，真正安下心来学习、写作的时间不多。这三年中我经历了人生中的最大痛苦和喜悦、悲欢离合，让我经受考验和折磨，让我去体验和思考。

其痛苦也断肠裂肺，首先是结婚登记的第二天便和妻子告别出国，好在有电传而不赖鸿雁。再次的痛苦是母亲安葬之时想回国而又不便申请告假，未尽最后之孝。三痛是临回国之时，八十多岁的老父亲突然仙逝。正月初六的那天晚上11点多我给父亲打了一个电话，告以归期，之后我便辗转难眠，到第二天早上才迷糊过去，朦胧之中接到电话，竟然是我的侄子郝斌打来的，我惊诧之余预感不祥之兆，果然……

其幸福也刻骨铭心，在事业上除了得到三位名师指点之外，还得遇知己，当时的湖北人民出版社文史部王建槐主任，与我签订合同出版我以前的讲义等，并约我撰稿。他的肯定让我找到了立业的感觉，鼓舞了我今后的事业。在出国之前和妻刘娟登记结婚，回国后补办婚礼，终于让我这个大龄青年成家了，也足以安慰父母在天之灵。在即将毕业之际迎接女儿郝清婉的诞生，虽然让我几度奔波于武汉杭州之间却不感觉疲惫，而岳母向春华大人竟然代替我照料妻子使我完成学业。每次接到家人的召唤而提前赶回，将匆匆赶出来的草稿交束老师审阅，束老师每次都宽大而细致地对待，诲人不倦。

这篇论文的完成我必须感谢所有同我甘苦与共的家人、亲人和友人，在这里不一一说出他们的姓名不等于我忘记了他们。尽管纸墨苦短，那些为我提供资料方便的机构、老师和同学等，不能不提及，否则这便是无米之炊，我必须感谢浙江大学西溪校区图书馆尤其是三楼大型图书室的邹爱芳老师，日本大阪府 IBU 图书馆及各位馆员，尤其是中国留日同胞于扩先生，浙江大学古籍所资料室及各位工作人员，浙江大学及浙江工商大学日本文化研究所资料室及王宝平教授、江静、陈小法、郭万平、外籍专家水口先生等等，还有同室孙文同学的个人藏书，免去了我许多往返图书馆的劳苦。谨以此文报答各方的支持。

聊以此文纪念我的父母，恩深显考郝府讳嘉宽公、显妣程氏讳王珍老孺人！

路漫漫其修远兮，吾将上下而求索。我衷心期待您的批评和指教，以使我将来的步履更坚实、有力、长远。

作者
2006 年 7 月 18 日草稿，8 月 28 日修改

补记

毕业后，由于有其他教学科研任务，与博士论文相关的本课题研究搁置了一年多。从2007年开始，本人又在博士论文的基础上拓展研究，着手撰写《西游日僧与东拂宋风——北宋日本文化交流史》，其研究方法、视角、内容与博士论文都发生了很大的改变。

本书《奝然与宋初的中日佛法交流》是通过历史人物的个案研究来揭示北宋时期中日文化交流史的，侧重历史考证和文献典籍的研究；正在修改中的《西游日僧与东拂宋风——北宋日本文化交流史》，侧重于历史叙事和理论的构建，期望能够相得益彰。本书的出版期望能够给相关研究的工作者提供资料方便，为此本书不惜牺牲行文的流畅与简洁，引文力求保持引用史料的完整，不避罗列材料的繁琐。

此次得到王勇老师的器重，并争取到日本国际文化交流基金的赞助，得以出版，非常荣幸！感激不尽！

2010年12月于湖北大学逸夫楼

后记

说起来，研究生时代的我并不喜欢日本史，当时的志愿是欧洲近代思想史和俄国革命史。到2007年为止，本人从事的国际关系史研究也以"中苏同盟""朝鲜战争"等为主——这是本人所受学术训练的结果，也和一直工作的华东师范大学《冷战国际史研究》的学术取向有关。

本书《在和平与战争之间：冷战时期美日关系再检讨》是本人获得国家社科基金项目《冷战后的日美同盟》后的第四部中文编撰的著作。在此之前，本人已经组织编写了《美日同盟——一种日本文化视角的审视》以及翻译出版《战后日美关系史研究》等。本书的编辑出版要感谢下列同人和朋友：本书的出版得到华东师范大学冷战国际史研究中心的支持，如沈志华、崔丕教授等文朋好友的鼓励。特别是冷战中心的钱江教授给予诸项具体帮助，比如对主要图像的翻译等。华东师范大学出版社王焰总编的关怀，甫跃辉副主任、沈岚文化主编的精心组稿和出版组织工作。

崔丕

2010年12月于丽娃丽坡校区